CAMBRIDGE LIBRARY COLLECTION

Books of enduring scholarly value

Religion

For centuries, scripture and theology were the focus of prodigious amounts of scholarship and publishing, dominated in the English-speaking world by the work of Protestant Christians. Enlightenment philosophy and science, anthropology, ethnology and the colonial experience all brought new perspectives, lively debates and heated controversies to the study of religion and its role in the world, many of which continue to this day. This series explores the editing and interpretation of religious texts, the history of religious ideas and institutions, and not least the encounter between religion and science.

Codex Climaci Rescriptus

The twin sisters Agnes Lewis (1843–1926) and Margaret Gibson (1843–1920) were pioneering biblical scholars who became experts in a number of ancient languages. Travelling widely in the Middle East, they made several significant discoveries, including one of the earliest manuscripts of the four gospels in Syriac, a dialect of Aramaic, the language probably spoken by Jesus himself. Originally published in the Horae Semitica series, this fascicule is a collection of palimpsest fragments acquired and translated by Agnes Lewis. Discovered in Sinai and dating from the sixth to eighth centuries, the documents include parts of the four gospels and the epistles. Most important of the texts are an Aramaic lectionary on the gospels and a number of homilies including unique stories from the lives of Jesus and the apostles. Originally published in 1909 and featuring translations of the Aramaic texts, this is a vital resource for the biblical scholar.

Cambridge University Press has long been a pioneer in the reissuing of out-of-print titles from its own backlist, producing digital reprints of books that are still sought after by scholars and students but could not be reprinted economically using traditional technology. The Cambridge Library Collection extends this activity to a wider range of books which are still of importance to researchers and professionals, either for the source material they contain, or as landmarks in the history of their academic discipline.

Drawing from the world-renowned collections in the Cambridge University Library, and guided by the advice of experts in each subject area, Cambridge University Press is using state-of-the-art scanning machines in its own Printing House to capture the content of each book selected for inclusion. The files are processed to give a consistently clear, crisp image, and the books finished to the high quality standard for which the Press is recognised around the world. The latest print-on-demand technology ensures that the books will remain available indefinitely, and that orders for single or multiple copies can quickly be supplied.

The Cambridge Library Collection will bring back to life books of enduring scholarly value (including out-of-copyright works originally issued by other publishers) across a wide range of disciplines in the humanities and social sciences and in science and technology.

Codex
Climaci Rescriptus

Fragments of Sixth Century Palestinian
Syriac Texts of the Gospels, of the Acts of
the Apostles and of St. Paul's Epistles

EDITED BY AGNES SMITH LEWIS

CAMBRIDGE
UNIVERSITY PRESS

CAMBRIDGE UNIVERSITY PRESS

Cambridge, New York, Melbourne, Madrid, Cape Town,
Singapore, São Paolo, Delhi, Tokyo, Mexico City

Published in the United States of America by Cambridge University Press, New York

www.cambridge.org
Information on this title: www.cambridge.org/9781108019071

© in this compilation Cambridge University Press 2011

This edition first published 1909
This digitally printed version 2011

ISBN 978-1-108-01907-1 Paperback

CODEX CLIMACI RESCRIPTUS

HORAE SEMITICAE No. VIII

CODEX CLIMACI RESCRIPTUS

FRAGMENTS OF SIXTH CENTURY PALESTINIAN SYRIAC TEXTS
OF THE GOSPELS, OF THE ACTS OF THE APOSTLES AND
OF ST PAUL'S EPISTLES. ALSO FRAGMENTS OF AN
EARLY PALESTINIAN LECTIONARY OF THE
OLD TESTAMENT, ETC.

TRANSCRIBED AND EDITED

BY

AGNES SMITH LEWIS, M.R.A.S.

HON. D.D. (HEIDELBERG); LL.D. (ST ANDREWS);
PH.D. (HALLE-WITTENBERG)

WITH SEVEN FACSIMILES

CAMBRIDGE
AT THE UNIVERSITY PRESS
1909

𝕮𝖆𝖒𝖇𝖗𝖎𝖉𝖌𝖊:

PRINTED BY JOHN CLAY, M.A.
AT THE UNIVERSITY PRESS.

ANIMAE DIMIDIO SUAE

SORORI GEMELLAE

MARGARETAE DUNLOP GIBSON

HOC EX FOLIIS PALIMPSESTIS ERUTUM

ET DENUO IN LUCEM PROLATUM

SACRARUM LITERARUM EXEMPLAR

DAT DICAT DEDICAT

AGNES SMITH LEWIS

PREFACE

THE present volume does something towards filling up a gap in Christian Aramaic literature. The version of the New Testament which it represents was that adopted by the Orthodox, or Malkite party, which separated from the great Monophysite Church at the Council of Chalcedon in A.D. 451. How long that smaller Church maintained a separate existence we cannot tell, but it is safe to assume that as the Syriac language disappeared, its members became absorbed in the Arabic-speaking portion of the Orthodox Greek Church, as it exists in Palestine at the present day. Their Lectionaries were copied as late as the twelfth century; but the process of absorption was no doubt a gradual one. And that is why we have no record of their extinction.

The MS from which this text is copied came into my hands almost unsought. We may therefore look forward with confident hope to the time when the whole of the New Testament, in this ancient version, will be in our hands, not as hitherto, broken up into Lectionary sections, but as it left the hands of its first translator.

My thanks are due to my sister, Mrs Gibson, for her comparison of my sheets with the manuscript; to Dr Eberhard Nestle of Maulbronn for his careful revision of them, and for many valuable suggestions; and to Dr Friedrich Schulthess, of Göttingen, the most

expert of all living scholars in the Palestinian Syriac dialect, for a like service. I must confess that I have not eliminated every word about which Dr Schulthess doubts; but in these rare instances I trust that I shall be justified by the manuscript. Lastly, I have to thank the Readers and the Printers of the Cambridge University Press for their careful attention to some details which I had overlooked.

<div align="right">AGNES SMITH LEWIS.</div>

Castle-brae,
 Cambridge,
 February, 1909.

TABLE OF CONTENTS

LIST OF FACSIMILES

INTRODUCTION

THE manuscript which has supplied the text for this volume was acquired by me in two portions. My first acquaintance with it was in the spring of 1895, on my return to Suez after my third visit to Mount Sinai. It was then offered for sale, two specimen leaves only being shown to me. I saw at a glance that it was a very valuable document, but as I had not at the time sufficient funds wherewith to buy it, I was very reluctantly obliged to relinquish all thoughts of becoming its owner. Mrs Gibson and I, however, had purchased one leaf of it two months previously, in Cairo, without being aware of any connection that it had with the MS.

I published the under-script of that one leaf in *Studia Sinaitica*, No. VI., p. cxxxix, and soon after we gave it, with other fragments, to Westminster College, Cambridge. I often wondered what had become of the beautiful MS. of which I had had such a fascinating glimpse when at Suez, but I heard nothing further about it until the same specimen leaves came to me by post, to Cambridge in July 1905. I at once tried to purchase it, but others were in the field, and it came into the hands of a foreign scholar, to whom I feel very grateful for having ceded it to me, at the same price which he had paid for it, when he became aware that I had lost it only through the delay of a few hours in the post-office. This was in October 1905.

The portion which I acquired in this way consists of 89 leaves, thirty-two of which have for their under-script a Biblical text in Greek sloping uncials. Four have no under-script, and that of all the rest is Palestinian Syriac.

The upper-script is in Edessene Syriac, in a hand which has been ascribed by the Rev. G. Margoliouth and Mr A. G. Ellis, of the British Museum, to the beginning of the ninth century. The rubrics told me that it is the *Scala Paradisi*, a Book of those who are hastening to write their names in the Book of Life in Heaven, by St John Climax, Abbot of Mount Sinai, followed by the *Liber ad Pastorem* by the same author. With the help of the Latin version published in *Migne's Patrologia*, Vol. LXXXVIII. pp. 631—1164, I arranged the leaves of the MS. in order. This was in November 1905.

In April 1906 I again found myself at Port Tewfik, on my way homeward from my sixth visit to the Sinai Convent, and there two palimpsests were offered me for sale, containing Palestinian Syriac texts. I purchased both of them, but I did not discover, until I reached home, that one of them, consisting of 48 leaves, contains also part of the *Scala Paradisi*, that is to say, it is a portion of the MS. which had already come to me by way of Berlin.

Of these 48 leaves one only had the sloping uncial Greek text as an under-script. This cannot be later than the eighth century, for it cannot possibly be contemporary with the upper-script. 23 leaves belong to the beginning of the *Scala Paradisi*, and 25 leaves form its concluding portion, with the beginning of the *Liber ad Pastorem*. This breaks off at the words " *Noli deprecari pro populo* " (*Migne*, Vol. LXXXVIII. p. 1179, l. 16). If any one should possess a Syriac Palimpsest leaf, whose upper-script begins with the equivalent of " *isto ; paria quoque de Saule dicuntur,*" he will know that the said leaf probably belongs to the end of Codex Climaci.

The MS. of the *Scala Paradisi* was therefore perfect, with the exception of one leaf in its centre. I wrote to Cairo, urging the former owner to try and find out what he had done with it. But after I had taken some leaves to the British Museum, and had submitted them to the inspection of Mr Margoliouth and Mr A. G. Ellis, in the month of July, I happened to be showing some friends round the Library of Westminster College, when my eye fell on some ninth century Syriac writing in a glass case.

Principal Oswald Dykes lent it to me for the purpose of comparison with my other palimpsests, and I soon found that it fitted into the vacant place, and was in very deed the lost leaf. By the kindness of the Library Committee, it again became my property, and has been restored to its former position in the MS. As I have already mentioned, its underscript has been published in *Studia Sinaitica*, No. VI. The leaves missing from the *Liber ad Pastorem* have not yet been found.

I have named the manuscript Codex Climaci Rescriptus ; a title which I hope no one will think inappropriate.

The Palestinian Syriac Under-Script.

Mr G. Margoliouth is decided in his opinion that the under-script belongs to the sixth century, and that it is the finest specimen of Palestinian Syriac extant. It is certainly the oldest MS. of any size, for that which comes nearest to it in point of time (always excepting some scattered fragments) is the famous *Evangeliarium Hierosolymitanum* of the Vatican Library,

whose date (A.D. 1029) is clearly legible. The fragments of the Omayyad Mosque in Damascus, discovered by Dr Bruno Violet, and published by Dr Friedrich Schulthess in 1905, are assigned by the latter to a period not later than the ninth century.

Professor Nöldeke places the origin of the Palestinian Syriac version in the fourth century[1]. He considers that it must have come into existence before the all-dominating Arabic had driven the dialect into a corner; yet at a time when Hebrew had not quite lost its influence in Palestine. Professor Burkitt places it two centuries later[2]. If this latter view be the correct one, Codex Climaci must stand very near to the autograph of the translator. But I claim no such distinction for it. I am inclined to agree with Professor Nöldeke.

I have been told by more than one scholar, that as this version was adopted by the Malkite Church, it cannot be older than the date of the Council of Chalcedon (A.D. 451). I think this doubtful; for the Malkites, in their anxiety to emphasize their difference from the Monophysites, may have adopted an already existing translation instead of constructing one for themselves. And as Dr Nöldeke has pointed out, a version which embraced the whole of the Old and New Testaments must have taken many years to come into existence. Nöldeke thinks also, that when Jerome and others of the Early Fathers speak of the Syriac language being spoken in Palestine, they mean this dialect of it.

The name " Palestinian Syriac " comes to us from Bar Hebraeus. It seems proper to name it as it was named by the people who spoke it; although its likeness to the Galilean language of the Targums might have tempted us to decide otherwise. " Jerusalem Syriac," as applied by J. D. Michaelis, Adler and Miniscalchi to the Vatican Lectionary, was quite a misnomer. It arose from a mistaken emendation, by the brothers Assemani, of the word ܘܐܘܪܫ, in an inscription on f. 194, as ܘܐܘܪܫܠܡ the undoubted name of the Holy City. We cannot but regret that the sign syr.[hier.] should have been adopted in all our lexicons; and that so it must remain, in view of the inconvenience which would be caused by its being altered. Dr Burkitt has shown that el-Duqs was the name of a town near Antioch[3].

The under-script of a palimpsest is seldom homogeneous. The scribe, or perhaps translator, of the *Scala Paradisi* used portions of six different MSS. as writing material. I have indicated this by labelling my pages " Climacus I. II. III. IV. V. and VI."

[1] *Z.D.M.G.*, Vol. XXII. p. 525.
[2] *Journal of Theological Studies*, Vol. II. p. 183.
[3] *Journal of Theological Studies*, Vol. II. pp. 178, 179.

Climacus I. contains portions of a continuous text of the Gospels. Some have doubted if there ever was such a thing in the Palestinian Syriac Version. Yet seven of the fragments from the Taylor-Schechter collection, published by Mrs Gibson and myself in 1900, appear to belong to such a text. We judge this (i) from the absence of rubrics, and (ii) from the easy transition between one chapter and its successor; for example I Thess. iii. 13 is closely followed by I Thess. iv. 1. The same phenomenon is found in Dr Schulthess' edition of the Damascus fragments, pages 73, 74; where we pass at once from the end of the Epistle to the Philippians to Colossians i. 1. And in the fragments published by Dr Hugo Duensing (1906) we find Exodus xvi. 36, immediately before Exodus xvii. 1, Mark ix. 50 before x. 1 and Mark xiv. 72 before xv. 1.

Codex Climaci I. and II. offer still more striking proofs. These we have in Matt. xxiv. 51 followed by xxv. 1; xxvii. 66 by xxviii. 1; Acts xix. 41 by xx. 1; xxiv. 27 by xxv. 1; xxv. 27 by xxvi. 1; xxvi. 32 by xxvii. 1; Romans iv. 25 by v. 1; vi. 23 by vii. 1; ix. 33 by x. 1; I Corinthians iii. 23 by iv. 1; xiii. 13 by xiv. 1; xiv. 40 by xv. 1; xvi. 24 by II Corinthians i. 1, a space almost the length of a column being between the two Epistles, but no trace of a rubric or even of a heading. Before some of the other chapters we have, in red, the words ⟨ܪܫ ܩܦܠܐܘܢ⟩ = Ἀρχὴ Κεφαλαίου; but the heading belonging to Acts xxv. 1, is placed before Acts xxiv. 27; and that belonging to xxvi. 1, before xxv. 23; the latter being the more natural place for the beginning of a chapter. These divisions are usual in Greek MSS. (see von Soden, pp. 440—442, and the margins of the editions of the Greek Testament by Mill, Tregelles, Scrivener, or Nestle (7th Würtemberg edition).

Furthermore, we have II Corinthians iv. 18 followed by v. 1; vi. 18 by vii. 1; Galatians iii. 29 by iv. 1; iv. 31 by v. 1; v. 26 by vi. 1; Colossians iv. 18 by I Thessalonians i. 1; these epistles being separated by a suitable subscription and a heading; and I Thessalonians v. 28 by II Thessalonians i. 1; of which the same may be said. It is clear that neither Climacus I. nor Climacus II. are parts of a Lectionary. Whether their text is that from which the Lectionaries represented by the Vatican Codex and the two Sinai ones in the case of the Gospels, and by the small MS. which I published in *Studia Sinaitica*, No. VI. in the case of St Paul's Epistles, is a question whose discussion I prefer leaving to others.

All the texts of Climacus I. except Mark i. 20[b]—29 will be found in the Lectionary edited by Mrs Gibson and myself, and published by Messrs Kegan Paul, Trench and Co. in 1899. It is based on three MSS.; the *Evangeliarium Hierosolymitanum* of the Vatican Library, and the two

found by myself and by Dr Rendel Harris in the Convent of St Catherine on Mount Sinai. Climacus I. is written in a large, bold hand. Unfortunately its leaves have been trimmed down to suit the exigencies of the *Scala Paradisi* ; and each column has therefore lost two of its lines.

Climacus II. forms the most valuable part of this volume. It contains portions of the Acts of the Apostles, of St Paul's Epistles, of II Peter and I John, all in a continuous text. The script is of an archaic character. The formation of the *semkaths*, with their two sharp horns, approaches very nearly to that of the *semkaths* of the inscription engraven on the two great pillars at Edessa, as I have seen them in Dr Rendel Harris' photograph.

The translation, so it seems to me, is wonderfully accurate. The Greek text which I have printed opposite to the Syriac one throughout the volume is that of Dr Nestle, and a glance at the variants which I have mentioned in the foot-notes beneath it, will enable scholars who are not acquainted with Syriac to judge of its merits for themselves. I have placed a peculiar sign—a tiny hand—pointing to each of these variants for which I have been unable to find any corroboration in other MSS.

The only place where the translator has allowed himself anything that may be called licence is in Acts xix. 38. There, for ἀγοραῖοι ἄγονται we have ὑπάρχουσι βίβλοι. If this assumption is correct, the Latin word *libri* was transliterated into Syriac as ܠܝܒܪܐ. And a remarkable variant will be observed in I John i. 7 ; where for κοινωνίαν ἔχομεν μετ' ἀλλήλων, we have κοινωνίαν ἔχομεν μετὰ τοῦ Θεοῦ. This is already known to us in the Harleian MS. of the Vulgate, and we need not be surprised at being told in Galatians iii. 28 that "in Christ Jesus there is neither Jew nor Aramaean." The faithfulness of this translation makes us keenly regret the fact that there is not more of it extant.

Climacus III. is easily distinguished from Climacus II. by the rounded tops of its *semkaths* ; and still more by the fact that it is evidently part of a Lectionary. Some of it is already known from the small and late Lectionary which I have published in *Studia Sinaitica*, No. VI. and of which I made a gift to Westminster College. I have printed Dr Swete's text of the Septuagint opposite to its Lessons from the Old Testament.

Climacus IV. comes far behind its predecessors in the intrinsic value of its text. It contains only two fragments, two leaves of a rather worthless story, already known to us from *Horae Semiticae*, Vol. IV. pp. 175—192 and four leaves of a homily, evidently addressed to a community of monks, whose style resembles strongly that of Mar Ephraem. Its script is, however, very remarkable ; and I wonder if there is anything

like it extant. The *alafs* would be *waws*, if their horns did not sweep in such long swirls; and every other letter has an idiosyncrasy which makes it difficult to recognise. The *semkaths* have the same sharp tips as those of Climacus II., and the vellum is remarkably fine.

Climacus V. is an early Harmony of the Gospels in very closely written sloping Greek uncials. I have deciphered several pages of it; and shall be glad if any one finds a special value in them.

Climacus VI. contains only two conjugate leaves of a small Greek uncial script.

The vellum is very fine and thin, especially that of the MSS. IV. and II. The leaves measure nearly 23 cm. by $18\frac{1}{2}$; but those of Climacus I. have been clipped to suit the others; and were probably 5 cm. more in length, and at least 2 more in breadth. The script of I. II. III. and IV. varies, each having decided characteristics of its own. These will be better understood by a study of the *facsimiles* given in this volume, than by any detailed description. The Cambridge photographer, from whose negatives Messrs Annan and Sons have produced five of these *facsimiles*, committed the mistake of employing a process which has exaggerated the under-script, so as to make it appear far more legible than it really is. I did not discover this until Messrs Annan had nearly completed their work; and I was disappointed, for I should have preferred the true appearance of the pages to be shown. The process is no gain to the decipherers of palimpsests, for while it exaggerates the depth of tone in the under-script, it makes it less, rather than more, legible. I have since added two additional illustrations: Plates IV. V. done by another photographer, which, though they are slightly smaller than the originals, show the natural appearance of the pages.

Lines appear to have been ruled for the writing which is above these lines in all the MSS. of which portions have been used as writing material for the *Scala Paradisi*.

The Aramaic dialect in which these fragments of an ancient Syriac version are written will always have a peculiar fascination for the Christian scholar, for it represents the homely Galilean speech which bewrayed St Peter; and was undoubtedly the mother-tongue of our Lord. It bears the same relation to the literary or Edessene Syriac as Doric Greek did to Attic; or as Scotch does to English. If the present volume should furnish fresh materials for the elucidation of its grammar, or should add new words to its vocabulary, or should determine the value of the version for critical purposes, the present Editor will be amply rewarded for all the trouble which she has been obliged to expend on it.

BIBLIOGRAPHY

1758. ASSEMANUS. Bibliothecae Apostolicae Vaticanae Codicum Manuscriptorum Catalogus. Partis Primae Tomus Secundus complectens codices Chaldaicos sive Syriacos, pp. 70—103.

Recensuerunt STEPHANUS EVODIUS ASSEMANUS ET JOSEPH SIMONIUS ASSEMANUS. Romae apud Haeredes Barbiellini.

1782. ADLER in J. D. Michaelis' Orientalische und Exegetische Bibliothek, Vol. XIX. pp. 126—131. Frankfurt.

1783. ADLER. JAKOB GEORG CHRISTIAN ADLER'S Kurze Uebersicht seiner biblisch kritischen Reise nach Rom, pp. 118—127. Altona.

1789. ADLER. Novi Testamenti Versiones Syriacae, Simplex, Philoxeniana et Hierosolymitana. Liber III. Denuo examinatae a JACOBO GEORGIO CHRISTIANO ADLER. Hafniae.

1861, 1864. MINISCALCHI-ERIZZO. Evangeliarium Hierosolymitanum ex codice Vaticano Palaestino depromsit edidit latine vertit prolegomenis ac glossario adornavit Comes FRANCISCUS MINISCALCHI-ERIZZO. 2 vols. Verona.

1868. NOELDEKE. Beiträge zur Kenntniss der Aramäischen Dialecte, von TH. NOELDEKE. II Ueber den christlich palästinischen Dialect. Zeitschrift der Deutschen Morgenländischen Gesellschaft, Vol. XXII. pp. 443—527.

1875. LAND. Anecdota Syriaca collegit edidit explicuit J. P. N. LAND. Vol. IV. pp. 103—224 (in Syriac), pp. 177—236 (in Latin). Leyden.

This contains the fragments brought by Tischendorf to St Petersburg, and those from the Nitrian Desert in the British Museum.

1876. NOELDEKE. Literarisches Centralblatt, 1876, pp. 143—148. Review of Land's Anecdota Syriaca.

1876. NESTLE. Theologische Literaturzeitung, pp. 668—671. Review of Land's Anecdota Syriaca.

1881. ZAHN. Forschungen zur Geschichte des neutestamentlichen Kanons von THEODOR ZAHN. Vol. I. pp. 329—350. Erlangen, Andreas Deichert.

1890. HARRIS. Biblical Fragments from Mount Sinai, pp. 65—68, by JAMES RENDEL HARRIS. Cambridge, C. J. Clay & Sons.

1891. LAGARDE. Mittheilungen, Vol. IV. pp. 328—340 von PAUL DE LAGARDE. Göttingen.

1892. LAGARDE. Bibliothecae Syriacae a PAULO DE LAGARDE collectae quae ad Philologiam Sacram pertinent, pp. 257—404. Göttingen.

An edition of the Vatican Lectionary, bound together with transcripts from the Hexaplaric Version of the early books (Genesis—2 Kings). The order of the Gospel text is followed. Lagarde did not live to complete his intention of restoring it to the Lectionary form.

1893. GWILLIAM. Anecdota Oxoniensia. Semitic Series, Vol. I. Part V. The Palestinian Version of the Holy Scriptures. Five more Fragments recently acquired by the Bodleian Library. Edited, with Introduction and Annotations by G. H. GWILLIAM, B.D., Fellow of Hertford College. Clarendon Press, Oxford.

1893. SCHWALLY. Idioticon des christlich-palästinischen Aramäisch, von FRIEDRICH SCHWALLY. Giessen.

1893. BENNETT. Five Fragments of Palestinian Syriac, by C. N. BENNETT. Academy, June 3, 1893, pp. 481, 482. London.

1894. RENDEL HARRIS. In the Appendix to Mrs Lewis' Catalogue of the Syriac MSS. in the Convent of St Catherine on Mount Sinai (Studia Sinaitica No. I.) there are fragments of two hymns in Palestinian Syriac, found in the covers of MSS., by JAMES RENDEL HARRIS. The Hymn to Peter and Paul was re-copied by me in 1895, with the help of a re-agent, and its fuller form will be found in Studia Sinaitica, Pt. VI. London: C. J. Clay & Sons.

1894. SCHWALLY. Theol. Lit. Zeitung, pp. 70—72. Review of Gwilliam's Anecdota Oxoniensia.

1894. DALMAN. Grammatik des Jüdisch-Palästinischen Aramäisch, von GUSTAF DALMAN, p. 41. Leipzig.

1894. LAGARDE. Paul de Lagarde. Erinnerungen aus seinem Leben zusammengestellt von ANNA DE LAGARDE, pp. 114—116. Göttingen.

1896. MARGOLIOUTH. The Liturgy of the Nile, by the Rev. G. MARGOLIOUTH. In the Journal of the Royal Asiatic Society for October.

1896. GWILLIAM, BURKITT and STENNING. Anecdota Oxoniensia. Semitic Series, Vol. I. Part IX. Biblical and Patristic Relics of the Palestinian Syriac Literature from MSS. in the Bodleian Library and in the Library of Saint Catherine on Mount Sinai. Edited by G. H. GWILLIAM, B.D., F. CRAWFORD BURKITT, M.A. and JOHN F. STENNING, M.A. It includes some fragments of a Homily of St John Chrysostom discovered among the MSS. in the Sinai Library by Mrs Bensly. Clarendon Press, Oxford.

1896. RAHLFS. Theol. Lit. Zeitung, pp. 341—344. Review of Gwilliam's Anecdota Oxoniensia.

1896. MARGOLIOUTH. More Fragments of the Palestinian Syriac Version of the Holy Scriptures, by Rev. G. MARGOLIOUTH. Proceedings of the Society of Biblical Archæology, Vol. XVIII. pp. 223—236, Vol. XIX. pp. 39—60.

1897. LEWIS, NESTLE, GIBSON. Studia Sinaitica, No. VI. A Palestinian Syriac Lectionary containing Lessons from the Pentateuch, Job, Proverbs, Prophets, Acts and Epistles. Edited by AGNES SMITH LEWIS with Critical Notes by Professor EBERHARD NESTLE, D.D., and a Glossary by MARGARET D. GIBSON. C. J. Clay & Sons. London.
 The text of this book is from a small MS. which I purchased in Cairo in 1895. I have since given it to Westminster College, Cambridge.

1898. MARGOLIOUTH, D. S. Review of Studia Sinaitica, No. VI. Expository Times, Vol. IX. pp. 190—192.

1898. DALMAN. Die Worte Jesu, by GUSTAF DALMAN, Vol. I. pp. 63—72. Leipzig.

1898. SCHWALLY. Review of Studia Sinaitica VI. Theol. Lit. Zeitung, pp. 190, 191.

1898. HARRIS, J. RENDEL. Review of the Liturgy of the Nile in the New York Independent for January, p. 24.

1898. Guardian. Review of Studia Sinaitica, No. VI., Nov. 9th, p. 1741.

1898. RYSSEL, V. Deutsche Litteraturzeitung, 1898, pp. 423—426.

1898. HILGENFELD, Heinrich. Wochenschrift für Klassische Philologie, No. 49, Nov. 30th, pp. 1029—1031.

1899. LEWIS and GIBSON. The Palestinian Syriac Lectionary of the Gospels. Re-edited from the Sinai MSS. and from P. de Lagarde's edition of the "Evangeliarium Hierosolymitanum," by AGNES SMITH LEWIS and MARGARET DUNLOP GIBSON. London, Kegan Paul, Trench, Trübner & Co.
 One of these Sinai MSS. was discovered by me in 1892 (two months after the death of Dr Paul de Lagarde in Dec. 1891) the other by Dr Rendel Harris in 1893.

1899. NESTLE, Dr EBERHARD. Expository Times, Nov., pp. 81—83.

1899. GIBSON, MARGARET D. *Idem.* p. 95.

1899. RAHLFS. Review of the Palestinian Syriac Lectionary of the Gospels. Theol. Lit. Zeitung, pp. 657—663.

1899. SCHULTHESS. Christlich Palästinisches von FRIEDRICH SCHULTHESS, *Z.D.M.G.*, Vol. LIII. pp. 705—713.

1899. STRACK, HERMANN L. Theologisches Literaturblatt, No. 13, 31 März, pp. 145—147.

1899. STRACK, HERMANN L. The Palestinian Syriac Lectionary of the Gospels. Theol. Literaturblatt, No. 38, Sept. 22nd, pp. 448—450. Leipzig.

1899. HARNACK, A. The Palestinian Syriac Lectionary of the Gospels. Preussische Jahrbücher. Vol. 97. Notizen und Besprechungen, pp. 135—138.

1899. GWILLIAM, G. H. Review of the Palestinian Lectionary of the Gospels. Critical Review of Theological and Philosophical Literature, Vol. IX. pp. 290—294. Edinburgh.

1900. LEWIS and GIBSON. Palestinian Syriac Texts from Palimpsest Fragments in the Taylor-Schechter Collection. Edited by AGNES SMITH LEWIS, Ph.D. and MARGARET DUNLOP GIBSON. London, C. J. Clay and Sons.
 These fragments were brought by Dr Schechter from the Genizah in Old Cairo.

1900. RYSSEL, V. The Palestinian Syriac Lectionary of the Gospels. Deutsche Litteraturzeitung, 1900, No. 13, 12 März, pp. 853—856.

1900. Guardian. Review of Palestinian Syriac Lectionary of the Gospels, Aug. 22nd, 29th, 1900, pp. 1171, 1205.

1900. Literarisches Centralblatt, No. 15, 14th April 1900, pp. 649—651.

1901. BURKITT. Christian Palestinian Literature by F. C. BURKITT. Journal of Theological Studies, Vol. II. pp. 174—185. London: Macmillan & Co.

1902. SCHULTHESS. Christlich palästinische Fragmente, von FRIEDRICH SCHULTHESS, *Z.D.M.G.*, Vol. LVI. pp. 249—261.

1903. SCHULTHESS. Lexicon Syro-Palaestinum adiuvante Academia Litterarum Regia Borussica edidit FRIDERICUS SCHULTHESS. Berlin. Georg Reimer.

1904. MARSHALL. Remarkable Readings in the Epistles found in the Palestinian Syriac Lectionary by J. I. MARSHALL. Journal of Theological Studies, Vol. V. pp. 437—445.

1905. BURKITT. The Palestinian Syriac Lectionary by F. C. BURKITT. Journal of Theological Studies, Vol. VI. pp. 91—98. A criticism of Prof. Marshall's paper.

1905. SCHULTHESS. Christlich-Palästinische Fragmente aus der Omajjaden-Moschee zu Damaskus. Bearbeitet und herausgegeben von FRIEDRICH SCHULTHESS. Mit 5 Tafeln in Lichtdruck. Berlin. Weidmannsche Buchhandlung.

1906. KOKOWZOFF. Nouveaux Fragments Syro-Palestiniens de la Bibliothèque Impériale Publique de Saint-Pétersbourg. Publiés par P. KOKOWZOFF. Avec quatre planches en phototypie. St Petersburg.

1906. DUENSING. Christlich palästinisch-aramäische TEXTE UND FRAGMENTE nebst einer Abhandlung über den Wert der palästinischen Septuaginta. Mit einem Wörterverzeichnis und 4 Schrifttafeln. Herausgegeben von HUGO DUENSING Lic. theol. Dr. phil. Göttingen, Vandenhoeck und Ruprecht.

1907. SCHULTHESS. Kokowzoff und Duensing. Angezeigt von FRIEDRICH SCHULTHESS, *Z.D.M.G.*, Vol. LXI. pp. 206—222.

1907. LEWIS. Zu H. Duensing, Christlich-palästinisch-aramäische Texte und Fragmente von AGNES SMITH LEWIS. *Z.D.M.G.*, Vol. LXI. pp. 630—632.

1907. LEWIS. Studia Sinaitica No. VI. Supplement to a Palestinian Syriac Lectionary. Edited by AGNES SMITH LEWIS. Cambridge. At the University Press.

1909. LEWIS. Codex Climaci Rescriptus. Horae Semiticae, No. VIII. Palestinian Syriac Fragments of Sixth Century Texts of the Gospels, of the Acts of the Apostles and of St Paul's Epistles. Also Fragments of an early Lectionary of the Old Testament, etc. Transcribed and edited from a Palimpsest by AGNES SMITH LEWIS. Cambridge: University Press.

1910. *In Preparation.* LEWIS. The Forty Martyrs of the Sinai Desert, with Fragments of the Story of Eulogius. From a Palestinian Syriac and Arabic Palimpsest. Transcribed by AGNES SMITH LEWIS. Cambridge: University Press.

NOTES ON THE TRANSCRIPTION

Page 4. Leviticus viii. 24. It is provoking that the second letter of the word representing κύκλῳ is so covered up as to be illegible. It re-appears as ܘܝܟ in Matt. xxi. 33, xxiii. 15 and in Galatians i. 5.

Page 6. Leviticus xii. 1. This leaf is the most faded in the whole manuscript; but with the aid of the re-agent I see a small letter between the ܚ and the ܡ of ܝܐܬܟܚ.

Page 8. Joel ii. 20. The word ܟܣܩ for ἀναβήσεται shows that this text has been influenced by the Peshiṭta.

Page 19. Job vi. 7. ὀσφραίνομαι seems a better reading than ὁρῶ after βρόμον.

Page 20. I Sam. ii. 28. The word ܠܟ after ܣܝܠܡ looks like ܠܠܟ but I have ascertained that the second ܠ is the second stroke of an ܐ in ܕܐܠܟܐܪ on the reverse of the leaf. There is a similar deceptive stroke at the beginning of the word ܣܩܡܝ three lines below ܠܟ.

Page 22. I Sam. iv. 5. The translation of καὶ ἤχησεν ἡ γῆ is interesting, "and there came the voice of the earth."

Page 24. I Sam. vi. 5, 11, 18. ܟܣܩܒܪܝܟ is nearer in orthography to the Hebrew than to the Edessene Syriac.

Page 29. Job vi. 30. The word ܝܟܠܬܐ for ὁ λάρυγξ μου puzzled me greatly; until, being on the eastern side of the Jordan a few weeks after printing it, I heard the word ܗܢܓܪ for "throat" on the lips of an Arab.

Page 50. Matt. xxiii. 24. Dr Schulthess considers that ܟܐܩܘܕ not ܟܐܩܘܕ is the correct form of the word for κώνωψ "gnat" (Lexicon p. 89) ܟܐܩܘܕ is found also in Codex A of the Palestinian Syriac Lectionary, i.e. in the Vatican MS.

Page 54. Matt. xxv. 2. The Aramæans must have used great nicety of pronunciation to distinguish between ܣܟܒ "foolish" and ܣܟܡܚ "wise." Dr Nestle thinks that ܣܟܡܚ may have been the very word used by our Lord, because אִשָּׁה פְּקֵחָה "a clever, wise woman," is found in Hebrew writings; but פַּכָה "foolish" does not seem to have been used in Jewish Aramaic.

Page 58. Matt. xxvi. 42. The translator has mistaken the Greek word ὅμως for ὁμῶς. Ὅμως corresponds to the πλήν in Matt. xxvi. 39 and in Luke xxii. 42.

Page 58. In Matt. xxvi. 42, 45, I am indebted to Dr Friedrich Schulthess for emendations in lines which I had partly borrowed from the Lectionary, viz.: ܕܒܠܟܕ in v. 42, and ܕܗܟܒܩ in v. 45. They commend themselves from the point of grammar.

Page 64. Matt. xxvii. 40. σῶσον σεαυτὸν νῦν. The νῦν here corresponds to the ܢܣܩ of the Sinai Palimpsest in Luke xxiii. 39.

Page 64. Matt. xxvii. 46. ‎ܣܒܩܬܢܝ‎ is nearer to the Greek transliteration in sound than the ‎ܫܒܩܬܢܝ‎ of the Peshitta, and the ‎ܫܒܩܬܢܝ‎ of the Pal. Syr. Lectionary. Which pronunciation did our Lord really use? Would He have said "sibboleth" with the Ephraimites of Jephthah's day?

Page 76. Heb. ix. 22. ‎ܘܟܡܐ ܕܢܐܡܪ‎ = ὡς εἰπεῖν is considered by Dr Nestle to be a free but good translation of καὶ σχεδόν.

Page 84. Acts xix. 38. ‎ܐܝܬ ܠܗܘܢ‎ = ὑπάρχουσι βίβλοι as a translation of ἀγοραῖοι ἄγονται is the only eccentric variant in our text. The translator was, doubtless a Syrian, who failed to comprehend ἀγοραῖοι; and surmounted the difficulty by giving a free rendering.

Page 100, col. 1, line 18. Acts xxvii. 16. ‎ܩܛܝܠܐ‎ as a translation of σκάφη has puzzled me greatly. There can be no doubt about the word; for it has been examined in the MS. by Dr Nestle, and by Dr Merx of Heidelberg; both of whom were sceptical before they saw it. It is doubtless a loan word, and the only conjecture that occurs to me is the Latin "catillus," from which we probably get "kettle." We call an old boat a "tub," and the Germans sometimes call a kettle a "Schiff."

Page 130, col. 1, line 7. I Cor. xv. 25. I have been unable to decipher completely the first word in this line. One would expect ‎ܒܠܥ‎ or ‎ܘܗܒ‎. I am sure only that the first letter is ‎ܡ‎.

Page 154. Gal. vi. 8. θερίζει. This little variant, to which Dr Nestle drew my attention, appears to me to be singularly beautiful. Ὅτι ὁ σπείρων εἰς τὴν σάρκα ἑαυτοῦ ἐκ τῆς σαρκὸς θερίζει φθοράν, ὁ δὲ σπείρων εἰς τὸ Πνεῦμα ἐκ τοῦ Πνεύματος θερίζει ζωὴν αἰώνιον. That is to say, the harvest of the voluptuary and the worldling, and the harvest of the spiritual man is being gathered now.

Page 172. II Tim. ii. 3. In this verse the word ‎ܐܬܟܬܫ‎ has been recognized by Mr Norman Maclean as a form of ‎ܐܬܒܬܫ‎. His Jewish students often confound ‎ܒ‎ and ‎ܘ‎ in pronouncing them, just as a Spaniard will say "bœuf" for "veuf." Modern Greeks also pronounce βούλομαι voulomai, akin to the Latin volo, and the French vouloir.

Page 174. II Tim. iii. 11. I think we must take ‎ܣܒܪܝ‎ as a present participle with the possessive suffix attached to it.

Page 182. Heb. vii. 19. The translation of this verse is a little free, but it seems to me happier than that of either our English A.V. or R.V. "The law made nothing perfect, but it brought in a better hope."

Page 200, col. 4, l. 9. The second ‎ܒ‎ of ‎ܣܒܒܐ‎ may be discerned written above the word.

On the pages which I have copied from the Greek Harmony the script is so faint that I have only been able to read part of my own transcription a second time; and I dislike using a re-agent twice on the same page. Should any one wish to verify them, he (or she) will please remember that ff. 84a, 85b and 93b are turned upside down for the later script and that f. 93b has escaped being made into a palimpsest.

When any portion of a MS. has been touched with a re-agent, it ought to be dried at once with clean blotting-paper, even before it is read.

ABBREVIATIONS

א Codex Sinaiticus found by Tischendorf on Mount Sinai, now in St Petersburg, ed. Tischendorf. Cent. IV or V.

A Codex Alexandrinus in the British Museum, ed. Woide-Cowper. Cent. V.

B Codex Vaticanus, in Rome, ed. Angelus Maius. Cent. IV or V.

C Codex Ephraemi Rescriptus, in the Bibliothèque Nationale, Paris, ed. Tischendorf. Cent. V.

D Codex Bezae, in the University Library, Cambridge, ed. Scrivener. Cent. VI.

D₂ Codex Claromontanus, in Bibliothèque Nationale, Paris, ed. Tischendorf. Cent. VI.

E in Basle. Cent. VII or VIII.

E₂ Codex Laudianus, in Oxford. Cent. VI.

F Codex Boreelianus, in Utrecht. Cent. IX.

F₂ Codex Augiensis, in Trinity College, Cambridge, ed. Scrivener. Cent. IX.

H Codex Seidelianus II, in Hamburg. Cent. IX.

K Codex Cyprius, in Paris. Cent. IX.

a Codex Vercellensis, ed. Bianchini. Cent. IV.

b Codex Veronensis, in Verona, ed. Bianchini. Cent. IV or V.

c Codex Colbertinus, in Paris, ed. Sabatier.

d Codex Bezae Cantabrigiensis, ed. Scrivener. Cent. VI.

e Codex Palatinus Vindobonensis, ed. Tischendorf. Cent. IV or V.

f Codex Brixianus, in Brescia, edd. Bianchini and Wordsworth-White. Cent. VI.

h Palimpsestus Floriacensis, in the Bibliothèque Nationale, Paris, ed. E. S. Buchanan. Cent. VII.

Δ Codex Sangallensis, in S. Gallen. Cent. IX or X.

V, now G Codex Colberto-Sarravianus (1) 130 leaves in the University Library, Leyden ; (2) 22 leaves in the Bibliothèque Nationale, Paris ; (3) 1 leaf in the Imperial Library, St Petersburg. Cent. V.

X, now M Codex Coislinianus, in Bibliotheque Nationale, Paris. Cent. VI or VII.

XI, now N Codex Basiliano-Vaticanus, in Vatican Library. Cent. VIII or IX.

Q Codex Guelph. in Wolfenbüttel, edited by Tischendorf. Cent. V.

Syr.ᶜᵘ The Curetonian MS. of the Gospels, brought by Tatham from the Nitrian desert, edd. Cureton and Burkitt. Cent. V.

Syr.ᵛᵉᵗ· Agreement of the Sinai Palimpsest of the Gospels with Cod. Cureton.

Pal. Syr.
Lec. Syr.
Lectionary
Evangeliarium
 The Palestinian Syriac Lectionary of the Gospels, extant in the so called "Evangeliarium Hierosolymitanum" of the Vatican, edd. Miniscalchi Erizzo and Lagarde, and in two codices in the Convent of St Catherine, on Mount Sinai, ed. Lewis and Gibson. Cent. XI and XII.

Diat. ar. The Arabic Translations of Tatian's Diatessaron, ed. Ciasca from two MSS. in the Vatican Library. Cent. XI.

Harl. Codex Harleianus. A MS. of the Latin Vulgate in the British Museum. Cent. VI or VII.

Studia Sinaitica VI. A Palestinian Syriac Lectionary containing Lessons from the Pentateuch, Job, Proverbs, Prophets, Acts and Epistles, ed. Lewis.

Cod. Dam. Christlich Palästinische Fragmente aus Damascus, ed. Schulthess.

Schechter Frag. Palestinian Syriac Texts from the Taylor-Schechter Collection, ed. Lewis and Gibson.

Pesh. The Peshiṭta Syriac Version of the Gospels, ed. Gwilliam.

Cod. MS. in Duensing's Texte und Fragmente or Lewis' Supplement to Studia Sinaitica No. VI.

Moes. Eph. Evangelii Concordantis Expositio facta a Sancto Ephraemo, ed. Dr Georgius Moesinger.

Isho'dâd. Commentary on the Four Gospels, ed. Margaret D. Gibson. Cent. IX (not yet published).

Georg. The Georgian Version. Cent. VI.

Arm. The Armenian Version. Cent. V.

Arab. The Arabic Versions. Cent. IX. Cf. Studia Sinaitica II, ed. Gibson.

Ostrog. Biblia Ostrogiensia of the Slavonic Version. Cent. IX.

Copt. The Coptic Version, ed. Wilkins. Cent. V.

Ald. Aldine edition.

Justin M. Justin Martyr. Cent. II.

Epiph. Epiphanius, Bishop in Cyprus. Cent. IV.

H. & P. Holmes and Parsons.

☞ shows that I have not succeeded in finding any corroboration of the variant to which it is affixed.

ERRATA

Page 6, col. 3, l. 13, Leviticus xii. 5 *for* ܢܘܼܚ *read* ܢܘܼܚ.

Page 21, l. 27, I Samuel ii. *delete note* 26¹ om. καὶ (cum multis).

Page 84, col. 4, l. 11, Acts xix. *before* ܟܣܡܘ *read* 41.

Page 84, col. 4, last line *for* ܠܣܡ *read* ܘܠܣܡ.

Page 85, l. 18, Acts xix. *before* καὶ ταῦτα *read* 41.

Page 152, col. 4, l. 1, Galatians v. 9 *for* ܚܡܨ (sic in Cod.) *read* ܚܡܨ.

ERRATA

Page xiii, line 1, *for* "The fragments of" *read* "The fragments from."

„ xiv, „ 36, *after* "Epistles," *add* "are derived,"

„ 201, „ 10, *for* "household" *read* "householder."

INDEX

The passages marked with an asterisk are published for the first time.

GREEK TEXTS.

FRAGMENTS OF A
GREEK HARMONY OF THE GOSPELS

The following four pages are amongst the most legible ones of the Greek sloping uncials. It will be seen that they are not consecutive with each other.

Climacus V.

f. 84 a

Matt. v. 30 δαλιζει σε εκκοψον
αυτην και βαλε
απο σου· συμφερει
γαρ σοι ινα απολη
ται εν των μελων
σου και μη ολον
το σωμα σου βλη
θη εις γεενναν·
31 ερρεθη δε ος αν
πολυσι την γυ
ναικα αυτου δο
τω αυτη απο
στασιον·
32 εγω δε λεγω υμιν
οστις αν απολυση
την γυναικα αυ
του παρεκτος λο
γου πορνιας ποιει
αυτην μοιχευ
θειναι και ος εαν
απολελυμενην
γαμηση μοιχαται
33 παλιν ηκουσατε
οτι ερρεθη τοις
αρχαιοις. ουκ επι
ορκησεις· αποδω
σεις [τω] κω͞ τους
ορκους σου
34 εγω δε λεγω υμιν
μη ομοσαι ολως
μητε εν τω ουνω͞

Matt. v. οτι θρονος εστιν
35 του θυ͞· μητε εν τη
γη οτι υποποδιον
εστιν των ποδων
αυτου.
μητε εις ιεροσολυ
μα οτι πολις εστιν
του μεγαλου βασι
36 λεως μητε εν
τη κεφαλη σου ομο
σης οτι ου δυνασαι
μιαν τριχα ποιη
σαι λευκην η με
37 λαιναν· εστω δε
ο λογος υμων
ναι ναι ου ου. το
δε περισσον του
των εκ του πονη
ρου εστιν.
vi. 1 προσεχεται (sic) την
δικαιοσυνην υ
μων μη ποιειν
εμπροσθεν των
ανθρωπων προς
το θεαθηναι αυ
τοις· ει δε μηγε
μισθον ουκ εχετε
παρα του πρς͞ υμων
2 του εν ουρανοις: οταν
ουν ποιης ελεημο
συνην μη σαλπισης

Climacus V.

f. 85 b

Matt. viii. και παντας τους
16ᵇ κακως εχοντας
 17 εθεραπευσεν οπως
 πληρωθη το ρη
 θεν δια ησαιου
 του προφητου
 λεγοντος αυτος
 τας ασθενειας ημων
 ελαβεν και τας
 νοσους εβαστασεν
 20 και λεγει (ο ι͞ς)
 αι αλωπηκες (sic) φω
 λεους εχουσιν και
 τα πετεινα του ου
 ρανου κατασκη
 νωσεις ο δε υιος
 του ανθ͞ο͞υ ουκ εχει
 που την κεφαλην
 κλινη
 21 ετερος δε των μαθ
 ητων αυτου
 ειπεν αυτω κ͞ε επι
 τρεψον μοι πρωτον
 απελθειν και θαψαι
 τον π͞ρ͞α μου
ix. 27 και παραγοντι εκει
 θεν τω ι͞υ ηκολου
 θησαν αυτω δυο
 τυφλοι κραζοντες
 και λεγοντες ελεη
 σον ημας υιε Δ͞α͞δ

Matt. ix. ελθοντι δε εις την
28 οικειαν προσηλ
 θον αυτω οι τυφλοι
 και λεγει αυτοις
 ο ι͞ς πιστευετε οτι
 δυναμαι τουτο
 ποιησαι.
 λεγουσιν αυτω ναι
 29 κ͞ε. τοτε ηψατο των
 ομματτων (sic) αυτων
 λεγων κατα την
 πιστιν υμων
 γενηθητω υμιν
 30 και ηνεωχθησαν
 αυτων [οι οφ]θαλ
 μοι. και ενεβριμη
 σατο αυτους ο ι͞ς
 λεγων· ορατε μη
 δεις γινωσκετω.
 31 οι δε εξελθοντες
 διεφημισαν αυτον
 εν ολη τη γη εκεινη
ρμγ 36 Ιδων δε τους οχλους
 εσπλαγχνισθη
 περι αυτων οτι η
-οχτ σαν εσκυλμενοι
 και ρεριμενοι (sic)
 ωσει προβατα
 μη εχοντα ποιμενα
x. 5 τουτους τους ι͞β
 απεστειλεν ο ι͞ς

Climacus V.

f. 94 a

John xii. 1 οπου ην λαζαρος ο τε
θνηκως ον ηγει
ρεν εκ νεκρ[ων]

2 Εποιησαν ουν αυτω
δειπνον εκει και
[η Μ]αρθα διηκονει
Λα[ζ]αρος εις ην των
συνανακειμενων

3 συν αυτω η ουν
Μαρια λαβουσα λιτρα
ν μυρου ναρδου πιστι
κης πολυτιμου η
ληψε τους ποδας
του ιυ και εξεμαξε
ταις θριξιν αυτης
τους ποδας αυτου
η δε οικεια επληρω
θη εκ της οσμης του
μυρου

6 ειπε δε τουτο ουχ
οτι περι των πτω
χων εμελλεν αυτω
αλλ οτι κλεπτης ην
και το γλωσσοκομον
ειχεν και τα βαλλο
μενα εβασταζεν:

9 εγνω ουν ο οχλος πο
λυς των Ιουδαιων
οτι εκει εστιν και
ηλθεν ου δια τον ιυ
μονον αλλ ινα και
[τον Λαζα]ρον ιδωσιν

τιζ Joh. Ευρων δε ο ιϲ οναριον
xii. 14 εκαθισεν επ αυτο
καθως εστιν γεγρα
μενον:

15 Μη φοβου θυγατηρ
Σιων ιδου ο βασι
λευς σου ερχεται κα
θημενος επι πωλον

16 ονου· ταυτα δε
ουκ εγνωσαν οι μα
θηται αυτου το πρω
τον· αλλ οτε εδοξα
σθη ιϲ τοτε εμνησ
θησαν οτι ταυτα
ην επ αυτω γε
γραμμενα και ταυ
τα εποιησαν αυτω

τιθ 17 Εμαρτυρει ουν ο ο
χλος [ο ων μ]ετ αυ
του οτι τον λαζα
ρον εφωνησεν εκ
του μνημιου (sic) και
ηγιρεν (sic) αυτον εκ

18 νεκρων δια του
το και υπηντησεν
αυτω ο οχλος οτι
ηκουσεν τουτο αυ
τον πεποιηκεναι
το σημιον· (sic)

Climacus V.

f. 93 b

Joh. xx. 19 ημερα εκεινη τη μι
α σαββατων και των
θυρων κεκλεισμενων
οπου ησαν οι μαθη
ται συνηγμενων
δια τον φοβον των
ιουδαιων ηλθεν ι̅ς̅
και εστη εις το μεσον :
και λεγει αυτοις ειρη
νη υμιν.

20 και τουτο ειπων εδι (*sic*)
ξεν τας χειρας και
την πλευραν αυτοις :
εχαρησαν ουν οι μα
θηται ιδοντες τον

25 κ̅ν̅ : ελεγον ουν
οι αλλοι μαθηται
εορακαμεν (*sic*) τον κ̅ν̅
ο δε ειπεν αυτοις
εαν μη ειδω εν
ταις χερσιν αυτου
τον τυπον των
ηλων και βαλω
τον δακτυλον μου
εις τον τοπον των
ηλων· και
βαλω την χειρα
μου εις την πλευ
ραν αυτου ου μη
πιστευσω.

28 και απεκριθη

ο κ̅ς̅ μου και ο θ̅ς̅ μου

ψπη Joh. λεγει αυτω ο ι̅ς̅ οτι
xx. 29 εορακας (*sic*) με πεπι
στευκας μακαριοι
οι μη ιδοντες με
και πιστευσαντες :

ψπθ 30 πολλα μεν ουν και
αλλα σημια (*sic*) εποιη
σεν ο ι̅ς̅ ενωπιον
των μαθητων α
ουκ εστιν γεγραμ
μενα εν τω βιβλι

31 ω τουτω ταυτα
δε γεγραπται ινα
πιστευηται (*sic*) οτι
ι̅ς̅ εστιν ο χ̅ρ̅ ο υ̅ς̅ του
θ̅υ̅ και ινα πιστευ
οντες ζωην εχη
ται (*sic*) εν τω ονομα
τι αυτου :

ψϟ xxi. 1 και μετα ταυτα ε
φανερωσεν εντον (*sic*)
παλιν ο ι̅ς̅ τοις μα
θηταις επι της
θαλασσης της τι
βεριαδος εφανε
ρωσεν δε ουτως

2 ησαν ομου σιμων
πετρος και θ[ω]
μας ο λεγομενος
Διδυμος και Να
θαναηλ ο απο Κανα

Climacus VI.

f. 26a

Psalm CXL (CXLI).

1 Κε̄ εκαικρα (*sic*) προс се εισακογсον μογ
προсχεс τη φωνηс (*sic*) τηс Δεηсεωс [м]ο[γ]
εν τω κεκραγενεμαι (*sic*) προс се

2 Κατεγθγνθητω η προсεγχη μογ ω[с]
[θγ]миама ενωπιον μογ (*sic*)
επαρсιс των χειρων μογ θγсια εс[περινη]

3 θογ Κε̄ φγλακην τω сτοματι μογ
και θγραν περιοχηс περι τα χιλη (*sic*) μογ

4 мη εκκλινηс την καρΔιαν μογ εις λο[γογс]
πονηριαс
τογ προφαсιζεсθαι προφαсεις εν αμαρ[τιαις]
сγν αν[οις] εργαζομενοις την ανομιαν.
και ογ мη сγνΔγαсω (*sic*) μετα των εκλεκτων

5 παιΔεγсι (*sic*) [м]ε Δικαιος εν ελεει και ελεγ̄ξι (*sic*) [με]
ελαιον Δε αμαρταλογ мη λιπανατω την
κεφαλην μογ
οτι ετι και η προсεγχη μογ εν τ[αις] εγΔοκιαις [αγτων]

6 κατεποθηсα̇ν εχομενα πετραс οι κραταιοι [αγτων]
αсογсαντες τα ρηματα μογ οτι ηΔγνηθηсαν

7 ωсι (*sic*) παχνος γης ερραγη επι τηс γηс
Διεсκορπιсθη τα οстα αγτων παρα τον [αΔην]

8 οτι προс се Κε̄ κε̄ οι οφθαλμοι μογ
επει (*sic*) се ηλπιсα мη αντανολις (*sic*) την ψγχην [μογ]

9 φγλαξον με απο παγιΔος τηс сγνθεс - - - - -
τηсαντο μοι
και απο сκανΔαλων των εργαζομε[νων]
την ανομιαν :

CODEX CLIMACI RESCRIPTUS.

CODEX CLIMACI RESCRIPTUS.

Climacus III.

EXODUS IV. 14ᶜ—18. JOEL II. 12—14. MICAH IV. 1—3.

f. 116 a

f. 116 b

Exodus iv. 14ᶜ—18.

15

16

17

18

Joel ii. 12—14.[2]

12

13

Micah iv. 1—3.

3

2

[1] Cf. Matt. vii. 10. [2] Cf. *Studia Sinaitica* VI. p. 45. [3] Cf. Heb. i. 2.

Exodus IV. 14ᶜ—18ᵇ.

14ᶜ χαρήσεται ἐν ἑαυτῷ. 15 καὶ ἐρεῖς πρὸς αὐτὸν καὶ δώσεις τὰ ῥήματά μου εἰς τὸ στόμα αὐτοῦ· καὶ ἐγὼ ἀνοίξω τὸ στόμα σου καὶ τὸ στόμα αὐτοῦ, καὶ συμβιβάσω ὑμᾶς ἃ ποιήσετε. 16 καὶ αὐτός σοι λαλήσει πρὸς τὸν λαόν, καὶ αὐτὸς ἔσται σου στόμα· σὺ δὲ αὐτῷ ἔσῃ τὰ πρὸς τὸν θεόν. 17 καὶ τὴν ῥάβδον ταύτην τὴν στραφεῖσαν εἰς ὄφιν λήμψῃ ἐν τῇ χειρί σου, ἐν ᾗ ποιήσεις ἐν αὐτῇ τὰ σημεῖα. 18 ἐπορεύθη δὲ Μωυσῆς καὶ ἀπέστρεψεν πρὸς Ἰοθὸρ τὸν γαμβρὸν αὐτοῦ καὶ λέγει[1] Πορεύσομαι καὶ[2] ἀποστρέψω πρὸς τοὺς ἀδελφούς μου τοὺς ἐν Αἰγύπτῳ, καὶ ὄψομαι εἰ ἔτι[3] ζῶσιν. καὶ εἶπεν Ἰοθὸρ Μωυσῇ Βάδιζε ὑγιαίνων.

Joel II. 12—14.

Δεύτερον ἀνάγνωσμα ἐκ Ἰωὴλ τοῦ προφήτου.

12 καὶ νῦν λέγει Κύριος ὁ θεὸς ὑμῶν Ἐπιστράφητε πρὸς μὲ [1]ἐξ ὅλης τῆς καρδίας ὑμῶν[1] καὶ[2] ἐν νηστείᾳ καὶ ἐν κλαυθμῷ καὶ ἐν κοπετῷ, 13 καὶ διαρήξατε τὰς καρδίας ὑμῶν καὶ μὴ τὰ ἱμάτια ὑμῶν, καὶ ἐπιστράφητε πρὸς Κύριον τὸν θεὸν ὑμῶν, ὅτι ἐλεήμων καὶ οἰκτίρμων ἐστίν, μακρόθυμος καὶ πολυέλεος καὶ μετανοῶν ἐπὶ ταῖς κακίαις. 14 τίς οἶδεν εἰ ἐπιστρέψει καὶ μετανοήσει, καὶ ὑπολείψεται ὀπίσω αὐτοῦ εὐλογίαν, θυσίαν[1] καὶ σπονδὴν Κυρίῳ τῷ θεῷ ἡμῶν;

Micah IV. 1—3.

Τρίτον ἀνάγνωσμα ἐκ Μιχαίου τοῦ προφήτου.

1 καὶ ἔσται ἐπ᾽ ἐσχάτων τῶν ἡμερῶν ἐμφανὲς τὸ ὄρος τοῦ κυρίου, ἕτοιμον ἐπὶ τὰς κορυφὰς τῶν ὀρέων, καὶ μετεωρισθήσεται ὑπεράνω τῶν βουνῶν· καὶ σπεύσουσιν[1] πρὸς αὐτὸ λαοί, 2 καὶ πορεύσονται ἔθνη πολλὰ καὶ ἐροῦσιν Δεῦτε ἀναβῶμεν εἰς τὸ ὄρος Κυρίου καὶ εἰς τὸν οἶκον τοῦ θεοῦ Ἰακώβ· καὶ δείξουσιν[1] ἡμῖν τὴν ὁδὸν αὐτοῦ, καὶ πορευσόμεθα ἐν ταῖς τρίβοις αὐτοῦ. ὅτι ἐκ Σειὼν ἐξελεύσεται νόμος, καὶ λόγος Κυρίου ἐξ Ἰερουσαλήμ, 3 καὶ κρινεῖ ἀνὰ μέσον λαῶν πολλῶν, καὶ ἐξελέγξει ἔθνη ἰσχυρὰ ἕως εἰς μακράν· καὶ κατακόψουσιν τὰς ῥομφαίας αὐτῶν εἰς ἄροτρα καὶ τὰ δόρατα αὐτῶν εἰς δρέπανα, καὶ οὐκέτι μὴ

Exod. IV. 18[1] Cod. εἶπεν αὐτῷ (cum F al.). 18[2] om. καὶ (cum 72). 18[3] om. ἔτι.🖎
Joel II. 12[1—1] ἐν ὅλῃ τῇ καρδίᾳ ὑμῶν.🖎 12[2] om. καὶ (cum A, 22 al.). 14[1] καὶ θυσίαν (cum H. & P.). Micah IV. 1[1] συναχθήσονται.🖎 2[1] δείξει.🖎

Climacus III.

LEVITICUS VIII. 18—30.

ܕܠܩܕܡ

		f. 36 b		f. 36 a

29 ܘܣܒ ܕܒܚܐ	26 ܕܝܠܗܟܐ ܐܬܘ ܡܢ 26	ܘܣܒ ܕܒܚܐ ܡܢ	18 ܘܩܪܒܘ ܐܗܪܘܢ ܘܒܢܘܗܝ
ܐܝܟ ܪܒܐ	ܕܩܕܡ ܡܪܝܐ ܢܣܒ	ܡܣܡ ܘܣܒ	ܡܣܡ ܥܠ ܪܝܫܗ
ܐܬܐ ܡܢܗ	ܡܢܗ ܡܢ ܩܕܡ	ܩܪܒܐ ܕܐܠܗܐ ܥܠ	19 ܘܢܒܚ 19 ܐܝܟ
ܢܣܒ ܡܢܗ	ܐܝܟܐ ܕܣܠܩ ܣܡܐ	ܘܐܝܟܢ ܗܘ ܕ	ܘܪܩ ܘܐܝܟ ܗܘܐ
ܘܐܝܟ ܕܐܝܟ ܡ	ܚܕ ܪܝܫ ܩܪܒܐ	ܕܣܪ ܥܠ ܕܡܗ	ܘܐܝܟ ܗܘܐ
ܘܗܘܐ ܠܗܘܐ	ܩܪܒܐ ܕܚܕܐ	ܘܐܝܟܢ : ܚܕ	ܠܗܘܐ ܚܕ ܗܘ
ܘܗܘܐ ܐܝܟ	ܐܝܟ ܘܐܝܟܐ	ܕܐܬܚܠܠ ܥܠ	20 ܘܐܝܟ ܥܠ ܗܘܐ
ܘܕܣܡ ܐܝܟ	ܘܣܒ ܡܢ ܥܠ	24 ܘܐܝܟܢ : ܘܣܒ 24	ܘܣܒ ܕܒܚܐ ܘܐܪܒܥܐ
30 ܘ : ܘܗܘܐ 30	ܘܗܘܐ ܘܐܝܟ ܗܘܐ	ܩܪܒܐ ܚܕܪ	ܘܪܒܘ ܘܪܝܫܗ
ܘܣܒ ܕܒܚܐ ܡܢ	27 ܐܬܘ ܐܝܟ : ܘܣܡܗ	ܘܐܝܟ ܩܪܒܐ	21 ܘܣܡܗ ܘܪܝܫܗ ܘܐܝܟ
ܐܝܟܢܘܬܗ	ܐܝܟ ܚܠ ܥܠܗ	ܩܪܒܐ ܡܢ ܐܝܟ	ܘܣܡ ܘܐܝܟ ܕܝܪ
ܡܢ ܕܗܘܐ ܡܢ	ܘ ܘܐܝܟܘܢ	ܘܣܡܗ ܘܐܝܟ ܕܕܐܝܟ ܚܠ	ܩܪܒܐ ܘܥܠ ܗܘܐ
ܗܝ ܘܐܬܚܒܬܝ	ܘܟܘܢ ܘܐܢ	ܐܝܟ ܕܚܕ : ܘܐܝܟܢ	ܚܠ ܕܗܘܐ ܗܘܐ
ܚܠ ܘܐܝܟ ܡܢ	ܘܣܡ ܠܗܘܢ	ܕܝܠܗܘܢ ܘܐܝܟܢ	ܕܠܐܝܟ ܗܟܢܗ
ܘܗܝܟ ܕܣܒ ܚܠ	ܘܩܣܒ ܦܪܝܫ	ܘܐܝܟܢ ܕܝܪ : ܚܠ ܘ	ܚܣܝܪ ܡܗܘܢ
ܐܝܟ ܘܗܝ ܚܠ	28 ܐܝܟ : ܘܣܒ 28	ܘܗܝ : ܘܐܝܟܢ	ܗܘ ܠܗܟܐ ܘܗܟܒܐ
ܘܚܕ ܘܚܠ ܠܚܕ	ܩܪܒܐ ܡܢ ܐܝܟܘܢܗ	ܩܪܒܐ ܐܕܪܐ	: ܘܠܚܕ ܐܝܟ ܕܗܟܢ
ܘܣܒ : ܣܘܡܗ	ܘܣܡ ܠܗܘܢ	ܚܠ ܕܗܘܐ ܦܪܝܫ*	22 ܘܪܝܣ ܕܒܚܐ
ܘܣܡ ܘܗܘܐ ܐܝܟ	ܩܪܒܐ ܚܠ ܕܗܘܐ	25 ܘܣܒ ܕܚܕܪ	ܕܐܝܟ ܚܒܘܐ ܘܐܝܟ
ܘܠܠܩܝܦܐ	ܐܝܟ ܚܠ ܕܣܒܠܘܐ	ܘܐܬܘ ܘܕܚܕܪ	ܣܘܡ ܘܐܬܚܒܝܗ
ܘܠܚܕܘ	ܐܝܟ ܢܬܠ ܗܝ	ܘܚܕܪ ܐܝܟ : ܘܣܘܝ	ܘܣܒ ܘܐܝܟ ܩܘܚ
ܘܠܗܡܩܒܘ	ܘܣܡܗ ܘܩܕܪܝܢ	ܢܩܕܪ ܘܚܕܪ	ܣܒ ܘܐܝܟ ܚܠ ܗܘܐ
: ܘܩܘܢ ܘܗܝ :	: ܗܘ ܠܚܕ ܘ	ܘܐܬܘ ܘܚܕܪ	23 ܘܐܝܟ : ܘܣܡܗ 23

* Cf. Matt. xxiii. 15 ܘܡܫܡ *infra.*

LEVITICUS VIII. 18ᵇ—30.

18ᵇ Ἀαρὼν καὶ οἱ υἱοὶ αὐτοῦ τὰς χεῖρας αὐτῶν ἐπὶ τὴν κεφαλὴν τοῦ κριοῦ. 19 καὶ ἔσφαξεν Μωσῆς τὸν κριόν· καὶ προσέχεεν Μωσῆς τὸ αἷμα ἐπὶ τὸ θυσιαστήριον κύκλῳ· 20 καὶ τὸν κριὸν ἐκρεανόμησεν κατὰ μέλη, καὶ ἀνήνεγκεν Μωσῆς τὴν κεφαλὴν καὶ τὰ μέλη καὶ τὸ στέαρ· 21 καὶ τὴν κοιλίαν καὶ τοὺς πόδας ἔπλυνεν ὕδατι, καὶ ἀνήνεγκεν Μωσῆς ὅλον τὸν κριὸν ἐπὶ τὸ θυσιαστή-ριον· ὁλοκαύτωμα ὅ ἐστιν εἰς ὀσμὴν εὐωδίας, κάρπωμά ἐστιν τῷ κυρίῳ, καθάπερ ἐνετείλατο Κύριος τῷ Μωυσῇ. 22 καὶ προσήγαγεν Μωσῆς τὸν κριὸν τὸν δεύτερον, κριὸν τελειώσεως· καὶ ἐπέθηκεν Ἀαρὼν καὶ οἱ υἱοὶ αὐτοῦ τὰς χεῖρας αὐτῶν ἐπὶ τὴν κεφαλὴν τοῦ κριοῦ. 23 καὶ ἔσφαξεν αὐτόν, καὶ ἔλαβεν Μωσῆς ἀπὸ τοῦ αἵματος αὐτοῦ καὶ ἐπέθηκεν ἐπὶ τὸν λοβὸν τοῦ ὠτὸς Ἀαρὼν τοῦ δεξιοῦ καὶ ἐπὶ τὸ ἄκρον τῆς χειρὸς τῆς δεξιᾶς καὶ ἐπὶ τὸ ἄκρον τοῦ ποδὸς τοῦ δεξιοῦ. 24 καὶ προσήγαγεν Μωσῆς τοὺς υἱοὺς Ἀαρών· καὶ ἐπέθηκεν Μωσῆς ἀπὸ τοῦ αἵματος ἐπὶ τοὺς λοβοὺς τῶν ὤτων τῶν δεξιῶν καὶ ἐπὶ τὰ ἄκρα τῶν χειρῶν αὐτῶν τῶν δεξιῶν καὶ ἐπὶ τὰ ἄκρα τῶν ποδῶν αὐτῶν τῶν δεξιῶν· καὶ προσέχεεν Μωσῆς τὸ αἷμα ἐπὶ τὸ θυσιαστήριον κύκλῳ. 25 καὶ ἔλαβεν τὸ στέαρ καὶ τὴν ὀσφὺν καὶ τὸ στέαρ τὸ ἐπὶ τῆς κοιλίας καὶ τὸν λοβὸν τοῦ ἥπατος καὶ τοὺς δύο νεφροὺς καὶ τὸ στέαρ τὸ ¹ἐπ' αὐτῶν καὶ τὸν βραχίονα τὸν¹ δεξιόν· 26 καὶ ἀπὸ τοῦ κανοῦ τῆς τελειώσεως τοῦ ὄντος ἔναντι Κυρίου ἔλαβεν ἄρτον ἕνα ἄζυμον καὶ ἄρτον ἐξ ἐλαίου ἕνα καὶ λάγανον ἕν, καὶ ἐπέθηκεν ἐπὶ τὸ στέαρ καὶ ἐπέθηκεν¹ τὸν βραχίονα τὸν δεξιόν· 27 καὶ ἐπέθηκεν ἅπαντα ἐπὶ τὰς χεῖρας Ἀαρὼν καὶ ἐπὶ τὰς χεῖρας τῶν υἱῶν αὐτοῦ, καὶ ἀνήνεγκεν αὐτὰ ἀφαίρεμα ἔναντι Κυρίου. 28 καὶ ἔλαβεν Μωσῆς ἀπὸ τῶν χειρῶν αὐτῶν, καὶ ἀνήνεγκεν αὐτὰ Μωσῆς ἐπὶ τὸ θυσιαστήριον, ἐπὶ τὸ ὁλοκαύτωμα τῆς τελειώσεως, ὅ ἐστιν ὀσμὴ¹ εὐωδίας· κάρπωμά ἐστιν τῷ κυρίῳ. 29 καὶ λαβὼν Μωσῆς τὸ στηθύνιον, ἀφεῖλεν αὐτὸ ἐπίθεμα¹ ἔναντι Κυρίου ἀπὸ τοῦ κριοῦ τῆς τελειώσεως· καὶ ἐγένετο Μωσῇ ἐν μερίδι, καθὰ ἐνετείλατο Κύριος τῷ Μωσῇ. 30 καὶ ἔλαβεν Μωσῆς ἀπὸ τοῦ ἐλαίου τῆς χρίσεως καὶ ἀπὸ τοῦ αἵματος τοῦ ἐπὶ τοῦ θυσιαστηρίου, καὶ προσέρανεν ἐπὶ Ἀαρὼν καὶ τὰς στολὰς αὐτοῦ καὶ τοὺς υἱοὺς αὐτοῦ καὶ τὰς στολὰς τῶν υἱῶν αὐτοῦ μετ' αὐτοῦ.¹

25¹⁻¹ Cod. om. ἐπ' αὐτῶν καὶ τὸν βραχίονα τὸν.🐟 26¹ ἐπὶ (cum V 19, 74 al.). 28¹ εἰς ὀσμὴν (cum Georg. Arm. 1). 29¹ ἀφαίρεμα (cum 16, 30 al.). 30¹ + Καὶ ἡγίασε Μωσῆς τὸν Ἀαρὼν καὶ τὰς στολὰς αὐτοῦ καὶ τοὺς υἱοὺς αὐτοῦ καὶ τὰς στολὰς τῶν υἱῶν αὐτοῦ μετ' αὐτοῦ (cum BᵃᵇF Pesh.).

Climacus III.

LEVITICUS XI. 42—XII. 8.

f. 33 b f. 33 a

ܐܢܬ ܒܣܪܐ ܠܐ ܬܚܢܐ ܘܠܒܘ ܘܐܬ ܡܣܘ ܐܠܗܐ ‍ ܘܡܬ ܐܟ ܐܢܬܪܝ ܐ

ܐܠܟܬܒܘܗܝ ܘܬܘ ܠܘܩܒܠ ܕܝܢܐ 3 ܠܩܕܡ ܐܚܝܕܘ ܐܝܟ ܕܠܐ ܩܪܡ

ܣܘܟܐܗ ܗܘ ܐܣܝܪ ܒܢܝ ܐܟܕܪܗܕܪ ܚܦܪ ܕܐܠܟܬܒ : ܘܗܢܐ

ܠܚܘܡܐ ܐܘܐ ܕܝܢܐ 43 ܘܠܗܘ : .. ܠܩܕܡ : ܐܢܬܚ 4 ܘܬܝܬܘܬܐ4 ܡܐܬܝܬܘܬܗ ܠܝܬ ܘܡܠܒܐ ܒ

ܐܪܐ ܒܘ ܠܡ ܘܩܕܡ ܟܬܝܬܘ ܠܩܕܡ ܐܢܬܪܝ ܘܩܕܡ ܟܬܝܬܘ

ܐܬܐܟܕܗ 47 ܟܠ ܐܢܬܚ 47 ܟܒ ܡܠܡ ܕܘܟܐ ܕܘܢܝ ܟܠ ܐܢܬܚ :

ܐܬܒ ܒܘ ܠܩ ܘܡ ܕܠܐ ܕܘܟܐ : ܘܚܡ ܠܐ ܘܡܣܥܡ ܟܠ ܐܢܬܚ :

ܕ7 ܘܣܡܘܬ ܒܣܪ ܐܪܐ ܐܠ ܘܩܘܣܐ : ܘܠܚܘ ܠܟܬܐܟܘܬܐ ܡܠܡ ܠܐ ܐܬܟܬܘܗ

ܐܟܕܪ ܩܕܡܘ : ܠܘܗ ܐܠ ܐܟܪܕܘ ܐܠ ܡܠܡ ܘܩܡ : .. ܘܟܣܟܣ ܐܟܪ

ܣܘܡܐ ܟܠܒ ܬܬܐܬ ܘܬܝܬܘܗܒܠ : ܘܟܬܬܗ 44 ܐܢܐ ܕܚ

ܐܟܪ : ܐܪܐ ܘܬܝܬܘܗ ܕܕܬܐ : XII. 1 ܘܐܡܪ ܘܕܝܢ ܐܢܬ ܚܡ ܠܐ : ܘܟܠܒܘܗ

ܬܝܚܘ ܘܐܟܪ ܟܢ 5 ܐܠ ܐܬܚܡ ܠܬܘܒ 2 ܘܐܡܪܐ 2 ܐܪܝܘܬ ܘܬܘ ܐܚܝܕܘ ܘܗܒܘ

ܕܒܬܘܬܐ ܕܟ ܘܐܬ ܟܘܡܐ ܟܒ ܠܕܢ ܠܝܗܘܕܐ * ܠܩܕܡ ܐܢܬܪܝ

ܟܘܗܕܝ ܐܢܟ ܒܘܣܒ ܘܚܡ ܡܩܘ ܘܬܝܬܘܗ ܠܗܘ ܘܕܝܢ ܟܠ ܐܢܬܚܘ

ܐܟܕܪܘܗ ܕܟ ܘܡܣ ܘܗܡ 45 ܐܬܬܐ ܘܕܬܪܐ ܐܬܬܘ ܗܘ ܐܟܘ 45

ܘܒܣܐ ܐܠ ܐܟܕܗ : ܘܟܣܒܘܬܗ ܘܬܘ ܝܘܠܘ ܘܟܠܘ ܕܡܣܘܬ

8 ܘܠܐ ܠܬܐܬ ܘܩܣܡ ܐܪܬܐ ܘܬ : ܐܟܕܐ ܘܡܩ ܕܐܢܬܟ ܕܡܩܝܢ

ܐܟܦܘܚܗ ܕܡܐ ܐܬܝܬ ܬܬܝܗ ܣܝܡ ܗܘܐ : ܬܗܕ ܘܕܝܢ ܐܟܝܘ ܐܟܠܘܗ

ܬܬܐ ܐܟܬܐܠ ܘܟܣܒܘܬܗ ܘܗܘܐ ܣܦܝ ܐܟܪ ܣܘܣܡ ܘܡܗ

ܣܘܦܣ ܐܬܝ ܘܡ 6 ◯ ܘܣܬܘ ܘܬܝܕ ܠܟܕ ܝܕܐܣܐ ܘܗܡ ܣܡܘ ܘܐܟ ܣܥܐ ܐܟܘ

ܠܘܝܕ ܐܬܝ ܐܬ ܟܠ ܘܬܝܬܐܗ ܕܕܬܐ ܘܐܠ ܗܦܘܐ ܐܢܬ 46 ܘܬܝܚ : .. ‍ܗܘ 46

ܐܟܠܠܕ ܣܕ ܗܘ ܕܝܢ ܘܬ ܐܘ ܟܠ ܐܬܝ ܘܟܝ ܕܕܬܘܗ ‍ ܠܟܠ ܣܘܗܝܝ

* sic.

LEVITICUS XI. 42—XII. 8.

42 ἐπὶ τῆς γῆς, οὐ φάγεσθε αὐτό, ὅτι βδέλυγμα ὑμῖν ἐστίν. 43 καὶ οὐ μὴ βδελύξητε τὰς ψυχὰς ὑμῶν ἐν πᾶσι τοῖς ἑρπετοῖς τοῖς ἕρπουσιν ἐπὶ τῆς γῆς, καὶ οὐ μιανθήσεσθε ἐν τούτοις, καὶ οὐκ ἀκάθαρτοι ἔσεσθε ἐν αὐτοῖς. 44 ὅτι ἐγώ εἰμι Κύριος ὁ θεὸς ὑμῶν· [1]καὶ ἁγιασθήσεσθε[1] καὶ ἅγιοι ἔσεσθε, ὅτι ἅγιός εἰμι ἐγὼ Κύριος [2]ὁ θεὸς ὑμῶν[2]· καὶ οὐ μιανεῖτε τὰς ψυχὰς ὑμῶν ἐν πᾶσιν τοῖς ἑρπετοῖς τοῖς κινουμένοις[3] ἐπὶ τῆς γῆς· 45 ὅτι ἐγώ εἰμι Κύριος ὁ ἀναγαγὼν ὑμᾶς ἐκ γῆς Αἰγύπτου εἶναι ὑμῶν θεός· καὶ ἔσεσθε ἅγιοι, ὅτι ἅγιός εἰμι ἐγὼ Κύριος. 46 οὗτος ὁ νόμος περὶ τῶν κτηνῶν καὶ [1]τῶν πετεινῶν καὶ πάσης ψυχῆς τῆς κινουμένης ἐν τῷ ὕδατι καὶ πάσης ψυχῆς ἑρπούσης ἐπὶ τῆς γῆς, 47 διαστεῖλαι ἀνὰ μέσον [1]τῶν ἀκαθάρτων καὶ ἀνὰ μέσον τῶν καθαρῶν[1], καὶ ἀνὰ μέσον [2]τῶν ζωογονούντων[2] τὰ ἐσθιόμενα καὶ ἀνὰ μέσον [3]τῶν ζωογονούντων[3] τὰ μὴ ἐσθιόμενα. XII. 1 Καὶ ἐλάλησεν Κύριος πρὸς Μωυσῆν λέγων[1] 2 Λάλησον τοῖς υἱοῖς Ἰσραὴλ καὶ ἐρεῖς πρὸς αὐτούς Γυνὴ ἥτις ἐὰν σπερματισθῇ καὶ τέκῃ ἄρσεν, καὶ[1] ἀκάθαρτος ἔσται ἑπτὰ ἡμέρας, κατὰ τὰς ἡμέρας τοῦ χωρισμοῦ τῆς ἀφέδρου αὐτῆς ἀκάθαρτος ἔσται· 3 καὶ τῇ ἡμέρᾳ τῇ ὀγδόῃ περιτεμεῖ τὴν σάρκα τῆς ἀκροβυστίας αὐτοῦ· 4 καὶ τριάκοντα ἡμέρας καὶ τρεῖς καθίσεται ἐν αἵματι ἀκαθάρτῳ αὐτῆς· παντὸς ἁγίου[1] οὐχ ἅψεται, καὶ εἰς τὸ ἁγιαστήριον οὐκ εἰσελεύσεται, ἕως ἂν πληρωθῶσιν αἱ ἡμέραι καθάρσεως αὐτῆς. 5 ἐὰν δὲ θῆλυ τέκῃ, καὶ[1] ἀκάθαρτος ἔσται δὶς ἑπτὰ ἡμέρας κατὰ τὴν ἄφεδρον[2]· καὶ ἑξήκοντα ἡμέρας καὶ ἓξ καθεσθήσεται ἐν αἵματι ἀκαθάρτῳ αὐτῆς. 6 καὶ ὅταν ἀναπληρωθῶσιν αἱ ἡμέραι καθάρσεως αὐτῆς ἐφ᾽ υἱῷ ἢ ἐπὶ θυγατρί, προσοίσει ἀμνὸν ἐνιαύσιον ἄμωμον εἰς ὁλοκαύτωμα καὶ νοσσὸν περιστερᾶς ἢ τρυγόνα περὶ ἁμαρτίας ἐπὶ τὴν θύραν τῆς σκηνῆς τοῦ μαρτυρίου πρὸς τὸν ἱερέα· 7 καὶ προσοίσει[1] ἔναντι Κυρίου, καὶ ἐξιλάσεται περὶ αὐτῆς ὁ ἱερεύς, καὶ καθαριεῖ αὐτὴν[1] ἀπὸ τῆς πηγῆς τοῦ αἵματος αὐτῆς. οὗτος ὁ νόμος τῆς τικτούσης ἄρσεν ἢ θῆλυ. 8 ἐὰν δὲ μὴ εὑρίσκῃ ἡ χεὶρ αὐτῆς τὸ ἱκανὸν εἰς ἀμνόν, καὶ[1] λήμψεται δύο τρυγόνας ἢ δύο νοσσοὺς περιστερῶν, μίαν εἰς ὁλοκαύτωμα

44[1-1] Cod. om. καὶ ἁγιασθήσεσθε (cum 16, 77). 44[2-2] om. ὁ θεὸς ὑμῶν (cum 16, 77). 44[3] ἕρπουσιν (cum + marg. X). 46[1] + περὶ (cum 58, 59). 47[1-1] τῶν καθαρῶν καὶ ἀνὰ μέσον τῶν ἀκαθάρτων (cum 118). 47[2-2] om. τῶν ζωογονούντων (cf. Arab. 1, 2). 47[3-3] om. τῶν ζωογονούντων (cf. Arab. 1, 2). XII. 1[1] om. λέγων.🖂 2[1] om. καὶ (cum 16 al.). 4[1] ἁγίου (cum F et plur.). 5[1] om. καὶ (cum 53, 72). 5[2] + αὐτῆς (cum F). 7[1,1] + ὁ ἱερεὺς bis.🖂 8[1] om. καὶ (cum Arm. Ed.).

Climacus III.

JOEL II. 16—20.* PSALM LI. I. DEUT. VI. 4—9ᵃ.

f. 97 a f. 97 b

ܐܘܡܠܟ ܟܡܪ]	[ܐܡܠܟ ܟܡܪ]	ܟܠܐ̈ܝܟܡ ܡܢ ܟܠ	Joel ii. 16—20.
[ܢܥܦܝ ܝܡܢ]	ܪܕ̈ܐܠܕ ܠܠܠܝ	19 ܟܠܐܘܟܡܝ̈ܘܐܟ	ܟܠܝܟ ܟܡܘܡ
ܣܠܝܡ ܟܡܠܟ	ܡܘܪܡܕܡ	ܟܡ ܟܠܟ	ܟܠܡ̈ܝܡ ܡܢ
6 ܟܡܘܡ ܟܠܟܬ	⋮ ⋮ ⋮ ⋮ ⋮	ܟܡ̈ܠ ܟܡܠܟܢ	ܟܠܟܠܡ ܡܢ

(full Syriac text continues in columns)

Ps. li. 1

20

Deut. vi. 4—9.

4

5

6

7

8

9

* Cf. *Studia Sinaitica* VI. pp. 45, 46.

Joel II. 16—20.

16 ἐξελθάτω νυμφίος ἐκ τοῦ κοιτῶνος αὐτοῦ καὶ νύμφη ἐκ τοῦ παστοῦ αὐτῆς. 17 ἀνὰ μέσον τῆς κρηπῖδος τοῦ θυσιαστηρίου κλαύσονται οἱ ἱερεῖς οἱ λειτουργοῦντες Κυρίῳ καὶ ἐροῦσιν Φεῖσαι, Κύριε, τοῦ λαοῦ σου, καὶ μὴ δῷς τὴν κληρονομίαν σου εἰς ὄνειδος τοῦ κατάρξαι αὐτῶν ἔθνη, ὅπως μὴ εἴπωσιν [1]ἐν τοῖς ἔθνεσιν[1] Ποῦ ἐστιν ὁ θεὸς αὐτῶν; 18 καὶ ἐζήλωσεν Κύριος τὴν γῆν αὐτοῦ, καὶ ἐφείσατο τοῦ λαοῦ αὐτοῦ. 19 [1]καὶ ἀπεκρίθη Κύριος[1] καὶ εἶπεν τῷ λαῷ αὐτοῦ Ἰδοὺ ἐγὼ ἐξαποστέλλω ὑμῖν τὸν σῖτον καὶ τὸν οἶνον καὶ τὸ ἔλαιον, καὶ ἐμπλησθήσεσθε αὐτῶν[2], καὶ οὐ δώσω ὑμᾶς οὐκέτι εἰς ὀνειδισμὸν ἐν[3] τοῖς ἔθνεσι· 20 καὶ τὸν ἀπὸ βορρᾶ ἐκδιώξω ἀφ' ὑμῶν καὶ ἐξώσω αὐτὸν εἰς γῆν ἄνυδρον, καὶ ἀφανιῶ τὸ πρόσωπον αὐτοῦ εἰς τὴν θάλασσαν τὴν πρώτην, καὶ τὰ ὀπίσω αὐτοῦ εἰς τὴν θάλασσαν τὴν ἐσχάτην· καὶ ἀναβήσεται σαπρία αὐτοῦ, καὶ ἀναβήσεται ὁ βρόμος αὐτοῦ, ὅτι ἐμεγάλυνεν τὰ ἔργα αὐτοῦ.

Psalm LI. 1.

Ψαλμὸς Ν. Ἀντίφωνον. Ἀρχή.

Ἐλέησόν με, ὁ θεός, κατὰ τὸ μέγα ἔλεός σου, καὶ κατὰ τὸ πλῆθος τῶν οἰκτιρμῶν σου ἐξάλειψον τὸ ἀνόμημά μου.

Τῇ ἡμέρᾳ τῆς παρασκευῆς τῆς πρώτης ἑβδομάδος. Ὅτι Σιὼν καλεῖ σε.

Deuteronomy VI. 4—9.

4 Ἄκουε, Ἰσραήλ· Κύριος ὁ θεὸς ἡμῶν[1] Κύριος εἷς ἐστιν· 5 καὶ ἀγαπήσεις Κύριον τὸν θεόν σου ἐξ ὅλης τῆς διανοίας[1] σου καὶ ἐξ ὅλης τῆς ψυχῆς σου καὶ ἐξ ὅλης τῆς δυνάμεώς σου. 6 καὶ ἔσται τὰ ῥήματα ταῦτα, ὅσα ἐγὼ ἐντέλλομαί σοι σήμερον, ἐν τῇ καρδίᾳ σου καὶ ἐν τῇ ψυχῇ σου· 7 καὶ προβιβάσεις[1] τοὺς υἱούς σου, καὶ λαλήσεις ἐν αὐτοῖς καθήμενος ἐν οἴκῳ[2] καὶ πορευόμενος ἐν ὁδῷ καὶ κοιταζόμενος καὶ διανιστάμενος· 8 καὶ ἀφάψεις αὐτὰ εἰς σημεῖον ἐπὶ τῆς χειρός σου, καὶ ἔσται ἀσάλευτον πρὸ ὀφθαλμῶν σου· 9 καὶ γράψετε αὐτὰ ἐπὶ

Joel II. 17[1–1] Cod. τὰ ἔθνη.🖎 19[1–1] om. καὶ ἀπεκρίθη Κύριος.🖎 19[2] αὐτοῦ.🖎
19[3] om. ἐν.🖎 Deut. VI. 4[1] σου (cum 219, 354, 355). 5[1] καρδίας (cum AF 15, 16).
7[1] + αὐτὰ (cum B[ab] A F). 7[2] + σου (cum cod. 58 al.).

Climacus III.

DEUTERONOMY VI. 9b—21.

f. 117 b f. 117 a

— Cf. Land, vol. IV. p. 222.

Deuteronomy VI. 9ᵇ—21.

9ᵇ τὰς φλιὰς τῶν οἰκιῶν ὑμῶν[1] καὶ τῶν πυλῶν ὑμῶν[2]. 10 Καὶ ἔσται ὅταν εἰσαγάγῃ σε Κύριος ὁ θεός σου εἰς τὴν γῆν ἣν ὤμοσεν Κύριος[1] τοῖς πατράσιν σου, τῷ Ἀβραὰμ καὶ Ἰσαὰκ καὶ Ἰακώβ, δοῦναί σοι πόλεις μεγάλας καὶ καλὰς ἃς οὐκ ᾠκοδόμησας, 11 [1]οἰκίας πλήρεις πάντων ἀγαθῶν ἃς οὐκ ἐνέπλησας, λάκκους λελατομημένους οὓς οὐκ ἐλατόμησας, ἀμπελῶνας καὶ ἐλαιῶνας οὓς οὐ κατεφύτευσας, καὶ φαγὼν καὶ ἐμπλησθεὶς 12 πρόσεχε σεαυτῷ μὴ[1] ἐπιλάθῃ Κυρίου τοῦ θεοῦ σου τοῦ ἐξαγαγόντος σε ἐκ γῆς Αἰγύπτου, ἐξ οἴκου δουλίας. 13 Κύριον τὸν θεόν σου φοβηθήσῃ[1] καὶ αὐτῷ λατρεύσεις, καὶ πρὸς αὐτὸν κολληθήσῃ, καὶ τῷ ὀνόματι αὐτοῦ ὀμῇ. 14 οὐ πορεύεσθε ὀπίσω θεῶν ἑτέρων ἀπὸ[1] τῶν ἐθνῶν τῶν περικύκλῳ ὑμῶν, 15 ὅτι θεὸς ζηλωτὴς Κύριος ὁ θεός σου ἐν σοί· μὴ ὀργισθεὶς θυμωθῇ Κύριος ὁ θεός σού σοι·[1] ἐξολεθρεύσει σε ἀπὸ προσώπου τῆς γῆς. 16 Οὐκ ἐκπειράσεις Κύριον τὸν θεόν σου, ὃν τρόπον ἐξεπειράσατε ἐν τῷ Πειρασμῷ. 17 φυλάσσων φυλάξῃ τὰς ἐντολὰς Κυρίου τοῦ θεοῦ σου,[1] τὰ μαρτύρια[2] καὶ τὰ δικαιώματα[3] ὅσα ἐνετείλατό[4] σοι· 18 καὶ ποιήσεις τὸ ἀρεστὸν καὶ τὸ καλὸν ἐναντίον Κυρίου τοῦ θεοῦ ὑμῶν[1], ἵνα εὖ σοι γένηται, καὶ εἰσέλθῃς καὶ κληρονομήσῃς τὴν γῆν τὴν ἀγαθὴν ἣν ὤμοσεν Κύριος τοῖς πατράσιν ὑμῶν· 19 ἐκδιῶξαι πάντας τοὺς ἐχθρούς σου πρὸ προσώπου σου, καθὰ ἐλάλησεν Κύριος. 20 Καὶ ἔσται ὅταν ἐρωτήσῃ σε ὁ υἱός σου αὔριον λέγων Τί ἐστιν τὰ μαρτύρια καὶ τὰ δικαιώματα καὶ τὰ κρίματα ὅσα ἐνετείλατο Κύριος ὁ θεὸς ἡμῶν ἡμῖν[1]; 21 καὶ ἐρεῖς τῷ υἱῷ σου Οἰκέται ἦμεν τῷ Φαραὼ ἐν γῇ Αἰγύπτῳ, καὶ ἐξήγαγεν ἡμᾶς Κύριος[1] ἐκεῖθεν

9[1] Cod. σου (cum 19, 108). 9[2] σου (cum 19, 108). 10[1] om. Κύριος (cum AF 108). 11[1] + καὶ (cum Arab. 1, 2, 3). 12[1] + πλατυνθῇ ἡ καρδία σου καὶ (cum AF). 13[1] φοβήθητε (cum 53, Slav. Ostrog.). 14[1] + τῶν θεῶν (cum BᵃᵇAF). 15[1] + καὶ (cum AF). 17[1] + καὶ (cum AF). 17[2] + αὐτοῦ (cum AF). 17[3] + αὐτοῦ (cum F). 17[4] lit. ἐνετειλάμην (cf. cod. 30 ἐντέλλομαι). 18[1] σου (cum BᵃAF). 20[1] om. ἡμῖν (cum Georg. Arab. 3). 21[1] + ὁ θεός (cum 15 al.).

Climacus III.

DEUTERONOMY VI. 21ᵇ—VII. 6

	f. 103 b		f. 103 a
ܠܐ ܂ ܘܡܢ	ܡܢ ܡܨܪܝܢ	ܡܠܝܢ ܘܐܬܒܟ	21ᵇ ܥܒܝܕ ܒܟܐ ܐܝܕܝܐ
ܐܬܐ ܐܝܟ	ܠܥܝܢܝܢ ܪܒܝܢ	ܡܢ ܠܘܬܢܗ	ܘܟܠܗܘܢ
ܘܡܢܐ ܂ ܠܐ	ܘܐܬܘܬܐ ܂	ܡܠܟ ܐܝܢ ܂	ܡܣܘܪ ܂
ܘܗܪܕܟ ܒܥܡ	ܘܐܝܕܐܝܢ ܂	ܠܐ ܥܒܝܕ	22 ܐܝܟ ܩܡܐ
4 ܚܣܝܢ ⁴ ܂ ܠܚܕ	ܘܥܒܝܕܐܢ ܂	ܐܬܘܬܐ ܘܠܟܘܠ	ܪܒܘܪܒܢ ܘܝܗܒ
ܝܕܥ ܠܚܕܝܢ	ܘܒܚܙܝܥܢ ܂	ܡܝܢ ܐܟܣ ܂	ܘܥܨܬܐ ܘܐܚܪܢ
ܘܡܠܘ ܠܟܠܗܘܢ	ܘܐܝܣܐ ܂	ܪܡܘܒ ܂	ܒܐܪܥܐ ܕܡܨܪ ܂
ܣܘܪܝܢ ܂ ܘܗܕܝܐ	ܘܠܒܥܝܢ ܂	25 ܘܡܒܣܝܗ ܘܐܬܐ	ܘܒܦܪܥܘܢ
ܕܐܪܟ ܐܝܟ	ܡܠܬ ܕܗܘܒ	ܦܠܐܢ ܥܡ ܐܟ ܠܗ ܂	ܘܒܟܠܗ
ܚܠܒܐ ܂ ܘܡܣܪܐ	ܘܐܚܕܝܢ ܘܣܘܥܡ	ܒܡܠܘ ܠܚܕ	ܘܒܝܬܗ
ܒܐܟܝ ܚܣܝܢܬ	2 ܚܣܝܢ ܂ ² ܘܣܒܕܪܝܐ	ܒܝܗܡܟܐ ܡܠܝܢ	ܡܣܕܝܢ
5 ܐܟ ܐܪܢ ܐܚܣܝ	ܘܗܘܡ ܐܝܟܐܢ	ܪܒܘܡ ܐܝܟ	23 ܐܝܟ ܒܣܐ ܘܠ
ܐܠܗܝܗ ܠܗܘܢ ܂	ܟܣ ܣܢ ܐܟܠܘ	ܐܠܡ ܂ ܘܡܡܒܐ	ܘܠܢ ܡܢ
ܘܣܬܡܣܝܗܘܢ	ܘܟܣܝܐ ܘܣܘܥܡ	ܒܝܬ ܗܕܗ	ܠܚܕ ܂ ܕܢܬܐ
܂ ܘܒܘܣܪ ܂	ܐܝܟ ܣܥܡ ܂ ܘܐܝܡ	ܐܝܟ ܂	ܠܝ ܘܠܕܐ ܠܝ
ܘܬܒܚܘܣ	ܗܣܘܪܝ	VII. ܒܠ ܐܟ ܐܝܡ ܘܠ	ܐܝܟ ܡܐܪܐ
܂ ܘܐܚܕ ܂	ܡܡܢ ܂ ܠܐ	ⁱ ܐܝܟ ܐܟ ܡܪܐ ܘܠ	ܕܝܒܟ ܐܝܟ
ܘܡܠܟܘܣܗܘܢ	ܐܚܝܕ ܘܣܟܝܗܘܢ	ܐܠܟ ܠܐܪܟܐ	ܐܠܟ ܠܐܡܣܘܪ
ܡܠܟܘ ܂ ܘܟܠܬܢܝܟ	ܘܐܣܒܝ ܂ ܘܠܐ	ܕܡܠ ܠܠܐ ܕܐܟ	ܕܐܠܗ ܠܝ ܂
ܘܣܟܡܣܝܗܘܢ	ܘܐܬܣܒܝܢ	ܘܦܪܕܝܪ ܡܘ	24 ܘܦܩܕ ܘܣܡ
ܐܟܣܘܪ ܘܕܒܘܪܝܐ ܂	3 ܚܠܡܘܢ ܂ ³ ܘܠܐ	ܡܠܝܢ ܘܐܬܒܟ	ܕܢܚܕܐ ܐܝܟ
ܘܡܣܪ 6	ܘܐܬܒܬܘܢ	ܘܐܚܕܝܢ ܘܣܘܥܡ	ܠܗܘܢ

Deuteronomy VI. 21ᵇ—VII. 6.

21ᵇ ἐν χειρὶ κραταιᾷ καὶ ἐν βραχίονι ὑψηλῷ· 22 καὶ ἔδωκεν Κύριος σημεῖα καὶ τέρατα μεγάλα καὶ πονηρὰ ἐν ¹Αἰγύπτῳ¹ ἐν Φαραὼ καὶ ἐν τῷ οἴκῳ αὐτοῦ² ἐνώπιον ἡμῶν, 23 καὶ ἡμᾶς ἐξήγαγεν ¹ ἐκεῖθεν ² δοῦναι ἡμῖν τὴν γῆν ταύτην ἣν ὤμοσεν ³δοῦναι τοῖς πατράσιν ἡμῶν·³ 24 καὶ ἐνετείλατο ἡμῖν Κύριος ποιεῖν πάντα τὰ δικαιώματα ταῦτα, φοβεῖσθαι Κύριον τὸν θεὸν ἡμῶν, ἵνα εὖ ᾖ ἡμῖν πάσας τὰς ἡμέρας, ἵνα ζῶμεν ὥσπερ καὶ¹ σήμερον· 25 καὶ ἐλεημοσύνη ἔσται ἡμῖν ἐὰν φυλασσώμεθα ποιεῖν πάσας τὰς ἐντολὰς ταύτας ἐναντίον Κυρίου τοῦ θεοῦ ἡμῶν, καθὰ ἐνετείλατο ἡμῖν Κύριος. VII. 1 ¹Ἐὰν δὲ εἰσαγάγῃ σε Κύριος ὁ θεός σου εἰς τὴν γῆν εἰς ἣν εἰσπορεύῃ ἐκεῖ κληρονομῆσαι², καὶ ἐξαρεῖ ἔθνη μεγάλα ³ ἀπὸ προσώπου σου, τὸν Χετταῖον καὶ Ἀμορραῖον ⁴καὶ Γεργεσαῖον καὶ Χαναναῖον καὶ Φερεζαῖον⁴ καὶ Εὐαῖον καὶ Ἰεβουσαῖον, ἑπτὰ ἔθνη πολλὰ καὶ ἰσχυρότερα ὑμῶν, 2 καὶ παραδώσει αὐτοὺς Κύριος ὁ θεός σου εἰς τὰς χεῖράς σου, καὶ πατάξεις αὐτούς, ἀφανισμῷ ἀφανιεῖς αὐτούς· οὐ διαθήσῃ πρὸς αὐτοὺς διαθήκην, οὐδὲ μὴ ἐλεήσητε αὐτούς, 3 οὐδὲ μὴ γαμβρεύσητε πρὸς αὐτούς τὴν θυγατέρα σου οὐ δώσεις τῷ υἱῷ αὐτοῦ, καὶ τὴν θυγατέρα αὐτοῦ οὐ λήμψῃ τῷ υἱῷ σου· 4 ἀποστήσει γὰρ τὸν υἱόν σου ἀπ᾽ ἐμοῦ, καὶ λατρεύσει θεοῖς ἑτέροις, καὶ ὀργισθήσεται θυμῷ Κύριος εἰς ὑμᾶς, καὶ ἐξολεθρεύσει σε¹ τὸ τάχος. 5 ἀλλ᾽ οὕτως ποιήσετε¹ αὐτοῖς· τοὺς βωμοὺς αὐτῶν καθελεῖτε, καὶ τὰς στήλας αὐτῶν συντρίψετε, καὶ τὰ ἄλση αὐτῶν ἐκκόψετε, καὶ τὰ γλυπτὰ τῶν θεῶν αὐτῶν κατακαύσετε πυρί. 6 ὅτι λαὸς

22¹⁻¹ Cod. γῆ Αἰγύπτου (cum 30, Arab. 3). 22² + καὶ ἐν τῇ δυνάμει αὐτοῦ (cum F X 16, 18 al.). 23¹ + Κύριος ὁ θεὸς ἡμῶν (cum AF X 15, 18). 23² + ἵνα εἰσαγάγῃ ἡμᾶς καὶ (cum Bᵃᵇ ᵐᵍ AF 15, 16). 23³⁻³ Κύριος ὁ θεὸς ἡμῶν τοῖς πατράσιν ἡμῶν δοῦναι ἡμῖν (cum A 15, 18). 24¹ om. καὶ (cum Copt.). VII. 1¹ ἐὰν δὲ] καὶ ἔσται ἐὰν (cum F X XI 15, 16 al.). 1² + αὐτήν (cum AF). 1³ + καὶ ἰσχυρὰ (cum 18, 128). 1⁴⁻⁴ καὶ Χαναναῖον καὶ Φερεζαῖον καὶ Γεργεσαῖον. 🖎 4¹ ὑμᾶς (cum 44 Copt.). 5¹ ποιήσεις. 🖎

Climacus III.

DEUTERONOMY VII. 6—15.

ܘܐܢܬܐ ܢܟܝ:	10 ܘܡܬܠ ܚܕܟܐ ܠܛܡ	ܠܟܐܘܬܗܘܢ	ܐܟܙܢܐ ܕܐܟ ܡܕܡ
ܘܢܕܝܪ ܡܠܬܪܕܢ	ܠܣܢܐܘܗܝ ܚܠ ܐܦܝܢ:	ܘܚܡܐ ܠܟܘܡ	ܘܠܐ: ܐܠܬܟܝ
ܕܡܪܚܡܢ ܘܫܡܪ	ܠܡܣܡܕܘ ܠܗܘܡ	ܐܟ ܐܢܚ ܕܟ	ܐܟ ܚܢܐ
ܒܚܘܪ̈ܟ: ܚܕܢ̈ܐܕ	ܘܠܟ ܕܡܘܬ:	ܥܢܪܟ ܘܟܐܘܕܪܐ	ܐܠܟܝ ܕܗܡܐ
ܘܢܕܝܪ	ܫܡܠܗ ܕܣܠܛ	ܡܬܚܡܪܕܗ	ܡܕܐ ܠܢ
ܘܣܢܥܡܘ:	ܠܬܩܝ	ܕܣܢܬܗ ܢܟܝ	ܡܢ ܠܣܢܟ
ܘܣܢܕܟܐ	ܣܢ ܕܬܡܘ ܘܗܡܠ:	ܚܒ ܡܢ ܚܒ	ܚܢܬܐ ܟܠܗܘܡ
ܗܕܪܟܝ	11 ܘܢܛܪ ܗܩܘܩܣ ܕܘܣ̈ܗ	ܚܕܡܬܬܟܐ	ܐܟܐ ܚܠ ܐܘܬܕ
ܘܣܢܕܟܐ	ܘܟܣ̈ܪ ܘܢܛܩܘܕ	ܐܟܡܕ ܡܢ	ܚܡܐ ܕܐܟܟ̈ܢܐ:
ܚܠ: ܕܕܡܬܟܐܕ	ܟܐܟܐ ܕܣܠܡ	ܟܠܟܐ ܘܚܦܢܘܕ	7 ܘܡܬܠ ܡܢ ܠܐ ܕ
ܡܪܬܟܐ ܐܕܟܐ	ܣܒܕܘ ܡܢ ܕܥܒܣܚ	9 ܘܐܬ̈ܘܐ ܝܬܬ̈ܣܕ:	ܐܘܕܚ ܡܣܢܚܡ̈ܟ
ܐܟܙܢܐ ܕܘܟܐ	12 ܘܡܣܐ : ܚܕܚܕܬܕ 12	ܐܟܐ ܐܠܟܪ	ܡܢ ܚܠܘܡܐ
ܠܐܡܟܐ ܕܗܘܟ̈ܠܕ	ܟܐ ܡܬܚ̈ܟܡ̈ܗܘ	ܡܕܘ ܗܘ	ܚܡܐ ܟܠ ܚܢܬܟ
14 ܡ̈ܗ ܢܟܝ ܠܡ 14:	ܗܣܢܟܝ ܕܡ̈ܘܗܗ	ܐܠܟܐ	ܘܚܙܐ ܚܕܟܐ
ܟܠܗܘܡ ܡܢ	ܘܗܕܝܪ̈ܢ: ܡܠܡ	ܕܚܡ̈ܬܢܕ:	ܚܒܪ: ܚܒܘ ܟ
ܐܠܐ: ܚܢܬܟܐ ܟ	ܘܡܚܕܗ ܘܗܘܗܡ:	ܢܘܠܝܕ ܡ̈ܗ	ܡܬܚ̈ܙܐ ܚܠ
ܚܡܐ ܟܐ ܘܐܢ̈ܚ,	ܐܟ ܕܡ ܠܡ ܒܢܠܐ	ܘܐܬܟܐܕ	ܟܠܗܘܡ ܚܢܬ̈ܟ:
ܘܠܐ ܚܚܢܟܝܘ:	ܐܠܟ ܕܒܢܕ ܟܐܘܬܐ	ܠܛܡ ܐܟܚܝ̈ܘܐܕ	8 ܕܠ ܡܢ ܚܠܘܕ
15 ܘܟܬܬ̈ܘ ܡܕܚܝ	ܐܟܚ̈ܘܐ ܘܡܟܗ ܕ̈ܒ	ܠܡܐ ܕܒܣ̈ܚ:	ܠܚܘܕ ܚܣܡܕ
ܘܟܐܘܬܐ ܕܡ̈ܟ 15:	ܕܒܟܐ ܚ̈ܡܕܬܗ:	ܡܬܛܠܡ ܕܠܡܠܗ	ܘܐܟܝ ܘܡܚܕ̈ܟܐ:
ܕܘܟܐ ܚܕܠ	13 ܚ̈ܡܣ ܐܕ	ܩܘܡܐܘܕ	ܚܣܣܪܐ ܘܕܒܪ
ܚܕܘܠܬܐ	ܘܚܕܝ ܢܟܝ	ܕܡ ܠܟܠܟ	

Deuteronomy VII. 6—15.

6 ἅγιος εἶ Κυρίῳ τῷ θεῷ σου, καὶ σὲ προείλατο Κύριος ὁ θεός σου, εἶναί σε αὐτῷ λαὸν περιούσιον παρὰ πάντα τὰ ἔθνη ὅσα ἐπὶ προσώπου τῆς γῆς. 7 οὐχ ὅτι πολυπληθεῖτε παρὰ πάντα τὰ ἔθνη, προείλατο Κύριος ὑμᾶς καὶ ἐξελέξατο ὑμᾶς· ὑμεῖς γάρ ἐστε ὀλιγοστοὶ παρὰ πάντα τὰ ἔθνη· 8 ἀλλὰ παρὰ τὸ ἀγαπᾶν Κύριον ὑμᾶς, καὶ διατηρῶν[1] τὸν ὅρκον ὃν ὤμοσεν τοῖς πατράσιν ὑμῶν, ἐξήγαγεν Κύριος ὑμᾶς ἐν χειρὶ κραταιᾷ, [2] καὶ ἐλυτρώσατο [3] ἐξ οἴκου δουλίας, ἐκ χειρὸς Φαραὼ βασιλέως Αἰγύπτου. 9 καὶ γνώσεσθε[1] σήμερον[2] ὅτι Κύριος ὁ θεός σου, οὗτος θεός[3], θεὸς πιστός, ὁ φυλάσσων διαθήκην καὶ ἔλεος τοῖς ἀγαπῶσιν αὐτὸν καὶ τοῖς φυλάσσουσιν τὰς ἐντολὰς αὐτοῦ εἰς χιλίας γενεάς, 10 καὶ ἀποδιδοὺς τοῖς μισοῦσιν κατὰ πρόσωπον ἐξολεθρεῦσαι αὐτούς· καὶ οὐχὶ βραδυνεῖ τοῖς μισοῦσιν· κατὰ πρόσωπον [1]ἀποδώσει αὐτοῖς[1]. 11 καὶ φυλάξῃ[1] τὰς ἐντολὰς αὐτοῦ καὶ τὰ δικαιώματα αὐτοῦ καὶ τὰ κρίματα αὐτοῦ ὅσα ἐγὼ ἐντέλλομαί σοι σήμερον ποιεῖν. 12 Καὶ ἔσται ἐὰν ἀκούσητε [1] τὰ δικαιώματα ταῦτα, καὶ φυλάξητε καὶ ποιήσητε αὐτά, καὶ[2] διαφυλάξει Κύριος ὁ θεός σού σοι τὴν διαθήκην καὶ τὸ ἔλεος ὃ[3] ὤμοσεν τοῖς πατράσιν ὑμῶν[4]· 13 καὶ ἀγαπήσει σε Κύριος[1] καὶ εὐλογήσει σε καὶ πληθυνεῖ σε, καὶ εὐλογήσει τὰ ἔκγονα τῆς κοιλίας σου καὶ τὸν καρπὸν τῆς γῆς σου, τὸν σῖτόν σου καὶ τὸν οἶνόν σου καὶ τὸ ἔλαιόν σου, τὰ βουκόλια τῶν βοῶν σου καὶ τὰ ποίμνια τῶν προβάτων σου, ἐπὶ τῆς γῆς ὡς[2] ὤμοσεν Κύριος τοῖς πατράσιν σου δοῦναί σοι. 14 εὐλόγητὸς ἔσῃ παρὰ πάντα τὰ ἔθνη· οὐκ ἔσται ἐν ὑμῖν ἄγονος οὐδὲ στεῖρα, καὶ ἐν τοῖς κτήνεσίν σου· 15 καὶ περιελεῖ Κύριος ἀπὸ σοῦ πᾶσαν μαλακίαν·

8[1] Cod. lit. βεβαιῶν.🔲 8[2] + καὶ ἐν βραχίονι ὑψηλῷ (cum B^{ab(mg)} AF 15, 16). 8[3] + σε (cum B^{ab}AF). 9[1] γνώσῃ (cum B^{ab}AF). 9[2] om. σήμερον (cum B^{ab}AF). 9[3] om. θεός (cum 44, 71 al.). 10[1—1] lit. ἐξολοθρεύσει αὐτούς (cum 118). 11[1] φυλάξητε.🔲 12[1] + πάντα (cum AF 15, 18). 12[2] om. καί.🔲 12[3] καθὼς (cum 16, 18, 130) καθὰ (cum AF). 12[4] σου (cum F 53, Arab. 1, 2). 13[1] om. Κύριος (cum B^{a?b} AF). 13[2] ἧς (cum AF al.).

Climacus III.

DEUTERONOMY VII. 15—25.

f. 100 a f. 100 b

(Syriac text in four columns, read right to left)

ܐܝܟ̈ܐ ܘܥܒܕ ܠܘܬܟ: ܐܝܟ 18 18 ܠܘܬܟ :ܐܠܟ 18 15 ܠܥܠܬ ܢܘܣܟܐ

sic.

† Cf. Joel i. 19, *Studia Sinaitica* VI. p. 42.

§—§ Cf. Land, vol. IV. p. 165.

Deuteronomy VII. 15ᵇ—25.

15ᵇ καὶ πάσας νόσους Αἰγύπτου τὰς πονηρὰς ἃς ἑώρακας καὶ ὅσα ἔγνως οὐκ ἐπιθήσει ἐπὶ σέ, καὶ[1] ἐπιθήσει αὐτὰ ἐπὶ πάντας τοὺς μισοῦντάς σε. 16 καὶ φάγῃ πάντα τὰ σκῦλα τῶν ἐθνῶν ἃ Κύριος ὁ θεός σου δίδωσίν σοι· οὐ φείσεται ὁ ὀφθαλμός σου ἐπ᾽ αὐτοῖς, καὶ οὐ λατρεύσεις τοῖς θεοῖς αὐτῶν, ὅτι σκῶλον τοῦτο ἔστιν σοι. 17 Ἐὰν δὲ λέγῃς ἐν τῇ διανοίᾳ σου ὅτι Πολὺ[1] τὸ ἔθνος τοῦτο ἢ ἐγώ, πῶς δυνήσομαι ἐξολεθρεῦσαι αὐτούς; 18 οὐ φοβηθήσῃ αὐτούς· μνείᾳ μνησθήσῃ ὅσα ἐποίησεν Κύριος ὁ θεός σου τῷ Φαραὼ καὶ πᾶσι τοῖς Αἰγυπτίοις, 19 τοὺς πειρασμοὺς τοὺς μεγάλους οὓς ἴδοσαν οἱ ὀφθαλμοί σου, τὰ σημεῖα καὶ τὰ τέρατα[1], τὴν χεῖρα τὴν κραταιὰν καὶ τὸν βραχίονα τὸν ὑψηλόν, ὡς ἐξήγαγέν σε Κύριος ὁ θεός σου· οὕτως ποιήσει Κύριος ὁ θεὸς ἡμῶν[2] πᾶσιν τοῖς ἔθνεσιν οὓς σὺ φοβῇ ἀπὸ προσώπου αὐτῶν. 20 καὶ τὰς σφηκίας ἀποστελεῖ Κύριος ὁ θεός σου εἰς αὐτούς, ἕως ἂν ἐκτριβῶσιν οἱ καταλελιμμένοι καὶ οἱ κεκρυμμένοι ἀπὸ[1] σοῦ· 21 οὐ τρωθήσῃ ἀπὸ προσώπου[1] αὐτῶν, ὅτι Κύριος ὁ θεός σου ἐν σοί, θεὸς μέγας καὶ κραταιός. 22 καὶ καταναλώσει Κύριος ὁ θεός σου τὰ ἔθνη ταῦτα ἀπὸ προσώπου σου κατὰ μικρὸν μικρόν· οὐ δυνήσῃ ἐξαναλῶσαι αὐτοὺς τὸ τάχος, ἵνα μὴ γένηται ἡ γῆ ἔρημος καὶ πληθυνθῇ ἐπὶ σὲ τὰ θηρία τὰ ἄγρια. 23 καὶ παραδώσει αὐτοὺς Κύριος ὁ θεός σου εἰς τὰς χεῖράς σου, καὶ ἀπολεῖς αὐτοὺς ἀπωλίᾳ μεγάλῃ ἕως ἂν ἐξολεθρεύσῃ αὐτούς. 24 καὶ παραδώσει τοὺς βασιλεῖς αὐτῶν εἰς τὰς χεῖρας ὑμῶν[1], καὶ ἀπολεῖται[2] τὸ ὄνομα αὐτῶν ἐκ τοῦ τόπου ἐκείνων[3]· οὐκ ἀντιστήσεται οὐδεὶς κατὰ πρόσωπόν σου, ἕως ἂν ἐξολεθρεύσῃ αὐτούς· 25 τὰ γλυπτὰ τῶν θεῶν αὐτῶν καύσετε ἐν πυρί· οὐκ ἐπιθυμήσεις[1] ἀργύριον καὶ χρυσίον[1] ἀπ᾽ αὐτῶν· οὐ[2] λήμψῃ σεαυτῷ, μὴ πταίσῃς[3] δι᾽ αὐτό, ὅτι βδέλυγμα

15[1] Cod. ἀλλά. 🖑 17[1] + γάρ. 🖑 19[1] + τὰ μεγάλα ἐκεῖνα (cum Bᵃ AF). 19[2] σου (cum Arab. 3). 20[1] + προσώπου (cum IV 74, 76). 21[1] om. προσώπου. 🖑 24[1] σου (cum 18, 19, Ald.). 24[2] ἀπολεῖ (cum 16, 28, Arab. 3). 24[3] ἐκείνου (cum B*AF). 25[1—1] χρυσίον ἢ ἀργύριον. 🖑 25[2] καὶ οὐ (cum AF 19, 44, Arab. 1, 3). 25[3] lit. πέσῃς (cf. πέσεις 75).

Climacus III.

DEUTERONOMY VII. 26. JOB VI. 1—16.

f. 98 b f. 98 a

Deut. vii. 26.

Job vi. 1—16.

— Cf. Land, vol. iv. p. 165.

Deuteronomy VII. 26.

Κυρίῳ τῷ θεῷ σού ἐστιν· 26 καὶ οὐκ εἰσοίσεις βδέλυγμα εἰς τὸν οἶκόν σου, καὶ ἔσῃ ἀνάθημα ὥσπερ τοῦτο· προσοχθίσματι προσοχθιεῖς καὶ βδελύγματι βδελύξῃ, ὅτι ἀνάθημά ἐστιν.

Δεύτερον ἀνάγνωσμα ἐκ Ἰώβ.

JOB VI. 1—16.

1 Ὑπολαβὼν δὲ Ἰὼβ λέγει

2 Εἰ γάρ τις ἱστῶν στήσαι μου τὴν ὀργήν,
 τὰς δὲ ὀδύνας μου ἆραι ἐν ζυγῷ ὁμοθυμαδόν,

3 καὶ δὴ ἄμμου παραλίας[1] βαρυτέρα ἔσται
 ἀλλ' ὡς[2] ἔοικεν τὰ ῥήματά μού ἐστιν φαῦλα.

4 βέλη γὰρ Κυρίου ἐν τῷ σώματί[1] μού ἐστιν,
 ὧν ὁ θυμὸς αὐτῶν ἐκπίνει μου τὸ αἷμα,
 ὅταν ἄρξωμαι λαλεῖν κεντοῦσί με.

5 τί γάρ; μὴ διὰ κενῆς κεκράξεται ὄνος ἄγριος, ἀλλ' ἢ τὰ σῖτα ζητῶν;
 εἰ δὲ καὶ ῥήξει φωνὴν βοῦς [1]ἐπὶ φάτνης[1] ἔχων τὰ βρώματα;

6 εἰ βρωθήσεται ἄρτος ἄνευ ἁλός;
 εἰ δὲ καὶ ἔστιν γεῦμα ἐν ῥήμασιν κενοῖς;

7 οὐ δύναται γὰρ παύσασθαί μου ἡ ὀργή[1].
 βρόμον γὰρ ὁρῶ[2] τὰ σῖτά μου ὥσπερ ὀσμὴν λέοντος.

8 εἰ γὰρ δῴη, καὶ ἔλθοι μου ἡ αἴτησις,
 καὶ τὴν ἐλπίδα μου δῴη ὁ κύριος.

9 ἀρξάμενος ὁ κύριος τρωσάτω με,
 εἰς τέλος δὲ μή με ἀνελέτω.

10 εἴη δέ μου πόλις τάφος, ἐφ' ἧς ἐπὶ τειχέων ἡλλόμην ἐπ' αὐτῆς. οὐ
 φείσομαι·
 οὐ γὰρ ἐψευσάμην ῥήματα ἅγια θεοῦ μου.

11 τίς γάρ μου ἡ ἰσχύς, ὅτι ὑπομένω;
 ἢ τίς μου ὁ χρόνος, ὅτι ἀνέχεταί μου ἡ ψυχή;

12 μὴ ἰσχὺς λίθων ἡ ἰσχύς μου;
 ἢ αἱ σάρκες μού εἰσιν χαλκεῖαι;

13 ἢ οὐκ ἐπ' αὐτῷ ἐπεποίθειν;
 βοήθεια δὲ ἀπ' ἐμοῦ ἄπεστιν.

14 ἀπείπατό με ἔλεος,
 ἐπισκοπὴ δὲ Κυρίου ὑπερεῖδέν με.

15 οὐ προσεῖδόν με οἱ ἐγγύτατοί μου· ὥσπερ χείμαρρους ἐκλείπων,
 ἢ ὥσπερ κῦμα παρῆλθόν με·

16 οἵτινές με διευλαβοῦντο, νῦν ἐπιπεπτώκασίν μοι ὥσπερ χιὼν ἢ

Job VI. 3[1] Cod. lit. ἐπὶ τῇ παραλίᾳ τῆς θαλάσσης. 3[2] om. ὡς. 🐍 4[1] σαρκί. 🐍
5[1—1] lit. in se. 7[1] ψυχή (cum ℵ[c·a] A 55, 250 et plur.) 7[2] ὀσφραίνομαι. 🐍

Climacus III.

I Samuel II. 19ᵇ—29.

[ܐܠܡܐ ܐܪܟܐ]	[ܐܠܡܨܐ ܡܠܝܛܐ]	[ܠܡܗ ܚܒܪ]	
ܚܠ ܚܠܠܕ ܚܠ	25 ܚܚ ܐܪܟܐ ܙܪ	ܘܗܘ ܗܘܢ	ܚܪ ܚܕܢܡ.
ܝܘܗܕ ܗܘܢܕ	ܠܡܝ ܐܪܟܐ ܪܢ	ܟܬܗܡ ܠܚܬ	ܘܗܩܘܡ
ܐܪܘܢ ܗܘܢ ܗܕ	ܡܡܝ ܚܬܪܡ	ܘܗܘܘ ܐܘܘ	ܐܪܟܐܕܘܐܪ ܐܪܨܡܨܕ
28 ܗܘܢ ܗܘܢ	ܡܗܠܕܗ ܐܪܟ ܪܢ ܪ	ܠܢܬܥ ܡܠܠܡܩ	20 ܐܠܛܠܠ ܠܡܝ ܢܪܘ
ܗܕܐ ܕܢܘܪܕ ܪܘܗ	ܪ ܠܚܪܟ ܣܠܝ ܝܟܪ	ܟܠܝܬ ܟܪܡܗܘ	ܗܪܐܕܟܘ
ܗܘܠ ܡܪ ܪܠ	ܟܚܝܪ ܡܪ ܚܪܟ	ܐܪܟܐ ܗܥܚܗܕ	ܡܝ ܠܡܝ ܚܕܪܐ
ܗܘܨܪܘܠܝܗܕܘܐ	ܐܠܟ ܡܗܠܕܡ ܚܠ	23 ܗܘ ܚܪܟܕܘ	ܡܪ ܕܚܐ ܐܪܟܪ
ܢܘܡ ܪܠܗ	ܡܠܩܠ ܗܚܬܝ	ܐܪܟܠ ܟܐܘܗ	ܐܪܗܐܪ ܗܪܐ:
ܢܘܡܗ: ܡܗܩܗܡ	ܢܘܗܗܘܪܕ	ܡܝܡ ܡܚܚ	ܐܪܠܟܥ ܩܠܘܣ
ܚܠ ܡܠܛܡ	ܪܟ ܡܗܕܚܠ	ܐܪܟܚܕ ܐܪܗܘ	ܐܪܟܚܕ ܠܥܠܥܐܪܟܐ:
ܐܪܗܡܘܗ: ܪܣܚܕܗܡ	ܗܕܚܪܡ ܐܪܟܪ	ܚܚܥ ܐܪܟܐܕ	ܐܪܟܐܕܢܚ ܠܪܘܐܘ
ܡܗܩܗܕܡ:	26 ܡܠܛܘ ܡܗܘܡ: 26	ܡܠܗܕ ܡܗܚܚ ܡܝ	ܡܗܢܚܠ:
ܚܥܡܨ ܢܘܗܗܡܘܪ	ܡܗ ܟܗܐܡܟܥ	ܐܪܟܚܕ ܡܠܡܗܡ	21 ܐܪܟܗܘ ܐܪܟܚ
ܚܘܗܩܟ: ܐܪܗܘܟܪ	ܐܪܟܘ ܗܟܘܪܐ	24 ܠܗܚܚܠ ܐܪܟ ܡܪ ܠܪ	ܠܣܝ ܗܠܡܛܗܕ
ܠܛܠܝܗܕܘܚ ܐܪܟܡܘܚܝ	ܚܪ ܛܠܝ ܡܗܩܘ	ܐܪܟܚܕ ܡܒܥܒܒ ܛܠܝ ܐܠܕ	ܐܪܡ ܗܪܕܠܘܡ
ܐܪܟܗܘܗ ܗܘܠ	ܪܡܡ ܘ ܐܪܟܪܡ	ܐܪܟܚܥ ܐܪܟܚܕ	ܡܬܥ ܐܪܠܠܗ
ܠܟܣܡܥܟ ܪܡܕܚܕ	ܐܪܟܚܥ:	ܗܘ ܠܪ ܚܘܝ ܡܚܚܠ	:ܡܬܕ ܡܗܕܗܘܩ
29 ܐܪܟܚܕ ܡܠܚܘ ܐܪܡܗܕܚܕ	27 ܡܥܚܚ ܐܪܗܐܪ۝	ܠܗܚܠ: ܚܘܗܚܠ	ܐܪܡܠܠ ܚܪܢܘ
ܐܪܗܚܚ ܚܠ	ܐܪܟܐܪ ܡܠܘܠ ܐܪܟܠܐܪܕ	ܠܟ ܛܠܝ ܐܪܠܗ	ܘܗܩܘܡ ܡܠܥܗܘܚܥܒ
ܘܚܪܡܣܚܕ	:ܐܪܡܚܐܪ ܡܠܝܟ	ܐܪܟܐ ܚܒܒܗܩܟ ܚܪܡܚܪ	22 ܡܠܝܗ: ܐܪܟܚܕ 22
:ܐܪܟܝ ܢܝܥ ܚܚ	ܐܪܟܡ ܡܗܒܡ ܐܪܗܕ	ܚܒܥ: ܐܪܟܗܕ ܟܐܘܗ	:ܐܪܕܚܠ ܡܚܡ

1 Samuel II. 19^b—29.

19^b μετὰ τοῦ ἀνδρὸς αὐτῆς θῦσαι τὴν θυσίαν τῶν ἡμερῶν. 20 καὶ εὐλόγησεν Ἠλεὶ τὸν Ἐλκανὰ καὶ τὴν γυναῖκα αὐτοῦ λέγων Ἀποτίσαι[1] σοι Κύριος σπέρμα ἐκ τῆς γυναικὸς ταύτης ἀντὶ τοῦ χρέους οὗ ἔχρησας Κυρίῳ· καὶ ἀπῆλθεν ὁ ἄνθρωπος εἰς τὸν τόπον αὐτοῦ. 21 καὶ ἐπεσκέψατο Κύριος τὴν Ἄνναν, καὶ ἔτεκεν ἔτι τρεῖς υἱοὺς καὶ δύο θυγατέρας· καὶ ἐμεγαλύνθη τὸ παιδάριον Σαμουὴλ ἐνώπιον Κυρίου. 22 Καὶ Ἠλεὶ πρεσβύτης σφόδρα, καὶ ἤκουσεν[1] ἃ ἐποίουν οἱ υἱοὶ αὐτοῦ τοῖς υἱοῖς Ἰσραήλ·[2] 23 καὶ εἶπεν αὐτοῖς Ἵνα τί ποιεῖτε κατὰ τὸ ῥῆμα τοῦτο ὃ ἐγὼ ἀκούω ἐκ στόματος παντὸς τοῦ λαοῦ Κυρίου; 24 μή, τέκνα[1], ὅτι οὐκ ἀγαθὴ ἡ ἀκοὴ ἣν ἐγὼ ἀκούω[2]· μὴ ποιεῖτε οὕτως, ὅτι οὐκ ἀγαθαὶ αἱ ἀκοαὶ ἃς ἐγὼ ἀκούω, τοῦ μὴ δουλεύειν λαὸν θεῷ[3]. 25 ἐὰν[1] ἁμαρτάνων[2] ἁμάρτῃ ἀνὴρ εἰς ἄνδρα, καὶ[3] προσεύξονται ὑπὲρ αὐτοῦ πρὸς Κύριον· καὶ ἐὰν τῷ κυρίῳ ἁμάρτῃ[4], τίς προσεύξεται ὑπὲρ αὐτοῦ; καὶ οὐκ ἤκουον τῆς φωνῆς τοῦ πατρὸς αὐτῶν, ὅτι βουλόμενος[5] ἐβούλετο Κύριος διαφθεῖραι αὐτούς. 26 καὶ[1] τὸ παιδάριον Σαμουὴλ[2] ἐπορεύετο, καὶ ἦν ἀγαθὸν καὶ μετὰ Κυρίου καὶ μετὰ ἀνθρώπων. 27 Καὶ ἦλθεν ἄνθρωπος θεοῦ πρὸς Ἠλεὶ καὶ εἶπεν Τάδε[1] λέγει Κύριος Ἀποκαλυφθεὶς ἀπεκαλύφθην πρὸς οἶκον πατρός σου, ὄντων αὐτῶν [2]ἐν γῇ Αἰγύπτῳ δούλων[3] τῷ οἴκῳ Φαραώ·[2] 28 καὶ ἐξελεξάμην [1]τὸν οἶκον τοῦ πατρός σου[1] ἐκ πάντων τῶν σκήπτρων Ἰσραὴλ ἐμοὶ ἱερατεύειν, καὶ[2] ἀναβαίνειν ἐπὶ θυσιαστήριόν μου καὶ θυμιᾶν θυμίαμα καὶ αἴρειν ἐφούδ· καὶ ἔδωκα τῷ οἴκῳ τοῦ πατρός σου τὰ πάντα [3]τοῦ πυρὸς[3] υἱῶν Ἰσραὴλ [4]εἰς βρῶσιν.[4] 29 καὶ ἵνα τί ἐπέβλεψας ἐπὶ τὸ θυμίαμά μου καὶ εἰς τὴν θυσίαν μου ἀναιδεῖ ὀφθαλμῷ;

20[1] Cod. Ἀνταποδῶσαι (cum 19 etc.). 22[1] + σύμπαντα (cum A 44, 74). 22[2] + et violaverunt mulieres orantes in tabernacula testimonii (cf. A XI 19). 24[1] + μὴ (cum XI etc.). 24[2] + περὶ ὑμῶν (cum X XI 52, 64). 24[3] Κυρίῳ (cum 19). 25[1] + γὰρ (cum Slav. Ostrog.). 25[2] om. ἁμαρτάνων.🕮 25[3] om. καὶ (cum Arm. 1, 4). 25[4] + ἀνήρ.🕮 25[5] om. βουλόμενος.🕮 26[1] om. καὶ (cum multis). 26[2] + ἐμεγαλύνετο (cum X 19, 29); A μεγαλυνόμενον. 27[1] οὕτως.🕮 27[2]–[2] lit. ἐν οἴκῳ Φαραὼ ἐν τῇ Αἰγύπτῳ. 27[3] om. δούλων (cum 44). 28[1]–[1] αὐτόν.🕮 28[2] om. καὶ (cum A). 28[3]–[3] προσφορὰς.🕮 28[4]–[4] om. εἰς βρῶσιν.🕮

Climacus III.

MICAH IV. 3—5. PSALM LVI. (LVII.) 1. 1 SAMUEL IV. 1—6ᵃ.

f. 115 b f. 115 a

Ps. lvi. (lvii.)

1 Sam. iv. 1—6.

CCCCCCCC

MICAH IV. 3ᶜ—5.

3ᶜ ⸢μὴ⸣ ἀντάρῃ ἔθνος ἐπ' ἔθνος ῥομφαίαν, καὶ οὐκέτι μὴ μάθωσιν πολεμεῖν·
4 καὶ ἀναπαύσεται ἕκαστος ὑποκάτω ἀμπέλου αὐτοῦ, καὶ ἕκαστος ὑποκάτω
συκῆς αὐτοῦ, καὶ οὐκ ἔσται ὁ ἐκφοβῶν[1], διότι τὸ στόμα Κυρίου Παντοκράτορος
ἐλάλησεν ταῦτα· 5 ὅτι πάντες οἱ λαοὶ πορεύσονται ἕκαστος [1]τὴν ὁδὸν[1] αὐτοῦ,
ἡμεῖς δὲ πορευσόμεθα ἐν ὀνόματι Κυρίου θεοῦ ἡμῶν εἰς τὸν αἰῶνα καὶ ἐπέκεινα.

PSALM LVI. (LVII.) 1.

Ψαλμὸς ΝΖ. Ἀντίφωνον. Ἀρχή.

1 Ἐλέησόν με, ὁ θεός, ἐλέησόν με·
 ὅτι ἐπί σε πέποιθεν ἡ ψυχή μου.

Τῇ πέμπτῃ ἡμέρᾳ τῆς Ἀναστάσεως. Πρῶτον Ἀνάγνωσμα. Ἐκ βασιλειῶν Α.
Ἀκολουθία.

1 SAMUEL IV. 1—6ᵃ.

1 Καὶ ἐγενήθη ἐν ταῖς ἡμέραις ἐκείναις καὶ συναθροίζονται ἀλλόφυλοι εἰς
πόλεμον ἐπὶ Ἰσραήλ· [1]καὶ ἐξῆλθεν Ἰσραὴλ εἰς ἀπάντησιν αὐτοῖς εἰς πόλεμον[1],
καὶ παρεμβάλλουσιν ἐπὶ Ἀβενέζερ, καὶ οἱ ἀλλόφυλοι παρεμβάλλουσιν ἐν
Ἀφέκ. 2 καὶ παρατάσσονται οἱ ἀλλόφυλοι εἰς πόλεμον ἐπὶ Ἰσραήλ· καὶ ἔκλινεν
ὁ πόλεμος, καὶ ἔπταισεν[1] ἀνὴρ Ἰσραὴλ ἐνώπιον ἀλλοφύλων, καὶ ἐπλήγησαν ἐν
τῇ παρατάξει ἐν ἀγρῷ τέσσαρες χιλιάδες ἀνδρῶν. 3 καὶ ἦλθεν ὁ λαὸς εἰς τὴν
παρεμβολήν, καὶ εἶπαν οἱ πρεσβύτεροι Ἰσραὴλ Κατὰ τί ἔπταισεν ἡμᾶς Κύριος
σήμερον ἐνώπιον ἀλλοφύλων; λάβωμεν[1] τὴν κιβωτὸν τοῦ θεοῦ ἡμῶν ἐκ Σηλώμ,
καὶ ἐξελθέτω [2]ἐκ μέσου[2] ἡμῶν καὶ σώσει ὑμᾶς[3] ἐκ χειρὸς ἐχθρῶν ἡμῶν. 4 καὶ
ἀπέστειλεν ὁ λαὸς εἰς Σηλώμ, καὶ αἴρουσιν ἐκεῖθεν τὴν κιβωτὸν[1] Κυρίου[2] καθη-
μένου[3] χερουβείμ· καὶ ἀμφότεροι οἱ υἱοὶ Ἠλεὶ μετὰ τῆς κιβωτοῦ, Ὀφνεὶ καὶ
Φεινεές. 5 καὶ ἐγενήθη ὡς ἦλθεν κιβωτὸς Κυρίου εἰς τὴν παρεμβολήν, καὶ
ἀνέκραξεν πᾶς Ἰσραὴλ φωνῇ μεγάλῃ, καὶ ἤχησεν ἡ γῆ. 6 καὶ ἤκουσαν οἱ
ἀλλόφυλοι

Micah IV. 4¹ Cod. + αὐτοὺς (cum 36, 49). 5¹⁻¹ ἐν ὀνόματι τοῦ θεοῦ (cf. Justin M.).
1 Sam. IV. 1¹⁻¹ Cod. om. (cum 245). 2¹ ἔπεσεν (cum 52, 123 et Slav.). 3¹ + μεθ' ἡμῶν (cf.
Arm. 1, Arm. 4). 3²⁻² ἐν μέσῳ (cum A etc.). 3³ ἡμᾶς (cum A etc.). 4¹ + τῆς διαθήκης
(cum A 44, 74). 4² + τῶν δυνάμεων (cum A). 4³ lit. καθημένην ἐπὶ.

Climacus III.

I SAMUEL VI. 5—12.

f. 120 b f. 120 a

حنجمحت حك	محمم ٩ ڡحكم 9	همحكم ٢حمتحم	حنجممحت ددحمحص 5
محمحكم:	محنحكح لمحم	حمحكم لحذ	ححتحنحم
محححتحم	ححمستحخ	محم حمحمم:	حنجممحت
حصحنحم	حم محكحم	حلم محك	حححنحتحم
ححمحتحم	لحمحص حسل	حمحلحذ حمحمم	حلم حمحم
حمحممم 12 : حمحممم 12	ححمن هم	محمحكم: نحذ	لمحخحم : محخحم
محمحكم محنحكم	ححم لم حمحح	حمحنحم	لحنحك محمحكم:
حممحمم	محم نحمح محكم:	محححكم:	* حملم حمللم
حذحم محمحك:	محم حك لحم محم	حم حمحتم	حممحم حمحمم:
حذحم محمحص	حك حمحم	محمحمم	حمحمحك حمحم
هم محكم:	حك حك : محمحم	: محمححك حمحكم	: حمحنحك حمحم
هم محكم	حلم حمحم	8 حمحح حممحم	محمحك محمحك 6
مك حم	حمحمم 10 : محك 10	محمحمم	حمحم لحححم
محتحم حك	حم محمحكم	محم حك مك حمحكم	محححك محمحم
محنحكم	ححمحم: محمحم	محمحنحك	حم مك محمحم
لمحمحك:	محم محمحم	محمحم ددحمحم	حم حك حم: حمحم
محمحك	ححمحم محمحكم	: محمحذم نحم لم	محم حنم
محمحتحك	محمحم محمحم	حك محمحم	محم نحك
محمحم هم	محمحم:	حمحنحك حمحتم حمحنحم	محمحك 7 : محك 7
حمحم حمحم	محمحم محمحم	حم حمحمم	حم محم
حمحمحمحم	محمحم:	محك هم حمحم	محمحك حم حم
: حمحم حمحم	محمحم 11	محك حمحنحم	حم حمحمم

* Cf. *Studia Sinaitica* VI. p. 28, l. 5.

1 Samuel VI. 5—12.

5 χρυσοῦς ὁμοίωμα[1] τῶν μυῶν ὑμῶν τῶν διαφθειρόντων τὴν γῆν. καὶ δώσετε τῷ κυρίῳ δόξαν, ὅπως κουφίσῃ τὴν χεῖρα αὐτοῦ ἀφ᾽ ὑμῶν καὶ ἀπὸ τῶν θεῶν ὑμῶν καὶ ἀπὸ τῆς γῆς ὑμῶν· 6 καὶ ἵνα τί βαρύνετε τὰς καρδίας ὑμῶν, ὡς ἐβάρυνεν Αἴγυπτος καὶ Φαραὼ τὴν καρδίαν αὐτῶν; οὐχὶ ὅτε ἐνέπαιξεν αὐτοῖς, ἐξαπέστειλαν[1] αὐτοὺς καὶ ἀπῆλθον; 7 καὶ νῦν λάβετε καὶ[1] ποιήσατε ἅμαξαν καινὴν καὶ δύο βόας πρωτοτοκούσας ἄνευ τῶν τέκνων[2]· [3]καὶ ζεύξατε τὰς βόας ἐν τῇ ἁμάξῃ, καὶ [4]ἀπαγάγετε τὰ τέκνα[4] ἀπὸ ὄπισθεν αὐτῶν εἰς οἶκον. 8 καὶ λήμ- ψεσθε τὴν κιβωτὸν καὶ θήσετε αὐτὴν ἐπὶ τὴν ἅμαξαν, καὶ τὰ σκεύη τὰ χρυσᾶ ἀποδώσετε αὐτῇ τῆς βασάνου καὶ οὐ θήσετε ἐν θέματι βερεχθὰν[1] ἐκ μέρους αὐτῆς, καὶ ἐξαποστελεῖτε αὐτὴν καὶ ἀπελάσατε αὐτήν, καὶ ἀπελεύσεσθε. 9 καὶ ὄψεσθε, εἰ εἰς ὁδὸν ὅριον[1] αὐτῆς πορεύσεται κατὰ Βαιθσάμυς, αὐτὸς πεποίηκεν ἡμῖν τὴν κακίαν ταύτην τὴν μεγάλην· καὶ ἐὰν μή, καὶ[2] γνωσόμεθα ὅτι οὐ χεὶρ αὐτοῦ ἧπται ἡμῶν, ἀλλὰ σύνπτωμα τοῦτο γέγονεν ἡμῖν. 10 καὶ ἐποίησαν οἱ ἀλλόφυλοι οὕτως, καὶ ἔλαβον δύο βόας πρωτοτοκούσας καὶ ἔζευξαν αὐτὰς ἐν τῇ ἁμάξῃ, καὶ τὰ τέκνα αὐτῶν ἀπεκώλυσαν[1] εἰς οἶκον· 11 καὶ ἔθεντο τὴν κιβωτὸν ἐπὶ τὴν ἅμαξαν, καὶ τὸ θέμα ἐργὰβ[1] καὶ[2] τοὺς μῦς τοὺς χρυσοῦς. 12 καὶ κατεύθυναν αἱ βόες ἐν τῇ ὁδῷ εἰς ὁδὸν[1] Βαιθσάμυς, ἐν τρίβῳ ἑνὶ ἐπορεύοντο καὶ ἐκοπίων, καὶ οὐ μεθίσταντο δεξιὰ οὐδὲ ἀριστερά· καὶ οἱ σατράπαι τῶν ἀλλοφύλων ἐπορεύοντο ὀπίσω αὐτῆς ἕως ὁρίων Βαιθσάμυς.

5[1] Cod. + τῶν ἑδρῶν ὑμῶν καὶ ὁμοίωμα (cum XI, 64 al.). 6[1] ἐξαπέστειλεν (cum A al.). 7[1] om. καὶ.🖝 7[2] + αὐτῶν.🖝 7[3] + ἐφ᾽ ἃς οὐκ ἐτέθη ζυγός (cum 19, 82 al.). 7[4—4] τὰ τέκνα αὐτῶν ἀπαγάγετε (cum 82, 93 al.). 8[1] ἀργὸβ.🖝 9[1] ὁρίων (prob. cum A al.). 9[2] om. καὶ (cum Arm. 1, Slav. Ostrog.). 10[1] ἀπέκλεισαν (cum 19, 29 al.). 11[1] ἀργὸβ vel ἐργὸβ (cf. Arm.). 11[2] om. καὶ (cf. Georg.). 12[1] + τῶν εἰσόδων (cf. Arm.).

I SAMUEL VI. 13—18. PROVERBS I. 20—22.

f. 119 a

f. 119 b

Prov. i. 20—22.

1 Sam. vi. 13—18.

ܘܐܬܐ ܗܘ ܐܠܗܐ ܕܐܬܐ ܗܘ ܐܠܗܐ ܘܟܗܢܐ ܘܐܬܐ ܐܠܬܐ ܕܣܪ̈ܝܢ 13 ܘܐܢܫܐ ܕܒܝܬ ܝܫܘܥ ܗܘܘ

20 ܚܟܡܬܐ ܕܗܘ ܐܠܬܐ ܐܟܘܬܢܐ ܕܗܟܢ ܗܘܘ ܐܢܟ ܒܪ̈ܡ ܚܨܕܝܢ

ܒܫܘܩܐ ܐܠܬܐ ܕܗܘ ܐܠܬܐ ܘܐܟܘܬܐ ܥܝܢܝܗܘܢ ܘܚܙܘ

ܩܪܝܐ ܘܗܝ 18 ܘܒܚܘܒܬܐ ܠܠ ܐܠܬܐ ܕܐܠܬܐ ܡܛ ܘܐܬܒܝ

ܒܦܬܝܐ ܡܡ ܐܟܘܬܐ ܕܗܘ ܐܠܬܐ ܘܐܬܚܕܝܘ ܕܢܚܙܘܢ

ܩܠܗ ܬܗܠ ܐܠܬܐ ܩܪܝܐ ܘܫܡܚ ܥܝܢܝܗܘܢ ܘܚܕܘ

21 ܘܪܒ ܩܠܝ 21 ܐܠܬܐ ܩܪܒܬܐ ܘܚܠܝܢ ܘܚܙܐ ܘܐܬܝܢ ܕܣܪ̈ܝܢ

ܦܫܝܛ ܗܘ ܐܠܬܐ ܕܟܪܝܐ ܩܪܒܐ ܐܠܬܐ ܘܗܝܕ ܡܘܢܗܘܢ

ܦܫܝܛܘܬܐ ܡ ܢ ܐܒ̈ܚܬܐ : ܡܢ 16 ܘܚܡܫ ܐܠܬܐ ܠܬܚܟܐ ܠܗܢܐ

ܚܦܝܛܐ ܘܠܒܕܩܐ ܕܐܠܬܐ ܕܦܠܫܬܝܢ 14 ܘܩܪܒܬܐ ܕܚܠܬ

ܠܦܬܚ ܩܕܡܝܗܘܢ ܐܒ̈ܚܬܐ ܐܒ̈ܚܬܐ ܠܘܬ ܕܒܝܬ ܝܫܘܥ

ܗܘ ܚܙܐ ܘܡܐ ܩܒܠ ܘܚܙܐ ܘܟܗܢܐ ܥܒܕܘܗܝ ܕܒܝܬ ܫܡܫ

ܒܠ ܐܬܚܫܒ ܠܥܒܕ ܐܟ̈ܚܬܐ ܘܗܘ ܡܩܪܒ ܐܦ ܢܚ ܝܬܒܘ

ܕܣܪ̈ܝܐ ܐܟܘܬܐ ܕܐܟܚܕܐ ܚܠܝܢ ܥܒܕܬ ܟܘܠܗ ܘܩܒܠ ܠܗܘܢ

22 ܘܚܨܕ 22 ܘܕܚܠܢ ܒܪ̈ܝ ܘܐܬܐ 17 ܘܗܠܝܢ 17 ܩܒܪܬܐ ܗܘ

ܗܠܝܢ ܕܕܚܠܝܢ ܕܐܟ̈ܚܬܐ ܗܘ ܚܨܒܬܐ ܘܩܒܠܗ ܐܟܘܬ

ܐܟ̈ܚܬܐ ܡܢ ܩܕܝܡ ܡܟܐ ܘܐܢܗܘ ܘܕܟܡܐ ܕܦܠܫܬܝܢ ܘܩܒܠܗ

ܠܐ ܒܬܘܠܬܐ ܘܗܢ ܚܘܠܡܢ ܩܪܒܘܗܝ ܒܝܬ ܐܠܗܐ ܠܥܢܬܐ

ܩܪܐ ܗܢܘ ܕܩܪܐ ܗܟܢ ܕܢ ܒܚ̈ܬܐ 15 ܠܚܕܝܐ ܘܩܪܐ 15

ܘܐܠܟ ܐܠܘܢ ܡ ܡ ܐܠܬܐ ܚܫ ܒܐ ܗܝܕ ܘܐܒ̈ܚܬܐ ܘܩܡ ܥܒܕܬ ܡܩܒܠ

1 SAMUEL VI. 13—18.

13 καὶ οἱ ἐν Βαιθσάμυς ἐθέριζον θερισμὸν πυρῶν ἐν κοιλάδι, καὶ ἦραν ὀφθαλμοὺς αὐτῶν καὶ εἶδον κιβωτὸν Κυρίου, καὶ ηὐφράνθησαν εἰς ἀπάντησιν αὐτῆς. 14 καὶ ἡ ἅμαξα εἰσῆλθεν εἰς ἀγρὸν Ὡσῆε¹ ²τὸν ἐν² Βαιθσάμυς, καὶ ἔστησαν ἐκεῖ παρ' αὐτῇ λίθον μέγαν· καὶ ³ σχίζουσιν τὰ ξύλα τῆς ἁμάξης, καὶ τὰς βόας ἀνήνεγκαν εἰς ὁλοκαύτωσιν τῷ κυρίῳ. 15 καὶ οἱ Λευεῖται ἀνήνεγκαν τὴν κιβωτὸν τοῦ κυρίου καὶ τὸ θέμα ἐργὰβ μετ' αὐτῆς καὶ τὰ ἐπ' αὐτῆς σκεύη τὰ χρυσᾶ, καὶ ἔθεντο ἐπὶ τοῦ λίθου τοῦ μεγάλου· καὶ οἱ ἄνδρες Βαιθσάμυς ἀνήνεγκαν ὁλοκαυτώσεις καὶ ¹ θυσίας ἐν τῇ ἡμέρᾳ ἐκείνῃ τῷ κυρίῳ. 16 καὶ οἱ πέντε σατράπαι τῶν ἀλλοφύλων ἑώρων, καὶ ἀνέστρεψαν εἰς Ἀσκάλωνα τῇ ἡμέρᾳ ἐκείνῃ. 17 καὶ αὗται αἱ ἕδραι αἱ χρυσαῖ ἃς ἀπέδωκαν οἱ ἀλλόφυλοι τῆς βασάνου ¹τῷ κυρίῳ¹· τῆς Ἀζώτου μίαν, τῆς Γάζης μίαν, τῆς Ἀσκάλωνος μίαν, τῆς Γὲθ μίαν, τῆς Ἀκκαρὼν μίαν. 18 καὶ μῦς οἱ χρυσοῖ κατ' ἀριθμὸν πασῶν πόλεων ¹τῶν ἀλλοφύλων¹ τῶν πέντε σατραπῶν ἐκ πόλεως ἐστερεωμένης καὶ² ἕως κώμης τοῦ Φερεζαίου καὶ ἕως λίθου τοῦ μεγάλου, οὗ ἐπέθηκαν ἐπ' αὐτοῦ τὴν κιβωτὸν διαθήκης Κυρίου³, τοῦ ἐν ἀγρῷ Ὡσῆε⁴ τοῦ Βαιθσαμυσείτου.

Δεύτερον ἀνάγνωσμα ἐκ τῶν Παροιμιῶν.

PROVERBS I. 20—22.

20 Σοφία ἐν ἐξόδοις ὑμνεῖται,
　　ἐν δὲ πλατείαις παρρησίαν ἄγει·
21 ἐπ' ἄκρων δὲ τειχέων κηρύσσεται,
　　ἐπὶ δὲ πύλαις δυναστῶν παρεδρεύει,
　　ἐπὶ δὲ πύλαις πόλεως θαρροῦσα λέγει
22 Ὅσον ἂν χρόνον ἄκακοι ἔχωνται τῆς δικαιοσύνης, οὐκ αἰσχυνθήσονται·
　　οἱ δὲ ἄφρονες, τῆς ὕβρεως ὄντες ἐπιθυμηταί.

1 Sam. VI. 14¹ Cod. Ἰησοῦ (cum 44, 74 al.). 14²⁻² τοῦ ἐκ (cum 93, 108). 14³ + αὐτοί.🝰 15¹ + ἔθυσαν (cum A XI 19, 29 al.). 17¹⁻¹ τοῦ κυρίου.🝰 18¹⁻¹ om. τῶν ἀλλοφύλων (cum 19, 108). 18² om. καὶ (cf. Arm.). 18³ + ἕως τῆς ἡμέρας ταύτης (cum A 19, 108). 18⁴ Ἰησοῦ (cum 247).

Climacus III.

Job VI. 16ᵇ—VII. 4.

f. 118 b f. 118 a

Job VI. 16ᵇ—VII. 4.

16ᵇ κρύσταλλος πεπηγώς·

17 καθὼς τακεῖσα θέρμης γενομένης οὐκ ἐπεγνώσθη ὅπερ ἦν·

18 οὕτως κἀγὼ κατελείφθην ὑπὸ πάντων,
 ἀπωλόμην δὲ καὶ ἔξοικος ἐγενόμην.

19 ἴδετε ὁδοὺς Θαιμανῶν,
 ἀτραποὺς Σαβῶν οἱ διορῶντες[1]·

20 καὶ αἰσχύνην ὀφειλήσουσιν
 οἱ ἐπὶ πόλεσιν καὶ χρήμασιν πεποιθότες.

21 ἀτὰρ δὲ καὶ ὑμεῖς ἐπέβητέ μοι ἀνελεημόνως,
 ὥστε ἰδόντες τὸ ἐμὸν τραῦμα φοβήθητε.

22 τί γάρ; μή τι ὑμᾶς ᾔτησα,

23 ἢ τῆς παρ' ὑμῶν ἰσχύος ἐπιδέομαι[1], ²³ ὥστε σῶσαί με ἐξ ἐχθρῦ
 ἢ ἐκ χειρὸς δυναστῶν ῥύσασθαί με;

24 διδάξατέ με, ἐγὼ δὲ κωφεύσω·
 εἴ[1] τι πεπλάνημαι, φράσατέ μοι.

25 ἀλλ' ὡς ἔοικεν φαῦλα ἀληθινοῦ ῥήματα,
 οὐ γὰρ παρ' ὑμῶν ἰσχὺν αἰτοῦμαι·

26 οὐδὲ ὁ ἔλεγχος ὑμῶν ῥήμασίν με παύσει,
 οὐδὲ γὰρ ὑμῶν φθέγμα ῥήματος ἀνέξομαι.

27 πλὴν ὅτι ἐπ' ὀρφανῷ ἐπιπίπτετε,
 ἐνάλλεσθε δὲ ἐπὶ φίλῳ ὑμῶν.

28 νυνὶ δὲ εἰσβλέψας[1] εἰς πρόσωπα ὑμῶν οὐ ψεύσομαι[2].

29 καθίσατε δὴ καὶ μὴ εἴη ἄδικον,
 καὶ πάλιν τῷ δικαίῳ συνέρχεσθε.

30 οὐ γάρ ἐστιν ἐν γλώσσῃ μου ἄδικον·
 ἢ ὁ λάρυγξ μου οὐχὶ[1] σύνεσιν μελετᾷ;

VII. 1 πότερον οὐχὶ πειρατήριόν ἐστιν ὁ βίος ἀνθρώπου ἐπὶ τῆς γῆς,
 καὶ ὥσπερ μισθίου αὐθημερινοῦ ἡ ζωὴ αὐτοῦ;

 2 ἢ ὥσπερ θεράπων δεδοικὼς τὸν κύριον αὐτοῦ καὶ τετευχὼς σκιᾶς,
 ἢ ὥσπερ μισθωτὸς ἀναμένων τὸν μισθὸν αὐτοῦ;

 3 οὕτως κἀγὼ ὑπέμεινα μῆνας κενούς,
 νύκτες δὲ ὀδυνῶν δεδομέναι μοί εἰσιν.

 4 ἐὰν κοιμηθῶ, λέγω Πότε ἡμέρα;
 ὡς δ' ἂν ἀναστῶ, πάλιν Πότε ἑσπέρα;

19[1] Cod. + αὐτοί.🖎 22[1] om. ἐπιδέομαι.🖎 24[1] + δέ.🖎 28[1] εἰσβλέψατε καὶ ἐπιστρέψατε.🖎
28[2] ἐρῶ.🖎 30[1] om. οὐχὶ (cum 254).

Climacus III.

JOB VII. 4ᵇ—20.

f. 104 a f. 104 b

ܘܬܗ ܐܬܗܘܬ] ܐܬܘܝܬܗ ܡܕܗ ܕܠܝ] ܗܣܕܗ ܠܗ ܘܡܬܚܣܝ] ܐܗܘܐ ܐܟܠ]

[ܗܬܡܘܬܗ ܐܬ 13 ܐܟܕܝܬ ܕܝܢܬܗ ܗܡܫܪ] [ܟ: ܘܠܗ ܗܪ [ܐܠ ܐܚܕܡܐ

ܕܗ ܗܡܫܚܕ ܘܡ ܗܡܚ ܗܠܐ 9 ܐܟܢܚ ܘܡܦ ܗܡܣܕܗ] ܐܪܢܕ ܡܢ

18 ܗܚܚ ܐܬܐ ܐܬܝܚ ܗܒܚ ܐܠܠܗܘ ܗܠܒܛܗܘ ܐܟܗ ܠܘ ܐܟܚܒ:

ܗܡܚ ܗܠ ܗܪܢܚ ܡܬܗ ܐܟܢܬܥ ܡܚ : 5 ܕܝ ܗܐܘܩ

ܐܟܗܘ .ܐܟܚ ܗܡ :ܗܟܚܘܗܣܘܩܗ ܐܠܟܗ ܐܟܢܚܗ ܗܐ ܚܕ ܐܠܟ ܠܚܬܠܗ

: ܗܬܗ ܠܣܘ : 14 ܐܬܐ ܐܡܚ ܐܬ ܗܠܟ ܐܠ ܠܥܕܠ ܐܬܚܣܪܟ

19 ܐܟܚܒ ܗܚ ܐܬܟܚܕܐ. ܗܡ ܠܘܕܗܒ 10 ܗܡܗ 10 ܗܡܚܒ ܐܠܟ ܗܬܐܪ ܕܗܛܠܘܚܕܟ:

ܡܡܚ ܐܬܘܠ :ܐܟܬܚܠܣܒ :ܗܬܚܠ ܗܘܩ ܗܡܚܕ ܐܟܘ

ܐܠ ܗܘܩ: ܪܠ ܡܣܘܒܚܕܩܘ ܠܗ ܗܚܕ ܠܗ ܐܟܚܕܐܪ ܗܚܚܠܩ

ܠܚ ܗܡܥܩ ܗܘܗܡܚ ܗܬܐ :ܗܬܪܐܟ ܗܘܒ ܐܟܘ ܗܡܟ ܗܚ

ܗܕܠܘܠܗܒܚ ܐܟܚܕܚ 15 ܗܡܚܘܐܟܗ :ܝܠܘܗ 15 11 ܐܟܘܩ ܗܥܠ ܐܘܘܩ :ܗܚܚ ܐܟܚ ܐܟܗܕ:

ܐܟܗܡܚ ܪܣܘܘ ܪܘܘܗ ܡܚ ܗܥܣܢ ܗܡܣ ܐܠ ܐܠܟܐ 6 ܐܬܗܘܩܚܚܕ

20 ܗܚܣܚܟܒ 20 ܐܟܗܡܚ ܗܡܩ ܠܠܚܒ ܗܚܕ ܠܚ :ܐܟܠܠܚܕ ܡܢ ܐܟܠܠܠܛܡ

:ܐܟܚܘܡܐ ܐܟܘ :ܗܡܚܕ ܗܟܚܗܒ ܐܟܐ ܐܟܗܘ ܗܡܗܚ ܚܘܚܕܩܘ

ܠܚ ܐܟܐ ܐܟܗ ܠܚܚ 16 ܗܠܚܠ ܗܕ ܠܚ ܠܚܠ ܪܣܘܗ ܐܟܗܡܣܚܚ 7 ܐܟܐ : ܐܣܚ 7 ܐܟܗܕܝܚܚܕ

ܒ ܝܠ ܗܚܚܕ ܝܗܘܩܕ ܗܟܣ ܐܟܐ ܐܟܗܚܢ ܘܗܗܡܩܚ ܠܚܘܩ ܗܘܗܕ ܗܚ ܠܚܩ

ܠܗܡ ܗܚܗܕ :ܐܟܚܘܩܚ ܗܡܩܗܚܕܗ ܗܕܚ ܗܣܘ :ܪܢܗ

ܗܡܗܘܩܚܣ ܪܚܡ ܗܡܣܢ ܗܡ ܗܥܩܚܒ ܗܚܚ ܐܟܚܚܐ ܠܚ

ܠܗܘܠ :ܐܟܚܬܬܚܕ ܗܡܣܚ ܗܟ ܐܟܚܚܘܩ 12 ܐܟܚܕܗ 12 ܝܣܘܠ ܗܥܣܗ :ܡܚܠ ܗܡܣܘܕ

ܝܠܗ ܗܬܘܐܬܚܐ 17 ܐܟܚܕܡܚ : ܐܬܗܚܚܕ 17 *ܟܚܚܕܩ ܐܟܐ ܐܟܚ 8 ܐܟܘ ܗܣܚ ܐܟ

ܠܒܘܕ ܐܟܚܚܒܕܗ ܐܟܚܚܬܚܒ ܘܗ ܕܚ ܗܘܐܬܚܚܕ :ܝܠܗ ܐܟܚ ܗܡܗܐܟܗܕ ܗܚ ܗܚܣܚ ܕܗ

* sic.

JOB VII. 4ᵇ—20.

4ᵇ πλήρης δὲ γίνομαι ὀδυνῶν ἀπὸ ἑσπέρας ἕως πρωί.

5 φύρεται δέ μου τὸ σῶμα ἐν σαπρίᾳ σκωλήκων,
 τήκω δὲ βώλακας γῆς ἀπὸ ἰχῶρος ξύων.

6 ὁ δὲ βίος μού ἐστιν ἐλαφρότερος λαλιᾶς,
 ἀπόλωλεν δὲ ἐν κενῇ ἐλπίδι.

7 μνήσθητι οὖν ὅτι πνεῦμά μου ἡ ζωή,
 καὶ οὐκ ἔτι ἐπανελεύσεται ὀφθαλμός μου ἰδεῖν ἀγαθόν.

8 οὐ περιβλέψεταί με ὀφθαλμὸς ὁρῶντός με·
 οἱ ὀφθαλμοί σου ἐν ἐμοί, καὶ οὐκ ἔτι εἰμί,

9 ὥσπερ νέφος ἀποκαθαρθὲν ἀπ’ οὐρανοῦ.
 ἐὰν γὰρ ἄνθρωπος καταβῇ εἰς ᾅδην, οὐκ ἔτι μὴ ἀναβῇ,

10 οὐδ’ οὐ μὴ ἐπιστρέψῃ εἰς τὸν ἴδιον οἶκον,
 οὐδ’ οὐ μὴ ἐπιγνῷ αὐτὸν ἔτι ὁ τόπος αὐτοῦ.

11 ἀτὰρ οὖν οὐδὲ ἐγὼ φείσομαι τῷ στόματί μου,
 λαλήσω ἐν ἀνάγκῃ [1] ὤν,
 ἀνοίξω πικρίαν ψυχῆς μου συνεχόμενος.

12 πότερον θάλασσά εἰμι ἢ δράκων,
 ὅτι κατέταξας ἐπ’ ἐμὲ φυλακήν;

13 εἶπα ὅτι Παρακαλέσει με ἡ κλίνη μου,
 ἀνοίσω δὲ πρὸς ἐμαυτὸν ἰδίᾳ λόγον τῇ κοίτῃ μου·

14 ἐκφοβεῖς με ἐνυπνίοις, καὶ ἐν ὁράμασίν με καταπλήσσεις.

15 ἀπαλλάξεις ἀπὸ πνεύματός μου τὴν ψυχήν μου,
 ἀπὸ δὲ θανάτου [1] τὰ ὀστᾶ μου.

16 οὐ γὰρ εἰς τὸν αἰῶνα ζήσομαι, ἵνα μακροθυμήσω·
 ἀπόστα ἀπ’ ἐμοῦ, κενὸς γάρ μου ὁ βίος.

17 τί γάρ ἐστιν ἄνθρωπος ὅτι ἐμεγάλυνας αὐτόν;
 ἢ ὅτι προσέχεις τὸν νοῦν [1] εἰς αὐτόν;

18 ἢ ἐπισκοπὴν αὐτοῦ ποιήσῃ ἕως τὸ πρωί,
 καὶ εἰς ἀνάπαυσιν αὐτὸν κρινεῖς;

19 ἕως τίνος οὐκ ἐᾷς με
 οὐδὲ προίῃ με, ἕως ἂν καταπίω τὸν πτύελόν μου [1] ἐν ὀδύνῃ;

20 εἰ ἐγὼ ἥμαρτον, τί δυνήσομαι [1] πρᾶξαι,
 ὁ ἐπιστάμενος [2]τὸν νοῦν[2] τῶν ἀνθρώπων;
 διὰ τί ἔθου με κατεντευκτήν

11[1] Cod. + τοῦ πνεύματός μου (cum 55, 106 al.). 15[1] + ἔλεγξας. 🖎 17[1] + σου. 🖎

19[1] + ἐν δυσκολίᾳ. 🖎 20[1] + σοι (cum אA[1] 257, 259 al.). 20[2–2] πάντας τοὺς διαλογισμοὺς. 🖎

Climacus III.

JOB VII. 21. ISAIAH XL. 1—8. PSALM XLI. 1, 4. 1 SAMUEL I. 1.

f. 122 a f. 122 b

Job vii. 21

[Syriac text columns]

1 Sam. i. 1

¹ *Stud. Sin.* [Syriac]

— Cf. *Studia Sinaitica* VI. pp. cxxxviii, cxxxix.

†—† Cf. *Studia Sinaitica* VI. pp. 37, 38, 88. This agrees with the lesson in *Studia Sinaitica* VI. p. 88 rather than with that on pp. 37, 38.

JOB VII. 21.

21 καὶ διὰ τί οὐκ ἐποιήσω τῆς ἀνομίας μου λήθην
καὶ καθαρισμὸν τῆς ἁμαρτίας μου;
νυνὶ δὲ[1] εἰς γῆν ἀπελεύσομαι,
ὀρθρίζων δὲ οὐκ ἔτι εἰμί.

ISAIAH XL. 1—8.

Τρίτον ἀνάγνωσμα ἐκ τοῦ προφήτου Ἡσαίου.

1 Παρακαλεῖτε παρακαλεῖτε τὸν λαόν μου, λέγει ὁ θεός. 2 ἱερεῖς, λαλή-
σατε εἰς τὴν καρδίαν Ἰερουσαλήμ, παρακαλέσατε αὐτήν, ὅτι[1] ἐπλήσθη ἡ
ταπείνωσις αὐτῆς· λέλυται αὐτῆς ἡ ἁμαρτία, ὅτι[2] ἐδέξατο ἐκ χειρὸς Κυρίου
διπλᾶ τὰ ἁμαρτήματα αὐτῆς. 3 Φωνὴ βοῶντος ἐν τῇ ἐρήμῳ Ἑτοιμάσατε τὴν
ὁδὸν Κυρίου, εὐθείας ποιεῖτε τὰς τρίβους τοῦ θεοῦ ἡμῶν. 4 πᾶσα φάραγξ
πληρωθήσεται, καὶ πᾶν ὄρος καὶ βουνὸς ταπεινωθήσεται· καὶ ἔσται[1] πάντα τὰ
σκολιὰ εἰς εὐθεῖαν, καὶ[2] ἡ τραχεῖα εἰς πεδία, 5 καὶ ὀφθήσεται[1] ἡ δόξα Κυρίου,
καὶ ὄψεται πᾶσα σὰρξ τὸ σωτήριον τοῦ θεοῦ, ὅτι Κύριος ἐλάλησεν. 6 φωνὴ
λέγοντος Βόησον. καὶ εἶπα Τί βοήσω; Πᾶσα σὰρξ[1] χόρτος, καὶ πᾶσα δόξα
ἀνθρώπου ὡς ἄνθος χόρτου· 7 ἐξηράνθη ὁ χόρτος καὶ τὸ ἄνθος[1] ἐξέπεσεν[2],
8 τὸ δὲ ῥῆμα τοῦ θεοῦ ἡμῶν μένει εἰς τὸν αἰῶνα.

PSALM XLI. 1, 4.

Ψαλμός. 1 Μακάριος ὁ συνιῶν ἐπὶ πτωχὸν καὶ πένητα,

Ἀντίφωνον. 4 Ἐγὼ εἶπα Κύριε, ἐλέησόν με·
ἴασαι τὴν ψυχήν μου, ὅτι ἥμαρτόν σοι.

1 SAMUEL I. 1.

Τῇ δευτέρᾳ κυριακῇ τῆς Ἁγίας Τεσσαρακοστῆς. Τῇ δευτέρᾳ ἡμέρᾳ τῆς Ἀναστάσεως.
πρῶτον ἀνάγνωσμα ἐκ Βασιλειῶν Α. ἐκ τῆς ἀρχῆς αὐτοῦ.

1 Ἄνθρωπος ἦν ἐξ Ἀρμαθάιμ Σειφὰ ἐξ ὄρους Ἐφράιμ, καὶ ὄνομα αὐτῷ
Ἐλκανά, υἱὸς Ἱερεμεὴλ

Job VII. 21[1] Cod. + ἰδού.🖾 Isaiah XL. 2[1] + ἰδού.🖾 2[2] + ἰδού.🖾 4[1] om. ἔσται.🖾
4[2] + πᾶσα.🖾 5[1] ἀποκαλυφθήσεται.🖾 6[1] + ὡς.🖾 7[1] + αὐτοῦ.🖾 7[2] + ὅτι πνεῦμα
Κυρίου ἔπνευσεν εἰς αὐτό· ἀληθῶς χόρτος ὁ λαός. 8 ἐξηράνθη ὁ χόρτος, καὶ ἐξέπεσε τὸ ἄνθος αὐτοῦ
(cf. Q^mg).

JEREMIAH XI. 22—XII. 8. HEBREWS X. 19, 20.

f. 32a

f. 32b

Jer. xi. 22—xii. 8.

Hebrews x. 19, 20.

19*

20

xii.

— Cf. *Studia Sinaitica* VI. pp. 15, 121, 122.

JEREMIAH XI. 22—XII. 8.

22 καὶ οἱ υἱοὶ αὐτῶν¹ καὶ αἱ θυγατέρες αὐτῶν² τελευτήσουσιν ἐν λιμῷ, 23 καὶ ἐγκατάλιμμα οὐκ ἔσται αὐτῶν, ὅτι ἐπάξω κακὰ ἐπὶ τοὺς κατοικοῦντας¹ ἐν Ἀναθὼθ ἐν ἐνιαυτῷ ἐπισκέψεως αὐτῶν. XII. 1 Δίκαιος εἶ, Κύριε, ὅτι ἀπολογήσομαι πρὸς σέ· πλὴν κρίματα λαλήσω πρὸς σέ. τί ὅτι ὁδὸς ἀσεβῶν εὐοδοῦται; εὐθήνησαν πάντες οἱ ἀθετοῦντες ἀθετήματα; 2 ἐφύτευσας αὐτοὺς καὶ ἐριζώθησαν, ἐτεκνοποιήσαντο¹ καὶ ἐποίησαν καρπόν· ἐγγὺς εἶ σὺ τοῦ στόματος αὐτῶν, καὶ πόρρω ἀπὸ τῶν νεφρῶν αὐτῶν· 3 καὶ σύ, Κύριε, γινώσκεις με,¹ δεδοκίμακας τὴν καρδίαν μου ἐναντίον σου· ἅγνισον αὐτοὺς² ³ εἰς ἡμέραν σφαγῆς αὐτῶν⁴. 4 ἕως πότε πενθήσει ἡ γῆ ¹καὶ πᾶς ὁ χόρτος τοῦ ἀγροῦ¹ ξηρανθήσεται ἀπὸ κακίας τῶν κατοικούντων ²ἐν αὐτῇ²; ἠφανίσθησαν κτήνη καὶ πετεινά, ὅτι εἶπαν Οὐκ ὄψεται ὁ θεὸς ὁδοὺς ἡμῶν. 5 σοῦ οἱ πόδες τρέχουσιν καὶ ἐκλύουσίν σε· πῶς παρασκευάσῃ ἐφ᾽ ἵπποις, καὶ ἐν γῇ εἰρήνης οὐ πέποιθας; πῶς ποιήσεις¹ ἐν φρυάγματι τοῦ Ἰορδάνου; 6 ὅτι καὶ οἱ ἀδελφοί σου καὶ ὁ οἶκος τοῦ πατρός σου, καὶ οὗτοι ἠθέτησάν¹ σε, καὶ αὐτοὶ ἐβόησαν², ἐκ τῶν ὀπίσω σου ἐπισυνήχθησαν· μὴ πιστεύσῃς ἐν αὐτοῖς, ὅτι λαλοῦσιν πρὸς σὲ καλά 7 Ἐγκαταλέλοιπα τὸν οἶκόν μου, ἀφῆκα τὴν κληρονομίαν μου, ἔδωκα τὴν ἠγαπημένην ψυχήν μου εἰς χεῖρας ἐχθρῶν αὐτῆς. 8 ἐγενήθη ἡ κληρονομία μου ἐμοὶ ὡς λέων ἐν δρυμῷ· ἔδωκεν ἐπ᾽ ἐμὲ τὴν φωνὴν αὐτῆς, διὰ τοῦτο ἐμίσησα αὐτήν.

HEBREWS X. 19, 20.

19 Ἔχοντες οὖν, ἀδελφοί, παρρησίαν εἰς τὴν εἴσοδον τῶν ἁγίων ἐν τῷ αἵματι Ἰησοῦ, 20 ἣν ἐνεκαίνισεν ἡμῖν ὁδὸν πρόσφατον καὶ ζῶσαν διὰ τοῦ καταπετάσματος, τοῦτ᾽ ἔστιν τῆς σαρκὸς αὐτοῦ

Jer. XI. 22¹ Cod. ὑμῶν.🖙 22² ὑμῶν.🖙 23¹ lit. ἀνθρώπους.🖙 XII. 2¹ om. ἐτεκνοποιήσαντο.🖙 3¹ + καὶ εἶδές με καὶ (cum Qᵐᵍ 22, 36 al.). 3² ἄθροισον (lit. *praepara* cum Pesh.) αὐτοὺς ὥσπερ πρόβατα εἰς σφαγήν (cum 33, 87, 228 Ald.; cf. Qᵐᵍ). 3³ + κάλει αὐτοὺς (cum Pesh.). Omnia sequentia non ex LXX, sed ex versione Pesh. sumpta sunt. 3⁴ om. αὐτῶν (cum Pesh.). 4¹⁻¹ lit. καὶ ὁ χόρτος πάσης τῆς γῆς.🖙 4²⁻² τῆς γῆς (cf. 22, 36, 233). 5¹ περαιώσεις (cum Pesh.). 6¹ lit. ἠπάτησαν (cum Pesh.). 6² εἶπον (cum Pesh.).

Climacus III.

US II. 15. PSALM CIX. MATTHEW I. 18—25. PSALM II. TITUS II. 11, 12ᵃ.

	f. 114b		f. 114a
			Titus ii. 15.

(four columns of Syriac text, with marginal references:)

Right column (f. 114a): Titus ii. 15. ... Ps. cix. ... Matt. i. 18—25. ... 18 ... 19 ... 20 ... 21

Matthew column: 20 ... 21 ... 22 ... 23 ... 24

Psalm CIX column: 22 ... 23 ... 24

Left column: Ps. li. ... Titus ii. 11 ... 12

¹ sic

— Cf. *Studia Sinaitica* VI. p. 39. †—† Cf. *Evangeliarium*, p. 253.

Titus II. 15.

μετὰ πάσης ἐπιταγῆς· μηδείς σου περιφρονείτω.

Psalm CIX.

Ἀλληλούϊα. Ψαλμὸς ΡΘ.

Εἶπεν ὁ Κύριος τῷ κυρίῳ μου Κάθου ἐκ δεξιῶν μου.

Matthew I. 18—25.

Ἐκ τοῦ Εὐαγγελίου τοῦ κατὰ Ματθαῖον.

18 Τοῦ δὲ[1] Ἰησοῦ Χριστοῦ ἡ γένεσις οὕτως ἦν. μνηστευθείσης τῆς μητρὸς αὐτοῦ Μαρίας τῷ Ἰωσήφ, πρὶν ἢ συνελθεῖν αὐτοὺς εὑρέθη ἐν γαστρὶ ἔχουσα ἐκ Πνεύματος Ἁγίου. 19 Ἰωσὴφ δὲ ὁ ἀνὴρ αὐτῆς, δίκαιος ὢν καὶ μὴ θέλων αὐτὴν δειγματίσαι, ἐβουλήθη[1] λάθρα ἀπολῦσαι αὐτήν. 20 ταῦτα δὲ αὐτοῦ ἐνθυμηθέντος, ἰδοὺ[1] ἄγγελος Κυρίου κατ᾽ ὄναρ ἐφάνη αὐτῷ λέγων[2] Ἰωσὴφ υἱὸς Δαυείδ, μὴ φοβηθῇς παραλαβεῖν Μαριὰμ τὴν γυναῖκά σου· τὸ γὰρ ἐν αὐτῇ γεννηθὲν ἐκ Πνεύματός ἐστιν Ἁγίου. 21 τέξεται δὲ υἱόν, καὶ καλέσεις[1] τὸ ὄνομα αὐτοῦ Ἰησοῦν· αὐτὸς γὰρ σώσει τὸν λαὸν αὐτοῦ ἀπὸ τῶν ἁμαρτιῶν αὐτῶν. 22 Τοῦτο δὲ ὅλον γέγονεν ἵνα πληρωθῇ τὸ ῥηθὲν ὑπὸ Κυρίου διὰ τοῦ προφήτου[1] λέγοντος[2]

23 Ἰδοὺ ἡ παρθένος ἐν γαστρὶ ἕξει καὶ τέξεται υἱόν,
 καὶ καλέσουσιν τὸ ὄνομα αὐτοῦ Ἐμμανουήλ,
ὅ ἐστιν μεθερμηνευόμενον Μεθ᾽ ἡμῶν ὁ Θεός. 24 ἐγερθεὶς δὲ ὁ Ἰωσὴφ ἀπὸ τοῦ ὕπνου[1] ἐποίησεν ὡς προσέταξεν αὐτῷ[2] ὁ ἄγγελος Κυρίου, καὶ παρέλαβεν τὴν γυναῖκα αὐτοῦ· 25 καὶ οὐκ ἐγίνωσκεν αὐτὴν ἕως οὗ ἔτεκεν υἱόν· καὶ ἐκάλεσεν τὸ ὄνομα αὐτοῦ Ἰησοῦν.

Psalm II. 7.

Τῇ ἡμέρᾳ τῇ δευτέρᾳ τῶν Θεοφανειῶν. Οὗτος ὁ Ψαλμὸς Β καὶ τοῦτο τὸ Ἀντίφωνον·

Κύριος εἶπεν πρός με Υἱός μου εἶ σύ.

Titus II. 11, 12[a].

Ἐκ τῆς ἐπιστολῆς τῆς πρὸς Τίτον.

11 Ἐπεφάνη γὰρ ἡ χάρις τοῦ Θεοῦ σωτήριος[1] πᾶσιν ἀνθρώποις, 12 παιδεύουσα ἡμᾶς, ἵνα ἀρνησάμενοι

Matt. I. 18[1] Cod. + κυρίου.🕮 19[1] ἀλλὰ ἐνεθυμήθη.🕮 20[1] καὶ ἰδού.🕮 20[2] + αὐτῷ (cum syr.[vet.] Pesh.). 21[1] κληθήσεται (cum Cod. B, Ev. Pal. syr.; cf. syr.[cur.]). 22[1] + Ἡσαίου (cum D a c d f syr.[vet.]). 22[2] om. λέγοντος (cum Pesh. Diat. ar. f). 24[1] + αὐτοῦ (cum syr.[vet.] Pesh. Diat. ar.). 24[2] om. αὐτῷ.🕮 Titus II. 11[1] + ἡμῶν.🕮

Climacus III.

TITUS II. 12--15. MATTHEW II. 1—8.

f. 99 a

f. 99 b

Titus ii. 12—15

Ps. (cix.)
cx. 1

3

13

Matt. ii. 1—8.

7

14

4

8

5

6

15

2

TITUS II. 12ᵇ—15.

12ᵇ τὰς κοσμικὰς ἐπιθυμίας σωφρόνως καὶ δικαίως καὶ εὐσεβῶς ζήσωμεν ἐν τῷ νῦν αἰῶνι, 13 προσδεχόμενοι τὴν μακαρίαν ἐλπίδα καὶ ἐπιφάνειαν τῆς δόξης τοῦ μεγάλου Θεοῦ καὶ Σωτῆρος ἡμῶν Χριστοῦ Ἰησοῦ, 14 ὃς ἔδωκεν ἑαυτὸν ὑπὲρ ἡμῶν ἵνα λυτρώσηται ἡμᾶς ἀπὸ πάσης ἀνομίας καὶ καθαρίσῃ ἑαυτῷ λαὸν περιούσιον, ζηλωτὴν καλῶν ἔργων. 15 Ταῦτα λάλει καὶ παρακάλει καὶ ἔλεγχε μετὰ πάσης ἐπιταγῆς· μηδείς σου περιφρονείτω.

PSALM CIX. 1.

Ἀλληλούϊα. Ψαλμὸς ΡΘ.

Εἶπεν ὁ Κύριος τῷ κυρίῳ μου Κάθου ἐκ δεξιῶν μου.

MATTHEW II. 1—8.

Ἐκ τοῦ Εὐαγγελίου τοῦ κατὰ Ματθαῖον.

1 Τοῦ δὲ [1] Ἰησοῦ γεννηθέντος ἐν Βηθλεὲμ τῆς Ἰουδαίας ἐν ἡμέραις Ἡρῴδου τοῦ βασιλέως, ἰδοὺ[2] μάγοι ἀπὸ ἀνατολῶν παρεγένοντο εἰς Ἱεροσόλυμα 2 λέγοντες Ποῦ ἐστιν ὁ τεχθεὶς Βασιλεὺς τῶν Ἰουδαίων; εἴδομεν γὰρ αὐτοῦ τὸν ἀστέρα ἐν τῇ ἀνατολῇ, καὶ ἤλθομεν προσκυνῆσαι αὐτῷ. 3 ἀκούσας δὲ ὁ βασιλεὺς Ἡρῴδης ἐταράχθη, καὶ πᾶσα Ἱεροσόλυμα μετ' αὐτοῦ, 4 καὶ συναγαγὼν πάντας τοὺς ἀρχιερεῖς καὶ γραμματεῖς τοῦ λαοῦ ἐπυνθάνετο παρ' αὐτῶν ποῦ ὁ Χριστὸς γεννᾶται. 5 οἱ δὲ εἶπαν αὐτῷ Ἐν Βηθλεὲμ τῆς Ἰουδαίας· οὕτως γὰρ γέγραπται διὰ τοῦ προφήτου

6 Καὶ σὺ Βηθλεέμ, γῆ Ἰούδα,
 οὐδαμῶς ἐλαχίστη εἶ ἐν τοῖς ἡγεμόσιν Ἰούδα·
ἐκ σοῦ γὰρ ἐξελεύσεται ἡγούμενος,
 ὅστις ποιμανεῖ τὸν λαόν μου τὸν Ἰσραήλ.

7 Τότε Ἡρῴδης λάθρα καλέσας τοὺς μάγους ἠκρίβωσεν παρ' αὐτῶν τὸν χρόνον τοῦ φαινομένου ἀστέρος, 8 καὶ πέμψας αὐτοὺς εἰς Βηθλεὲμ εἶπεν [1] Πορευθέντες ἐξετάσατε ἀκριβῶς περὶ τοῦ παιδίου· ἐπὰν δὲ εὕρητε, ἀπαγγείλατέ μοι, ὅπως κἀγὼ

Matt. II. 1¹ Cod. + Κυρίου.🕮 1² καὶ ἰδοὺ (cum syr.ᵛᵉᵗ·). 8¹ + ἰδού.🕮

Climacus III.

MATTHEW II. 18—23. PSALM CIX. 1. GALATIANS IV. 1—7.

f. 102 a

f. 102 b

Matt. ii. 18—23.

Gal. iv. 1—7.

Ps. cix. [cx.]

¹ sic.

— Cf. *Evangeliarium*, p. 256. †—† Cf. *Studia Sinaitica* VI. p. 34.

Matthew II. 18—23.

18 Φωνὴ ἐν 'Ραμὰ ἠκούσθη,
κλαυθμὸς καὶ ὀδυρμὸς πολύς·
'Ραχὴλ κλαίουσα τὰ τέκνα αὐτῆς,
καὶ οὐκ ἤθελεν παρακληθῆναι, ὅτι οὐκ εἰσίν.

19 Τελευτήσαντος δὲ τοῦ 'Ηρῴδου, ἰδοὺ ἄγγελος Κυρίου φαίνεται [1]κατ' ὄναρ[1] τῷ 'Ιωσὴφ ἐν Αἰγύπτῳ 20 λέγων [1] Ἐγερθεὶς παράλαβε τὸ παιδίον καὶ τὴν μητέρα αὐτοῦ, καὶ πορεύου εἰς γῆν 'Ισραήλ· τεθνήκασιν γὰρ οἱ ζητοῦντες τὴν ψυχὴν τοῦ παιδίου. 21 ὁ δὲ ἐγερθεὶς παρέλαβεν τὸ παιδίον καὶ τὴν μητέρα αὐτοῦ καὶ εἰσῆλθεν εἰς γῆν 'Ισραήλ. 22 ἀκούσας δὲ ὅτι 'Αρχέλαος βασιλεύει τῆς 'Ιουδαίας ἀντὶ τοῦ πατρὸς αὐτοῦ 'Ηρῴδου ἐφοβήθη ἐκεῖ ἀπελθεῖν· [1]χρηματισθεὶς δὲ[1] κατ' ὄναρ ἀνεχώρησεν εἰς [2]τὰ μέρη[2] τῆς Γαλιλαίας, 23 καὶ ἐλθὼν κατῴκησεν εἰς πόλιν λεγομένην Ναζαρέτ· ὅπως πληρωθῇ τὸ ῥηθὲν διὰ τῶν προφητῶν ὅτι Ναζωραῖος κληθήσεται.

Psalm CIX. 1.

Τῇ ἡμέρᾳ τῇ τετάρτῃ τῶν Θεοφανείων. Τῆς 'Αγίας Σιών. Ψαλμὸς ΡΘ.
Εἶπεν ὁ Κύριος τῷ Κυρίῳ μου Κάθου ἐκ δεξιῶν μου.

Galatians IV. 1—7.

1 Λέγω δέ, ἐφ' ὅσον χρόνον ὁ κληρονόμος νήπιός ἐστιν, οὐδὲν διαφέρει δούλου κύριος πάντων ὤν, 2 ἀλλὰ ὑπὸ ἐπιτρόπους ἐστὶν καὶ οἰκονόμους ἄχρι τῆς προθεσμίας τοῦ πατρός[1]. 3 οὕτως καὶ ἡμεῖς, ὅτε [1] ἦμεν νήπιοι, ὑπὸ τὰ στοιχεῖα τοῦ κόσμου ἤμεθα δεδουλωμένοι· 4 ὅτε δὲ ἦλθεν τὸ πλήρωμα τοῦ χρόνου, ἐξαπέστειλεν ὁ Θεὸς τὸν Υἱὸν αὐτοῦ, γενόμενον ἐκ γυναικός, γενόμενον ὑπὸ νόμον, 5 ἵνα τοὺς ὑπὸ νόμον ἐξαγοράσῃ, ἵνα τὴν υἱοθεσίαν ἀπολάβωμεν. 6 Ὅτι δέ ἐστε υἱοί, ἐξαπέστειλεν ὁ Θεὸς τὸ Πνεῦμα τοῦ Υἱοῦ αὐτοῦ εἰς τὰς καρδίας ἡμῶν, κρᾶζον 'Αββᾶ ὁ Πατήρ[1]. 7 ὥστε οὐκέτι εἶ δοῦλος ἀλλὰ υἱός· εἰ δὲ υἱός, καὶ κληρονόμος διὰ Θεοῦ[1].

Matt. II. 19[1—1] Cod. om. κατ' ὄναρ. 🕮 20[1] + αὐτῷ (cum syr. vet. Pesh. Diat. ar. k).
22[1—1] Ἐφάνη δὲ αὐτῷ (cum syr.[cur] Pesh.). 22[2—2] lit. τὴν γῆν (cum Diat. ar.).
Gal. IV. 2[1] + αὐτοῦ (cum Pesh.). 3[1] + γὰρ. 🕮 6[1] + ἡμῶν (cum Pesh.). 7[1] Χριστοῦ (cf. Pesh.).

Climacus I.

MATTHEW XXI. 23b—31.

❋ : ܕܡܬܝ : ❋

ܗܘ ܡܢ ܫܡܝܐ	ܟܠܡ ܡܬܚܫܒ:	ܘܡܢ ܐܢܘܢ	ܠܗ
ܗܘ ܡܢ ܒܢܝ ܐ 30	ܘܐܡܪܝܢ ܠܗܘܢ	ܡܫܬܐܠܝܢ	ܐܡܪ ܠܗܘܢ:
ܐ ܡܢ ܒܢܝ ܐܢܫܐ	ܡܢܐ ܗܘܐ:	ܒܗܕܐܡܢܘܢ	ܐ ܐܦ ܐܢܐ 24
ܗܝ ܠܘܬܢ:	ܐܦܘ ܐܠܐ	ܠܗ ܡܢܐ	ܗܘܐ:
ܘܐܡܪܝܢ ܐܡܪܘ	ܐܠܐ ܕܚܠܢ	ܐܡܪ ܠܗ ܡܢ	ܘܐܡܪ ܠܗܘܢ:
ܗܕܐ ܐܢܐ	ܒܢܝܐ ܐܠܐ	ܐܬܚܫܒ	ܘܐܡܪ ܐܢܐ
ܘܐܠܐ ܐܡܪܘ:	ܐܡܘܢܐ ܟܠܗܘܢ	ܗܘ ܕܡܢ ܐ	ܐܫܐܠܟܘܢ ܐܦ
ܡܢ ܘ ܐܡܪ 31	ܐܬܠܛܥܠܘܗܝ ܐܠܐ	ܘܠܐܕܚܠܢ ܠܗ	ܐܦ ܡܕܡ ܐ
ܐܡܝܢ ܐܡܪ:	ܡܠܝܗ ܚܒܗ:	ܐܬܡܢܐܗܘ	ܘܐܡܪܘܢ ܠܝ
ܒܗܘ ܒܝܬ ܘ	ܗ ܕ ܐܝܟ ܐ 28	26 ܠܗ: 26ܘܐ	ܐܠܐ ܐܡܪ ܠܟ:
ܕܢܝܐ ܡܛܐ:	ܒܪ ܗ ܠܗ	ܘܐܕܐ ܗܐ ܡܢ	ܘܐܡܪ ܠܗܘܢ
ܠܒ ܩܕܡܝܢ ܐܢ	ܡܛܐ ܗܘܐ	ܐܠܗܐ ܠܢ	ܒܡܢܐ
ܒܝܬ ܐܠ	ܡܛܐ ܗܕܐ ܠܗ ܠܗ	ܡܢ ܐܫܠܡܢ	ܐܠܛܠܛܢ
ܐܢܘܢ ܡܢܐ	ܘܐܡܢ ܐܡܪܘ	ܗܘ ܠܟܠܗ	ܚܒܐ ܐܠܐ
ܡܢܘܢ ܐ	ܐ ܚܠܐܡܘܢ	ܠܢܘܫܐ ܗ	ܡܠܝܢ:
ܒܢܝܐ ܐܡܪܘ	ܗܝ ܘ ܠܛ ܐ	ܠܟ ܡܢܝܢ	25 ܡܢ ܘ ܡܥܡܘܕܝ
ܗܘ ܠܒ ܐܢܐ	ܕܐܢܕܪܐ ܒܢܝܐ:	27 ܡܢܘܢ ܗ ܐܬܬ[ܐ]	ܕܝܘܚܢܢ
ܐܢܘܢ ܐ	29 ܗܘ ܡܢ ܐ ܐܝܢ ܐ	ܡܝܢ	ܡܢ ܐܝܢ ܗ ܗܘܐ
[ܐܘܢܝܬܐ]	[ܐܢܝ ܐܠܝ] ܚܘܢ:	ܡܢܘܢ ܐ	[ܐ ܫܡܐ ܡܢ]
[ܠܗܘܢ ܡܬܥܡ]	[ܐܢܝܬ]ܐ	ܠܗܘܢ	[:ܐܠܛܠܝܢ ܡܢ ܐ ܡܢ]:

¹ *sic*

Cf. *Lectionary,* p. 153.

Matthew XXI. 23ᵇ—31.

23ᵇ σοι ἔδωκεν τὴν ἐξουσίαν ταύτην; 24 ἀποκριθεὶς δὲ ὁ [1] Ἰησοῦς εἶπεν αὐτοῖς Ἐρωτήσω ὑμᾶς κἀγὼ λόγον ἕνα, ὃν ἐὰν εἴπητέ μοι, κἀγὼ ὑμῖν ἐρῶ ἐν ποίᾳ ἐξουσίᾳ ταῦτα ποιῶ· 25 τὸ βάπτισμα τὸ Ἰωάνου πόθεν ἦν; ἐξ οὐρανοῦ ἢ ἐξ ἀνθρώπων; οἱ δὲ διελογίζοντο ἐν ἑαυτοῖς λέγοντες Ἐὰν εἴπωμεν Ἐξ οὐρανοῦ, ἐρεῖ ἡμῖν [1] Διὰ τί οὖν[2] οὐκ ἐπιστεύσατε αὐτῷ; 26 ἐὰν δὲ εἴπωμεν Ἐξ ἀνθρώπων, φοβούμεθα τὸν ὄχλον· πάντες γὰρ ὡς προφήτην ἔχουσιν τὸν Ἰωάνην. 27 καὶ ἀποκριθέντες τῷ [1] Ἰησοῦ εἶπαν Οὐκ οἴδαμεν. ἔφη αὐτοῖς καὶ αὐτός[2] Οὐδὲ ἐγὼ λέγω ὑμῖν ἐν ποίᾳ ἐξουσίᾳ ταῦτα ποιῶ. 28 Τί δὲ ὑμῖν δοκεῖ; ἄνθρωπος εἶχεν τέκνα δύο· προσελθὼν τῷ πρώτῳ εἶπεν Τέκνον, ὕπαγε σήμερον ἐργάζου ἐν τῷ ἀμπελῶνι. 29 ὁ δὲ ἀποκριθεὶς εἶπεν [1]Ἐγὼ κύριε, καὶ οὐκ ἀπῆλθεν[1]. 30 προσελθὼν δὲ τῷ δευτέρῳ εἶπεν ὡσαύτως. ὁ δὲ ἀποκριθεὶς εἶπεν [1]Οὐ θέλω, ὕστερον μεταμεληθεὶς ἀπῆλθεν.[1] 31 τίς [1] ἐκ τῶν δύο ἐποίησεν τὸ θέλημα τοῦ πατρός[2]; λέγουσιν Ὁ ὕστερος[3]. λέγει αὐτοῖς ὁ [4] Ἰησοῦς Ἀμὴν λέγω ὑμῖν ὅτι οἱ τελῶναι καὶ αἱ πόρναι προάγουσιν ὑμᾶς

24[1] Cod. + Κύριος.🖾 25[1] + καὶ (cum syr.ᵛᵉᵗ· Pesh.). 25[2] om. οὖν (cum syr.ᵛᵉᵗ·). 27[1] + Κυρίῳ.🖾 27[2] ὁ Κύριος Ἰησοῦς.🖾 29[1–1] Οὐ θέλω. ὕστερον δὲ μεταμεληθεὶς ἀπῆλθεν (cum C D a b c d e syr.ᵛᵉᵗ· Pesh. cf. ℵ). 30[1–1] Ἐγὼ κύριε, καὶ οὐκ ἀπῆλθεν (cum ℵ C D a b c d e syr.ᵛᵉᵗ· Pesh.). 31[1] + οὖν (cum ℵB). 31[2] + αὐτοῦ (cum syr.ᵛᵉᵗ· Pesh.). 31[3] πρῶτος (cum ℵC syr.ᶜᵘʳ· Pesh.). 31[4] + Κύριος.🖾

Climacus I.

MATTHEW XXI. 31ᵇ—41.

f. 80a

f. 80b

ܡܢ ܗܘ ܪܘܚܐ	ܐܠܠܗ ܗܘ	ܗܢܐ ܟܝ	ܚܠܚܠܬܗ
ܐܝܟ ܕܒܦܠܘܬܐ	ܐܢܚܕ ܗܘ ܩܛܠܘ :	ܐܘܪܚܗ ܒܪ	ܕܡܠܟܘܬܐ :
ܡܢ ܗܘ ܩܘܪܝܐ	36 ܗܕܩ ܥܠܘܗ	ܘܐܟܦܪܗܘ	32 ܐܝܕ ܗܢ
ܒܘܪܩܕܗܘ	ܣܘܝܣ ܗܟܘܚ	ܩܘܒ . ܟܠܟܐ	ܣܘܣܗ
ܠܗܢ :	ܪܡ ܒܟܠ	ܐܟ ܕܘܩܕܟ	ܒܝ ܐܘܚܒܠ
39 ܩܒܣܘܗ	ܠܗܘܢ ܕܘܚܒܘܗ	ܘܡܣ ܗܘܕܗܒ	ܐܘܒܟܝܒܐ
ܐܟܒܩ ܗܬܗ	ܒ ܩܘܗ :	ܣܒܣܟܠ ܗܕܗ	ܘܩܡܝܗ ܗ
ܡܢ ܗܕܠ	37 ܒܣܝܩܕ	ܘܐܪܩ ܠܗ :	ܗ : ܘܩܒܩܣܟ
ܐܟܒܕܗ :	ܒܝ ܥܠ ܗܘ	34 ܒܩܣ ܗܩܘ	ܒܘܝܩܕ
ܘܦܠܠܗ ܗܕܗ :	ܠܟܗܘ	ܣܘܣܝܒܣ	ܠܗ ܒܣܒܝ :
40 ܗܝ ܒܕ ܝܗ	ܗܕܡܐ ܟ ܐܘܒܣ	ܥܠ ܕܘܩܕܗܒ	ܐܘܩܕ ܗ ܝ
ܐܟܝܗ ܒܘܝܣܡ	ܣܘܩܗܒ	ܒ ܠܟܘܩ ܒܩܕ	ܘܩܕܗܘ ܘܐܟ
ܐܟܝܕܗܒ	ܒܝ ܗܘܝ ܝܗ	ܐܩܝܒܩ	ܒܘܝܩܕ
ܒܟܐ ܗܘ	38 ܒܝܕ : 38 ܘܠܘܣ	ܘܒܝܩܣܒ	ܒܣܝܩܕ
ܒܘܝ ܠܗܕ	ܐܩܝܒܩ	ܘܒܒܝ ܠܗܐ :	ܗܒܟܣܟܘܗ ܝܗ
ܠܗܘܒܗܒ	ܒܝ ܒܩܕ	35 ܩܒܣܘ	ܠܗ :
ܐܩܝܒܩ :	ܒܩܕܗܠ	ܐܩܝܒܩ	33 ܠܗܕܝ ܡܣܩܕ
41 ܠܗ ܢܩܒܐ ܠܗ	ܐܘܒܘܗ	ܠܣܝܕ ܕܩܘܒܟܠ	ܒܘܪܩ ܗܒܟܒܣ
ܒܝܣ ܒܟܐܢܝ	ܒܘܝܩܕܒܟܠ	ܘܠܘܝ ܗܣܣ ܒܝ	ܒܝ ܗܘܩ

* Cf. Lev. viii. 24 *supra*; Matt. xxiii. 15 *infra*.

Cf. *Lectionary*, pp. 153, 154.

Matthew XXI. 31[b]—41.

31[b] εἰς τὴν βασιλείαν τοῦ Θεοῦ. 32 ἦλθεν γὰρ Ἰωάνης πρὸς ὑμᾶς ἐν ὁδῷ δικαιοσύνης, καὶ οὐκ ἐπιστεύσατε αὐτῷ· οἱ δὲ τελῶναι καὶ αἱ πόρναι ἐπίστευσαν αὐτῷ· ὑμεῖς δὲ ἰδόντες οὐδὲ μετεμελήθητε ὕστερον τοῦ πιστεῦσαι αὐτῷ. 33 Ἄλλην παραβολὴν ἀκούσατε. Ανθρωπος ἦν οἰκοδεσπότης ὅστις ἐφύτευσεν ἀμπελῶνα, καὶ φραγμὸν αὐτῷ περιέθηκεν καὶ ὤρυξεν ἐν αὐτῷ ληνὸν καὶ ᾠκοδόμησεν [1] πύργον, καὶ ἐξέδετο αὐτὸν γεωργοῖς, καὶ ἀπεδήμησεν. 34 ὅτε δὲ ἤγγισεν ὁ καιρὸς τῶν καρπῶν, ἀπέστειλεν τοὺς δούλους αὐτοῦ πρὸς τοὺς γεωργοὺς λαβεῖν τοὺς καρποὺς αὐτοῦ. 35 καὶ λαβόντες οἱ γεωργοὶ τοὺς δούλους αὐτοῦ[1] ὃν μὲν ἔδειραν, ὃν δὲ ἀπέκτειναν, ὃν δὲ ἐλιθοβόλησαν. 36 πάλιν ἀπέστειλεν ἄλλους δούλους πλείονας τῶν πρώτων, καὶ ἐποίησαν αὐτοῖς ὡσαύτως. 37 ὕστερον δὲ ἀπέστειλεν πρὸς αὐτοὺς τὸν υἱὸν αὐτοῦ λέγων Ἐντραπήσονται τὸν υἱόν μου. 38 οἱ δὲ γεωργοὶ ἰδόντες τὸν υἱὸν εἶπον ἐν ἑαυτοῖς Οὗτός ἐστιν ὁ κληρονόμος· δεῦτε ἀποκτείνωμεν αὐτὸν καὶ σχῶμεν τὴν κληρονομίαν αὐτοῦ· 39 καὶ λαβόντες αὐτὸν ἐξέβαλον ἔξω τοῦ ἀμπελῶνος καὶ ἀπέκτειναν. 40 ὅταν οὖν ἔλθη ὁ κύριος τοῦ ἀμπελῶνος, τί ποιήσει τοῖς γεωργοῖς ἐκείνοις; 41 λέγουσιν αὐτῷ Κακοὺς κακῶς

33[1] Cod. + ἐν αὐτῷ (cum syr.[vet.] Pesh. Diat. ar. a b c). 35[1] om. αὐτοῦ (cum b e).

Climacus I.

MATTHEW XXII. 40ᵇ—XXIII. 5.

f. 73 a		f. 73 b

[ܗܘܢܩ ܘܡܩܬ	[ܗܕܟ ܡܘܡ	[ܗܕܟ ܠܚܕܒ	[ܣܚܘܡܟ
[ܡܘܚܡܕ ܠܠܡ	[ܟܘܠܬܠܟ	[ܡ ܕܗ	ܘܚܕܟ ܗܠܡ:
ܗܘܡ ܚܠ	ܘܚܬܠܚܕܝܬܠܩ	ܚܚܠܡ ܚܕ	41 ܩܕܗ ܡܗܩ
ܚܩܕܚܩ	2 ܚܕ : ܚܕܟ 2	ܚܕܟܕܟ ܠܚܡܩ	ܚܚܬܚܩ
ܕܚܠܩܚܟ:	ܗܬܚܩܚܩ	ܡܟܬܡ	ܚܚܬܚܡ
ܘܡܩ ܗܘܕܟ	ܚܩܡܚܩ	ܚܚ ܚܒܬ	ܚܟܠ ܬܡܗ
ܘܡܬܚܟܝ ܗ	ܗܚܩܡ ܗܚ	45 ܚ : ܬܠܠܡ 45	ܚܕܟ ܡܗܩ
ܚܚ ܝܟܠ	ܚܚܠܩ:	ܚܕܟ ܕܘܗ	42 ܗܡܕܟܘ ܠܡܗܩ
ܗܡܚܕܟܚ	3 ܚ ܕܚ ܠܚ ܗܢ	ܚܗܠ ܡܗ	ܚܠܟ ܚܟ
ܬܚܡ:	ܚܩܕܟܚܩ	ܡܗ ܚܡ	ܚܠܡܠ ܚܡܗܠ
5 ܡܘܚܩܬܚܩ ܠܡܗ	ܚܚܩܡ ܚܚܗ	ܡܗܢ:	ܚܚܠܩܕܚ.
ܗܢ ܚܕ	ܚܡܩ: ܗܚܠܟܗ	46 ܚܠ ܚܟܚܩ	ܗܡ ܚܢ ܗܢ:
ܚܕܚܡ ܚܠܡܗ	ܡܗܚܕܬܚܩ	ܠܚܠ ܡܗܩ	ܠܡ ܚܡܢܚܟ
ܗܚܝܚܚܝܡ ܡܗܡ	ܚܠ ܚܠܠ	ܗܬ ܚܚܬܗ	ܚܗܢ ܕܗ:
ܚܚܢܠܚܠ	ܚܡܕܚܡ ܡܗܩ:	ܚܠ ܚܠܟܠ:	43 ܡܗܩ ܚܕܟ
ܚܚܟܟܡ	ܚܡܕܚܩ	ܚܟ ܚܩܝܟ ܚܟ	ܚܡܩ ܠܡܗ
ܡܗܩ ܚܕ	ܡܗܩ ܚܕ	ܗܬ ܡܗ	ܚܟܘܚܩܗܕ
ܚܩܗܬܡܩ	ܡܕܚܡ ܗܠܩ:	ܚܩܟܗ ܚܩܡܣ	ܚܟܕܟ ܠܡ
ܚܡܕܚܡ	4 ܡܗܟܚܩܩ	ܡܗܬ ܗܡܚ:	ܡܗܩ : ܚܡܗ
ܚܡܗܬܠܡܩ	ܚܡܗܠܚܩ	₁ᵡˣⁱⁱⁱ· ܠܠܗܕ ܚܡ ܠܠܠܗ	44 ܚܕܟ 44· ܚܕܟ

Cf. *Lectionary*, p. 158.

Matthew XXII. 40ᵇ—XXIII. 5.

40ᵇ ὁ νόμος κρέμαται καὶ οἱ προφῆται. 41 Συνηγμένων δὲ τῶν Φαρισαίων ἐπηρώτησεν αὐτοὺς ὁ [1] Ἰησοῦς 42 λέγων [1] Τί ὑμῖν δοκεῖ περὶ τοῦ Χριστοῦ; τίνος υἱός ἐστιν; λέγουσιν αὐτῷ Τοῦ Δαυείδ. 43 λέγει αὐτοῖς [1] Πῶς οὖν [1] Δαυεὶδ ἐν Πνεύματι καλεῖ αὐτὸν Κύριον λέγων

44 Εἶπεν Κύριος τῷ Κυρίῳ μου Κάθου ἐκ δεξιῶν μου

ἕως ἂν θῶ τοὺς ἐχθρούς σου [1] ὑποκάτω τῶν ποδῶν σου;

45 εἰ οὖν [1] Δαυεὶδ καλεῖ αὐτὸν Κύριον, πῶς υἱὸς αὐτοῦ ἐστιν[2]; 46 καὶ οὐδεὶς ἐδύνατο ἀποκριθῆναι αὐτῷ λόγον, οὐδὲ ἐτόλμησέν τις ἀπ' ἐκείνης τῆς ἡμέρας ἐπερωτῆσαι αὐτὸν οὐκέτι. XXIII. 1 Τότε ὁ [1] Ἰησοῦς ἐλάλησεν τοῖς ὄχλοις καὶ τοῖς μαθηταῖς αὐτοῦ 2 λέγων Ἐπὶ τῆς Μωϋσέως καθέδρας ἐκάθισαν οἱ γραμματεῖς καὶ οἱ Φαρισαῖοι. 3 πάντα οὖν ὅσα ἐὰν εἴπωσιν ὑμῖν ποιήσατε καὶ τηρεῖτε, κατὰ δὲ τὰ ἔργα αὐτῶν μὴ ποιεῖτε· λέγουσιν γὰρ καὶ οὐ ποιοῦσιν. 4 δεσμεύουσιν δὲ φορτία βαρέα [1] καὶ ἐπιτιθέασιν ἐπὶ τοὺς ὤμους τῶν ἀνθρώπων, αὐτοὶ δὲ τῷ δακτύλῳ αὐτῶν οὐ θέλουσιν κινῆσαι αὐτά. 5 πάντα δὲ τὰ ἔργα αὐτῶν [1] ποιοῦσιν πρὸς τὸ θεαθῆναι τοῖς ἀνθρώποις· πλατύνουσιν γὰρ τὰ φυλακτήρια αὐτῶν καὶ μεγαλύνουσιν τὰ κράσπεδα[2],

XXII. 41[1] Cod. + Κύριος.🕮　　42[1] + αὐτοῖς.🕮　　　43[1-1] Καὶ πῶς (cf. Pesh. etc.).
44[1] + ὑποπόδιον (cum A a c).　45[1] om. οὖν.🕮　45[2] om. ἐστιν.🕮　　XXIII. 1[1] + Κύριος.🕮
4[1] + καὶ δυσβάστακτα (cum A B D c d).　5[1] + ἅ.🕮　　5[2] + αὐτῶν (cum b c).

Climacus I.

MATTHEW XXIII. 6—16.

f. 105 b		f. 105 a

ܫ ... (Syriac text, 4 columns)

Column 4 (leftmost):

```
*ܡܫܩܠܗ
ܘܩܪܒܐ ܕܪܒܐ
ܕܐܝܬܝܗܘܢ
ܗܘ ܠܗܘܢ.
ܒܝܕ ܕܥܒܕܐ
ܡܢܬܘ ܐܝܟܘ
ܒܢ ܗܕ ܠܗ
ܐܝܣܪܐܝܠ
ܕܢܨܒ ܥܒܕܗ
ܠܗܘܢ
ܠܗܘ ܝ ܗ 16
ܘܕܚܒܪܗ
ܕܡܫܬܟܚ.
ܡܫܠܡ ܕܩܕܡܘ
ܓܝܪ ܕܐܝܟܢܐ
ܗܘܬܐ
ܗܘ ܠܒܝ ܗܘ
ܡܠܟܘܬܗ:
ܘ]ܐܝܠܝܢ ܕܐܡܪ[
]ܘܕܣܡ
```

Column 3 (f. 105 b):

```
ܠܗܘ ܝ ܗ 13
ܐܢܬܘܢ
ܘܣܦܪܐ
ܐܣܝܪܐ :
ܕܐܝܟܘ
ܡܕܡܐ
ܘܡܠܟܘܬܐ
ܕܣܢܐܬ :
ܐܝܟܘ ܠܟ
ܫܠܡ ܘܠܡ ...
ܕܠܟ ܠܗܘ
ܐܝܟܘ ܡܫܠܡ
ܘܠܗܘ :
ܠܗܘ ܝ ܗ 15
ܐܢܬܘܢ
ܘܣܦܪܐ
ܣܡܐܢܐ :]
]ܕܐܝܟܘ
```

Column 2 (f. 105 a):

```
ܘܩܪܐ ܠܟ 9
ܠܗܘܢ ܐܒܘܢ
ܥܠ ܐܪܥܐ.
ܗܘ ܒܝܕ
ܘܚܕ ܐܒܘܟܘܢ
ܫܡܝܐ ܗܘ
ܘܠܐ ܬܬܩܪܘܢ 10
ܒܝܕ ܡܠܦܢܐ
ܗܘ ܓܝܪ
ܘܡܫܠܚܢܟܘܢ
ܗܘ ܪܒܟܘܢ 11
ܟܡܐ ܕܪܒ
ܟܡܐ ܕܥܒܕ 12
ܡܫܦܠ
ܘܡܢ
ܕܡܫܦܠ :
ܡܢ ܕܥܒܕ
ܘܡܫܦܠ :
ܕܡܪܝܡ]
]ܡܫܦܠ :[
```

Column 1 (f. 105 a, rightmost):

```
ܡܫܠܩܗܘ 6
ܐܘܟܠܐ ܕܩܕܡܐ
ܒܟܢܘܫܬܐ
ܘܪܚܡܐ
ܘܪܝܫܡܐ
ܘܩܘܒܠܐ
ܘܫܠܡ ܡܢ
ܒܣܘܩܐ
ܘ ... 7
ܥܠܝܗܘܢ
ܣܘܡ
ܕܝܬܒ
ܘܐܝܟ ܗܝ 8
ܠܐ ܬܬܩܪܘܢ
ܕܝܢ : ܐܢܬ
ܓܝܪ ܗܘ
ܘܡܫܠܚܟܘܢ :
ܕܝܢ ܟܠܗܘܢ]
]ܐܢܬܘܢ ܐܝܟ
```

* Cf. Lev. viii. 24 *supra*; Matt. xxi. 33 *supra*.

Cf. *Lectionary*, pp. 158, 159.

Matthew XXIII. 6—16.

6 φιλοῦσιν δὲ ¹τὴν πρωτοκλισίαν¹ ἐν τοῖς δείπνοις καὶ τὰς πρωτοκαθεδρίας ἐν ταῖς συναγωγαῖς 7 καὶ τοὺς ἀσπασμοὺς ἐν ταῖς ἀγοραῖς καὶ καλεῖσθαι ὑπὸ τῶν ἀνθρώπων Ῥαββεί. 8 ὑμεῖς δὲ μὴ κληθῆτε Ῥαββεί· εἷς γάρ ἐστιν ὑμῶν ὁ διδάσκαλος, πάντες δὲ ὑμεῖς ἀδελφοί ἐστε. 9 καὶ πατέρα μὴ καλέσητε ὑμῶν¹ ἐπὶ τῆς γῆς· εἷς γάρ ἐστιν ὑμῶν ὁ Πατὴρ ὁ οὐράνιος. 10 μηδὲ κληθῆτε καθη- γηταί, ὅτι καθηγητὴς ὑμῶν ἐστιν εἷς ¹ὁ Χριστός¹. 11 ὁ δὲ μείζων ὑμῶν ἔσται ὑμῶν διάκονος. 12 Ὅστις δὲ ὑψώσει ἑαυτὸν ταπεινωθήσεται, καὶ ὅστις ταπει- νώσει ἑαυτὸν ὑψωθήσεται. 13 Οὐαὶ δὲ ὑμῖν, γραμματεῖς καὶ Φαρισαῖοι ὑπο- κριταί, ὅτι κλείετε τὴν βασιλείαν τῶν οὐρανῶν ἔμπροσθεν τῶν ἀνθρώπων· ὑμεῖς γὰρ¹ οὐκ εἰσέρχεσθε, οὐδὲ τοὺς εἰσερχομένους ἀφίετε εἰσελθεῖν. 15 Οὐαὶ ὑμῖν, γραμματεῖς καὶ Φαρισαῖοι ὑποκριταί, ὅτι περιάγετε τὴν θάλασσαν καὶ τὴν ξηρὰν ποιῆσαι ἕνα προσήλυτον, καὶ ὅταν γένηται, ποιεῖτε αὐτὸν υἱὸν γεέννης διπλότερον ὑμῶν. 16 Οὐαὶ ὑμῖν, ὁδηγοὶ τυφλοί¹ οἱ λέγοντες Ὃς ἂν ὀμόσῃ ἐν τῷ ναῷ, οὐδέν ἐστιν· ὃς δ' ἂν ὀμόσῃ ἐν τῷ χρυσῷ

6¹⁻¹ Cod. τὰς πρωτοκλισίας (cum ℵᶜ Lec. syr.). 9¹ ὑμῖν (cum D d al.). 10¹⁻¹ om. ὁ Χριστός. ℬℵ 13¹ om. γὰρ (cum Δ al.). 16¹ τῶν τυφλῶν (cum e).

Climacus I.

MATTHEW XXIII. 16ᵇ—25.

f. 78 b

f. 78 a

24

23

25

20

18

21

19

22

* *sic*

Cf. *Lectionary*, pp. 158—160.

Matthew XXIII. 16ᵇ—25.

16ᵇ τοῦ ναοῦ, ὀφείλει. 17 μωροὶ καὶ τυφλοί, τίς γὰρ μείζων ἐστίν, ὁ χρυσὸς ἢ ὁ ναὸς ὁ ἁγιάσας τὸν χρυσόν; 18 καὶ ˚Ος ἂν ὀμόσῃ ἐν τῷ θυσιαστηρίῳ, οὐδέν ἐστιν· ὃς δ' ἂν ὀμόσῃ ἐν τῷ δώρῳ τῷ ἐπάνω αὐτοῦ, ὀφείλει. 19 ¹τυφλοί, τί γὰρ μεῖζον, τὸ δῶρον ἢ τὸ θυσιαστήριον τὸ ἁγιάζον τὸ δῶρον; 20 ὁ οὖν ὀμόσας ἐν τῷ θυσιαστηρίῳ ὀμνύει ἐν αὐτῷ καὶ ἐν ¹πᾶσι τοῖς¹ ἐπάνω αὐτοῦ· 21 καὶ ὁ ὀμόσας ἐν τῷ ναῷ ὀμνύει ἐν αὐτῷ καὶ ἐν τῷ κατοικοῦντι αὐτόν· 22 καὶ ὁ ὀμόσας ἐν τῷ οὐρανῷ ὀμνύει ἐν τῷ θρόνῳ τοῦ Θεοῦ καὶ ἐν τῷ καθη- μένῳ ἐπάνω αὐτοῦ. 23 Οὐαὶ ὑμῖν, γραμματεῖς καὶ Φαρισαῖοι ὑποκριταί, ὅτι ἀποδεκατοῦτε τὸ ἡδύοσμον καὶ τὸ ἄνηθον καὶ τὸ κύμινον, καὶ ἀφήκατε τὰ βαρύτερα τοῦ νόμου, τὴν κρίσιν καὶ τὸ ἔλεος καὶ τὴν πίστιν· ταῦτα δὲ ἔδει ποιῆσαι κἀκεῖνα μὴ ἀφεῖναι. 24 ὁδηγοὶ τυφλοί¹, οἱ διϋλίζοντες τὸν κώνωπα, τὴν δὲ κάμηλον καταπίνοντες. 25 Οὐαὶ ὑμῖν, γραμματεῖς καὶ Φαρισαῖοι ὑπο- κριταί, ὅτι καθαρίζετε τὸ ἔξωθεν τοῦ ποτηρίου καὶ τῆς παροψίδος, ἔσωθεν δὲ γέμουσιν

19¹ Cod. + μωροὶ καὶ (cum B C, Pesh. Lec. syr.). 20¹⁻¹ τῷ δώρῳ τῷ.🖎 24¹ τυφλῶν (cum Lec. syr.).

Climacus I.

MATTHEW XXIV. 42—XXV. 1.

✵ ܩܘܪܒܢܐ ✵

f. 75 b		f. 75 a
		ܐܘ̈ ܗܘܘ 42

ܚܟܝܡܐ ܘܚܕܐ
ܘܐܝܟܢܐ ܕܠܐ
ܘܚܟܝܡܐ ܕܠܐ
51 ܒܗ̇ ܘܗܒܠ 51
ܐܬܝܐ ܡܪܗ:
ܘܡܦܠܓ
ܐܡܪܝܗܝ ܥܡ
ܢܣܝ̈ܒܐ ܗܘ :
ܐܝܟܢ ܡܐ
ܐܟܚܕܐ
ܘܡܕܡܟܘ̈ܗܝ
ܢܣܝ̈ܒܐ:

XXV.
1 ܗܝܕܝܢ ܬܕܡܐ
ܡܠܟܘܬܐ
ܕܫܡܝܐ
ܠܥܣܪ ܒܬܘ̈ܠܢ
ܗܠܝܢ ܕܢܣܒ̈ܝ
[ܠܡܩܕܡܗ
[ܘܢܦܩܐ

Cf. *Lectionary*, pp. 163, 164.

Matthew XXIV. 42—XXV. 1ᵃ.

42 γρηγορεῖτε οὖν, ὅτι οὐκ οἴδατε ποίᾳ ἡμέρᾳ ὁ Κύριος ὑμῶν ἔρχεται.
43 Ἐκεῖνο δὲ γινώσκετε ὅτι εἰ ᾔδει ὁ οἰκοδεσπότης ποίᾳ φυλακῇ ὁ κλέπτης
ἔρχεται, ἐγρηγόρησεν ἂν καὶ οὐκ ἂν εἴασεν διορυχθῆναι τὴν οἰκίαν αὐτοῦ.
44 διὰ τοῦτο καὶ ὑμεῖς γίνεσθε ἕτοιμοι, ὅτι ᾗ οὐ δοκεῖτε ὥρᾳ ὁ Υἱὸς τοῦ
ἀνθρώπου ἔρχεται. 45 Τίς ἄρα ἐστὶν ¹ὁ πιστὸς δοῦλος καὶ φρόνιμος¹ ὃν κατέ-
στησεν ὁ κύριος ² ἐπὶ τῆς οἰκετείας αὐτοῦ τοῦ δοῦναι αὐτοῖς τὴν τροφὴν ἐν
καιρῷ; 46 μακάριος ὁ δοῦλος ἐκεῖνος¹ ὃν ἐλθὼν ὁ κύριος αὐτοῦ εὑρήσει οὕτως
ποιοῦντα· 47 ἀμὴν λέγω ὑμῖν ὅτι ἐπὶ πᾶσιν τοῖς ὑπάρχουσιν αὐτοῦ καταστή-
σει αὐτόν. 48 ἐὰν δὲ εἴπῃ ὁ κακὸς δοῦλος ἐκεῖνος ἐν τῇ καρδίᾳ αὐτοῦ Χρονίζει
μου ὁ κύριος¹, 49 καὶ ἄρξηται τύπτειν τοὺς συνδούλους αὐτοῦ, ἐσθίῃ δὲ καὶ
πίνῃ μετὰ τῶν μεθυόντων, 50 ἥξει ὁ κύριος τοῦ δούλου ἐκείνου ἐν ἡμέρᾳ ᾗ
οὐ προσδοκᾷ καὶ ἐν ὥρᾳ ᾗ οὐ γινώσκει, 51 καὶ διχοτομήσει αὐτόν, καὶ τὸ
μέρος αὐτοῦ μετὰ τῶν ὑποκριτῶν θήσει· ἐκεῖ ἔσται ὁ κλαυθμὸς καὶ ὁ βρυγμὸς
τῶν ὀδόντων. XXV. 1 Τότε ὁμοιωθήσεται ἡ βασιλεία τῶν οὐρανῶν δέκα παρ-
θένοις, αἵτινες λαβοῦσαι τὰς λαμπάδας ἑαυτῶν ἐξῆλθον

45¹⁻¹ Cod. ὁ δοῦλος καλὸς καὶ φρόνιμος καὶ πιστὸς (cf. Moes. Eph. 218). 45² + αὐτοῦ (cum
b c Pesh. syr.ᵛᵉᵗ·). 46¹ om. ἐκεῖνος. 🔲 48¹ + ἐλθεῖν (cum D c d syr.ᵛᵉᵗ· Pesh. Diat. ar. Lec.
syr.).

Climacus I.

MATTHEW XXV. 1ᵇ—14ª.

f. 107 a f. 107 b

[ܐܢ ܡ ܡܐܬ] 11	[ܠܥܒܝ ܡܠܟܘܬ:]	[ܕܚܬܢܐ ܐܬܐ]	[ܠܐܢܬܬܗ
ܣܟܠܬܐ	9 ܘܥܢܝ	ܡܠܝ	2 ܚܡܫ²ܕܝܢ ܡܢܗܝܢ[
ܚܟܝܡܬܐ	ܚܟܝܡܬܐ	ܘܩܡ ܕܡܟܝ[ܡܢܗܝܢ ܗܘܝ
ܗܒܝܢ ܠܢ ܡܢ	ܕܚܟܝܡܬܐ	6 ܘܒܦܠܓܗ	ܚܟܝܡ :ܘ
ܡܢܟܝܢ ܡܢ	ܘܐܡܪܝ ܠܗ	ܕܠܠܝܐ	ܘܚܡܫ
:ܠܢ	ܠܡ ܘܠܟܘܢ.	ܘܗܘܐ	ܣܟܠܢ :
12 ܘܥܢܝ	ܐܠܐ ܙܠܝܢ	ܩܠܐ ܕܐܬܝ	3 ܗܠܝܢ ܕܝܢ
ܘܐܡܪܝ ܠܟܝܢ	ܠܡ ܩܐܬ	ܗܐ ܚܬܢܐ	ܚܟܝܡܬܐ
ܐܡܝܢ ܐܡܝܢ	ܠܡܙܒܢܝܢ	ܐܬܐ ܩܘܡܝ	ܢܣܒ ܥܡ
ܐܡܪ ܐܢܐ ܠܟܝܢ	ܘܙܒܢܝ ܠܟܝܢ:	ܠܐܦܘܬܗ	ܠܡܦܕܝܗܘܢ
ܠܐ ܝܕܥ ܐܢܐ	10 ܘܟܕ ܐܙܠܝ	7 ܗܝܕܝܢ ܩܡ	ܡܫܚܐ ܠܐ
ܠܟܝܢ:	ܠܡܙܒܢ	ܟܠܗܝܢ ܒܬܘܠܬܐ	ܢܣܒܝ ܥܡܗܘܢ
13 ܐܬܬܥܝܪܘ	ܐܬܐ ܚܬܢܐ	ܗܠܝܢ ܘܬܩܢ	ܣܒܝ
ܗܟܝܠ ܕܠܐ ܝܕܥ	ܩܡ	ܠܡܦܕܗܝܢ	4 ܗܠܝܢ ܕܝܢ
ܐܢ̈ܬܘܢ ܠܝܘܡܐ	ܘܗܘ ܚܒܝ	8 ܐܡܪܝ ܕܝܢ	ܚܟܝܡܬܐ
ܘܠܐ ܠܫܥܬܐ	ܥܡܗ ܠܚܠ	ܣܟܠܬܐ	ܢܣܒܝ ܡܫܚܐ
ܘܠܐ ܠܫܥܬܐ:	ܠܚܠܘܠܐ ܘܐܚܝܕܬ	ܠܚܟܝܡܬܐ	ܒܡܐܢܝܗܘܢ
14 ܡܛܠ ܗܟܢ	:ܬܪܥܐ	ܗܒ ܠܢ ܡܢ	ܥܡ ܠܡܦܕܝܗܘܢ:
ܟܕ ܕܝܠܗ		ܡܫܚܟܘܢ	5 ܟܕ ܕܝܢ ܐܘܚܪ

Cf. *Lectionary*, pp. 95, 96.

Matthew XXV. 1ᵇ—14ᵃ.

1ᵇ εἰς ὑπάντησιν τοῦ νυμφίου. 2 πέντε δὲ ἐξ αὐτῶν ἦσαν μωραὶ καὶ πέντε φρόνιμοι. 3 αἱ γὰρ μωραὶ λαβοῦσαι τὰς λαμπάδας [1] οὐκ ἔλαβον μεθ᾽ ἑαυτῶν ἔλαιον· 4 αἱ δὲ φρόνιμοι ἔλαβον ἔλαιον ἐν τοῖς ἀγγείοις [1] μετὰ τῶν λαμπάδων ἑαυτῶν. 5 χρονίζοντος δὲ τοῦ νυμφίου ἐνύσταξαν πᾶσαι καὶ ἐκάθευδον. 6 μέσης δὲ νυκτὸς κραυγὴ γέγονεν Ἰδοὺ ὁ νυμφίος, ἐξέρχεσθε εἰς ἀπάντησιν. 7 τότε ἠγέρθησαν πᾶσαι αἱ παρθένοι ἐκεῖναι καὶ ἐκόσμησαν τὰς λαμπάδας ἑαυτῶν. 8 αἱ δὲ μωραὶ ταῖς φρονίμοις εἶπαν Δότε ἡμῖν ἐκ τοῦ ἐλαίου ὑμῶν, ὅτι αἱ λαμπάδες ἡμῶν σβέννυνται. 9 ἀπεκρίθησαν δὲ[1] αἱ φρόνιμοι λέγουσαι Μή ποτε οὐ μὴ ἀρκέσῃ ἡμῖν καὶ ὑμῖν· πορεύεσθε μᾶλλον πρὸς τοὺς πωλοῦντας καὶ ἀγοράσατε ἑαυταῖς. 10 ἀπερχομένων δὲ αὐτῶν ἀγοράσαι ἦλθεν ὁ νυμφίος, καὶ αἱ ἕτοιμοι εἰσῆλθον μετ᾽ αὐτοῦ εἰς τοὺς γάμους, καὶ ἐκλείσθη ἡ θύρα. 11 ὕστερον δὲ ἔρχονται καὶ αἱ λοιπαὶ παρθένοι λέγουσαι Κύριε Κύριε, ἄνοιξον ἡμῖν. 12 ὁ δὲ ἀποκριθεὶς εἶπεν[1] Ἀμὴν λέγω ὑμῖν, οὐκ οἶδα ὑμᾶς. 13 Γρηγορεῖτε οὖν, ὅτι οὐκ οἴδατε τὴν ἡμέραν οὐδὲ τὴν ὥραν. 14 Ὥσπερ γὰρ ἄνθρωπος

3[1] Cod. + αὐτῶν (cum B D b c d Pesh. syr.ᵛᵉᵗ·). 4[1] + αὐτῶν (cum D b c d). 9[1] om. δὲ (cum Pesh. syr.ᵛᵉᵗ·). 12[1] + αὐταῖς (cum c Pesh. Diat. ar. Lec. syr. in Cod. C).

Climacus I.

MATTHEW XXVI. 24[b]—32[a].

	f. 110a		f. 110b
‏ܘܐܟܙܪ‏] 30	‏ܪܕܝܬܐ‏]	‏ܐܠܐ ܐܡܪܬ‏]	‏ܗܘ ܠܗ ܗܘ‏] 24[b]
‏ܬܠܡܝܕܘܗܝ‏	‏ܕܒܐ‏[‏ܕܗܘ‏ܩ ‏ܗܘܐ‏] 26	‏ܐܢܫܐܪ ‏ܡܗܘ‏[
‏ܐܬܘܕܢ‏:	‏ܕܝܪܬܘܗܝ‏	‏ܒܡܠܟ ‏ܠܡܡ‏	‏ܠܚ ‏ܗ‏
‏ܗܢܝ ‏ܚܡ‏ 31	‏ܡܨܕܘܥܠ‏	‏ܐܢܐ ‏ܡܣܘ‏	‏ܒܪܗܝ‏
‏ܗܘܐ ‏ܡܗܘ‏	‏ܡܠܗܘ‏:	‏ܠܠܕܐ‏	‏ܒܝܗܘܕܐ ‏ܡܗܘ‏
‏ܬܠܡܝܕܬܘܗܝ‏:	‏ܐܝܠܝܢ ‏ܐܡܪ‏ 29	‏ܐܡܣܝ ‏ܘܗܒܕ‏	‏ܣܡܚܘܗܝ‏:
‏ܗܘ ‏ܐܢ‏	‏ܐܠܟ ‏ܗ‏	‏ܘܐܣܒ‏	‏ܛܠ ‏ܗܘܐ‏
‏ܠܘܗܝ‏	‏ܐܟܬܐ ‏ܗ‏	‏ܬܠܡܝܕܬܘܗܝ‏	‏ܠܗ ‏ܠܗ ‏ܠܐ‏
‏ܬܗܝܬܠܐ‏	‏ܗܣܕܗ ‏ܗ‏	‏ܘܒܕܝ ‏ܡܬܗ‏	‏ܐܬܝܠܕ‏
‏ܗܘܡ ‏ܗ‏	‏ܡܠܡ ‏ܚܢܝܬ‏	‏ܐܟܡܠ ‏ܗܝ‏	‏ܠܗ ‏ܕܒܪܢܫܐ‏:
‏ܠܠܝܠܐ‏:	‏ܬܠܡܝܕܬܗ‏	‏ܗܘ ‏ܝܘܒܕ‏	‏ܘܗܐܟܠ‏ 25
‏ܟܬܒ ‏ܗܘ‏	‏ܐܬܕܟ‏	‏ܗܘܐ ‏ܠܡܬ ‏ܗܘܐ‏ 27	‏ܗܘܡܣ ‏ܗ‏
‏ܐܝܟ ‏ܗ ‏ܕܝ‏	‏ܐܬܠܘܐ‏	‏ܘܐܘܣܦ ‏ܘܒܪܟ‏	‏ܕܡܣܚܡ‏
‏ܐܡܚܐ ‏ܠܪܥܝܐ‏	‏ܗ ‏ܗܕ ‏ܗ‏	‏ܬܠܡܝܕܬܗ‏	‏ܗܝܬ. ‏ܐܡܪ‏
‏ܘܢܬܒܕܪܘܢ‏	‏ܐܟܬܐ ‏ܠܗ‏	‏ܘܐܡܪ ‏ܠܗܘܢ‏	‏ܗܘ ‏ܕܗ ‏ܠܗ‏
‏ܐܡܪܐ‏	‏ܒܚܘܒ‏	‏ܐܬܝܕ ‏ܘܗܒ ‏ܡܪܢ‏	‏ܐܢܐ ‏ܗܘ‏
‏ܕܡܪܥܝܬܘܗܝ‏:	‏ܡܠܗ‏	‏ܘܒܕܝ‏	‏ܐܡܪ:
‏ܘܒܬܪ ‏ܕܝ‏. ‏ܗܘ‏ 32	‏ܕܬܠܡܝܕܘܗܝ‏	‏ܗܘ ‏ܗܘܝ ‏ܠܟ ‏ܕܝ‏ 28	‏ܐܡܪ ‏ܠܗ ‏ܗܘ‏
‏ܕܐܩܘܡ ‏ܐܩܕܝܡ‏	‏ܬܪܝܗܘܢ‏:	‏ܠܗܕܡ ‏ܗ‏	‏ܗܘܡܣ‏

Cf. *Lectionary*, pp. 177, 178.

MATTHEW XXVI. 24ᵇ—32ᵃ.

24ᵇ οὐαὶ δὲ τῷ ἀνθρώπῳ ἐκείνῳ δι᾽ οὗ ὁ Υἱὸς τοῦ ἀνθρώπου παραδίδοται· καλὸν ἦν αὐτῷ εἰ οὐκ ἐγεννήθη ὁ ἄνθρωπος ἐκεῖνος. 25 ἀποκριθεὶς δὲ Ἰούδας ὁ παραδιδοὺς αὐτὸν εἶπεν [1] Μήτι ἐγώ εἰμι, Ῥαββεί; [2]λέγει αὐτῷ[2] Σὺ εἶπας. 26 Ἐσθιόντων δὲ αὐτῶν λαβὼν ὁ [1] Ἰησοῦς ἄρτον καὶ εὐλογήσας ἔκλασεν καὶ δοὺς τοῖς μαθηταῖς εἶπεν Λάβετε φάγετε· τοῦτό ἐστιν τὸ σῶμά μου. 27 καὶ λαβὼν ποτήριον καὶ εὐχαριστήσας ἔδωκεν αὐτοῖς[1] λέγων [2] Πίετε ἐξ αὐτοῦ πάντες· 28 τοῦτο γάρ ἐστιν τὸ αἷμά μου τῆς [1] διαθήκης τὸ [2]περὶ πολλῶν[2] ἐκχυννόμενον εἰς ἄφεσιν ἁμαρτιῶν. 29 λέγω δὲ ὑμῖν[1], οὐ μὴ πίω ἀπ᾽ ἄρτι ἐκ τούτου τοῦ γενήματος τῆς ἀμπέλου ἕως τῆς ἡμέρας ἐκείνης ὅταν αὐτὸ πίνω μεθ᾽ ὑμῶν καινὸν ἐν τῇ βασιλείᾳ τοῦ Πατρός μου. 30 Καὶ ὑμνήσαντες ἐξῆλθον εἰς τὸ ὄρος τῶν Ἐλαιῶν. 31 Τότε λέγει αὐτοῖς[1] ὁ [2] Ἰησοῦς [3] [4] Πάντες ὑμεῖς σκανδαλισθήσεσθε ἐν ἐμοὶ ἐν τῇ νυκτὶ ταύτῃ· γέγραπται γάρ Πατάξω τὸν ποιμένα, καὶ διασκορπισθήσονται τὰ πρόβατα τῆς ποίμνης· 32 μετὰ δὲ τὸ ἐγερθῆναί με

25[1] Cod. + αὐτῷ.🐦 25[2-2] ἀπεκρίθη ὁ Κύριος Ἰησοῦς.🐦 26[1] + Κύριος (cum Lec. syr.). 27[1] τοῖς μαθηταῖς.🐦 27[2] + αὐτοῖς (cum Diat. ar.). 28[1] + καινῆς (cum A C D a c d syr.ᵛᵉᵗ· Pesh. Lec. syr. in Codd. A C). 28[2-2] om. περὶ πολλῶν.🐦 29[1] om. ὑμῖν.🐦 31[1] om. αὐτοῖς.🐦 31[2] + Κύριος (cum Lec. syr.). 31[3] + τοῖς μαθηταῖς αὐτοῦ (cum Lec. syr.). 31[4] + Ἰδοὺ οὖν.🐦

Climacus I.

MATTHEW XXVI. 41—49.

	f. 77 a		f. 77 b

— Cf. Land, *Anecdota*, vol. IV. pp. 133, 134.
†—† Cf. *Lectionary*, pp. 179—181.

Matthew XXVI. 41—49.

41 γρηγορεῖτε [1] καὶ προσεύχεσθε, ἵνα μὴ εἰσέλθητε εἰς πειρασμόν· τὸ μὲν πνεῦμα πρόθυμον, ἡ δὲ σὰρξ ἀσθενής. 42 [1]πάλιν ἐκ δευτέρου ἀπελθὼν προσηύξατο λέγων Πάτερ μου, [2]εἰ οὐ[3] δύναται[2] τοῦτο [4] παρελθεῖν [5]ἐὰν μὴ[5] αὐτὸ πίω, [6] γενηθήτω τὸ θέλημά σου. 43 καὶ ἐλθὼν πάλιν [1] εὗρεν αὐτοὺς καθεύδοντας, ἦσαν γὰρ αὐτῶν οἱ ὀφθαλμοὶ βεβαρημένοι. 44 καὶ ἀφεὶς αὐτοὺς πάλιν ἀπελθὼν προσηύξατο ἐκ τρίτου, τὸν αὐτὸν λόγον εἰπὼν πάλιν[1]. 45 τότε ἔρχεται πρὸς τοὺς μαθητὰς καὶ λέγει αὐτοῖς Καθεύδετε λοιπὸν καὶ ἀναπαύεσθε· ἰδοὺ[1] ἤγγικεν ἡ ὥρα καὶ ὁ Ὑιὸς τοῦ ἀνθρώπου παραδίδοται εἰς χεῖρας ἁμαρτωλῶν. 46 ἐγείρεσθε, ἄγωμεν· ἰδοὺ ἤγγικεν ὁ παραδιδούς με. 47 Καὶ ἔτι αὐτοῦ λαλοῦντος, ἰδοὺ Ἰούδας εἷς τῶν δώδεκα ἦλθεν, καὶ μετ᾽ αὐτοῦ ὄχλος πολὺς μετὰ μαχαιρῶν καὶ ξύλων ἀπὸ τῶν ἀρχιερέων καὶ πρεσβυτέρων τοῦ λαοῦ. 48 ὁ δὲ παραδιδοὺς αὐτὸν ἔδωκεν αὐτοῖς σημεῖον λέγων Ὃν ἂν φιλήσω αὐτός ἐστιν· κρατήσατε αὐτόν. 49 καὶ εὐθέως προσελθὼν τῷ [1] Ἰησοῦ εἶπεν [2] Χαῖρε,

41[1] Cod. + οὖν. 42[1] + καί.🔊 42[2-2] εἰ δυνατὸν παρελθέτω ἀπ᾽ ἐμοῦ.🔊 42[3] om. οὐ. 42[4] + τὸ ποτήριον (cum D a c d Pesh. syr.[vet.] Diat. ar.). 42[5-5] ἵνα μή.🔊 42[6] + ὁμῶς sic pro ὅμως.🔊 43[1] + πρὸς τοὺς μαθητάς.🔊 44[1] om. πάλιν (cum a Pesh. Diat. ar.). 45[1] + γὰρ (cum B syr.[vet.]). 49[1] + Κυρίῳ (cum Lec. syr.). 49[2] + αὐτῷ (cum C syr.[vet.]).

Climacus I.

MATTHEW XXVII. 9—19ᵃ.

f. 76 a f. 76 b

(Syriac text in four columns, read right to left)

Cf. *Lectionary*, pp. 208—211.
Land, *Anecdota*, vol. IV. p. 137.

MATTHEW XXVII. 9—19ᵃ.

9 τοῦ προφήτου λέγοντος Καὶ[1] ἔλαβον τὰ τριάκοντα ἀργύρια, τὴν τιμὴν τοῦ τετιμημένου ὃν ἐτιμήσαντο ἀπὸ υἱῶν Ἰσραήλ, 10 καὶ ἔδωκαν αὐτὰ εἰς τὸν ἀγρὸν τοῦ κεραμέως, καθὰ συνέταξέν μοι Κύριος. ΙΙ Ὁ δὲ [1] Ἰησοῦς ἐστάθη ἔμπροσθεν [2]τοῦ ἡγεμόνος[2]· καὶ ἐπηρώτησεν αὐτὸν ὁ ἡγεμὼν λέγων [3] Σὺ εἶ ὁ Βασιλεὺς τῶν Ἰουδαίων; ὁ δὲ [4] Ἰησοῦς ἔφη [5] Σὺ λέγεις. 12 καὶ ἐν τῷ κατηγορεῖσθαι αὐτὸν ὑπὸ τῶν ἀρχιερέων καὶ πρεσβυτέρων οὐδὲν ἀπεκρίνατο. 13 τότε λέγει αὐτῷ ὁ Πειλᾶτος Οὐκ ἀκούεις πόσα σου καταμαρτυροῦσιν; 14 καὶ οὐκ ἀπεκρίθη αὐτῷ πρὸς οὐδὲ ἓν ῥῆμα, ὥστε θαυμάζειν τὸν ἡγεμόνα λίαν. 15 Κατὰ δὲ ἑορτὴν εἰώθει ὁ ἡγεμὼν ἀπολύειν ἕνα τῷ ὄχλῳ δέσμιον ὃν ἤθελον. 16 εἶχον δὲ τότε δέσμιον ἐπίσημον λεγόμενον [1] Βαραββᾶν. 17 συνηγμένων οὖν αὐτῶν εἶπεν αὐτοῖς ὁ Πειλᾶτος Τίνα θέλετε ἀπολύσω ὑμῖν, Βαραββᾶν ἢ Ἰησοῦν τὸν λεγόμενον Χριστόν; 18 ᾔδει γὰρ ὅτι διὰ φθόνον παρέδωκαν αὐτόν. 19 Καθημένου δὲ αὐτοῦ ἐπὶ

9[1] Cod. om. Καὶ (cum Pesh. syr.ᵛᵉᵗ· Diat. ar.). ΙΙ[1] + Κύριος (cum Lec. syr.).

ΙΙ[2-2] Πειλάτου.⳨ ΙΙ[3] + αὐτῷ (cum Pesh. syr.ᵛᵉᵗ·). ΙΙ[4] + Κύριος (cum Lec. syr.).

ΙΙ[5] + αὐτῷ (cum A B b c Pesh. syr.ᵛᵉᵗ·). 16[1] + Ἰησοῦς (cum syr.ᵛᵉᵗ· Lec. syr. ; cf. Ishoʻdâd, p. 185).

Climacus III.

HEBREWS III. 6. MATTHEW XXVII. 27—40.

f. 37 a f. 37 b

ܠܚܠ ܡܬܘܫܒ݂ܬܗ݂ ‎37 ܘܩܫ‍ܐ ܗ‍ܝ ܡܬܘܚ ܡܢ ܠܥܠܐ ‎: Heb. iii. 6.

ܚܠܡ ܡܥܩ ܡܘ ܐܝܢܕܘ ܐܢܘܚ ܗܘܐܢܘܩ ܐܢܬ ܐܝܟܐ݂ ܐܟܕܥܘ

ܗܘ ‍ܡܘ : ܟܥܠܚ ܐܝܟܐ ܐܟܘܪܗܒܬ‍ܘܩ ‎1 ܪܡܚ : ܡܥܢܗ ܡܥ ܘܗܕܘܚ

ܡܘܗܥ ܘܗ ܘܗܘ : ܘܕܥܡܘ ܡܕܢܥܘ : : ܗܠܘܒܢܚܘ ܟܣܥܗܒ

ܬܘܗܩܥܗ ܡܘܗܠܚܘ ܘ݂ܗܕ ܘܗܘ ܠܚ ܐܬܚܡܘ ܐܗܕܚܘܒܕܬܘܗ‍

ܗܬܠܒ݂ܟܥ‍ܘ ‎38 ܟܢܐ ܡܘܗܒ݂ܚܘܒܬܟ‍ ܕܚ ܐܝܥܗܕܕ

ܡܕ݂ܗܕ ܡܕܚܒܚ ܡܠܚܝ ܒܥ݂ܘ‍ܕ : ܣܘܕܡܥܘܣ ܘܥܝ . ܐܝܠܗܕ

ܡܗ ܘܣ ܡܠܥܡܠ ‎33 ܘܟܐܘ ܐܠܐ ܐܝܪ‍ܟܐ ܡܕܚܟܚ ܘܘܗܘ ܠܡܗܕ ܐܝܢܕܚ

ܐܝܟܠܒܚ‍ܘ ܐܘܒ ܕܕܚܬܚܕ ܠܥܡ ܡܕܚܟ‍ܘ ܡܗ ܢ ܢ ܢ ܢ ܢ ܢ

: ܐܝܟܠܣܥ ܡܗ : ܐܬܠܘܠܓܚ ܐܟܠܚ ܡܝ ܠܝ ܪܝܠܥ

ܡܘܘܗܗ ܗܕ ܡܠܗܕ ‎39 ܐܝܟ ܡܗܒ݂ ‎30 ܪܝܗܕ݂ : ܡܨܥܘ݂30 Matt. xxvii. 27.

ܡܘܘܗ ܡܬܚܚ ܪܡ݂ܓ݂ܪܒܚ ܐܒ݂ܚܘܡܘ : ܘܒ݂ܠܚ ‍ܕܚ ܪܘܘܗܕ ܡܚ *

: ܘܒ݂ܠܚ ܡܥ‍ܒ݂ܝܕܚ‍ : ܐܬܘܩ‍ܒܥ ܘܘܗܘ ܟܢܐ ܐܢܘ݂ܟܕܚܗܕ

ܡܒܠܚ ܘܘܗܘ ‎34 ‍ܠܗ ܐܝܒ݂ܚܘ ‍ܠܗ ܠܚ ܡܝܢܬܚ ܗܕܚ ܝܕ݂ܒܗ

ܐܬܟ‍ܐܘ ‎40 ܡܘܒܣ‍ܘ‍40 ܒܢܕ݂ܚܒ݂ ܕܒ݂ܚܣ ‎31 ܗܕ݂ܘ : ܪܡܥ‍ܘ ‎31 ܡܘܘܗ ܣܚ‍ܕܚܠ

ܘ‍ܕ ܡܘ ܘ‍ܟ‍ܘ‍ܪ ܐܝܟ‍ܕܚܕ ܐܟ‍ܒܚܒ ܡܘܗ ܡܘܗܣܚ ‎: ܪܡ‍ܐܠ‍ܒ݂ܠܥܠ

ܐܬܠܟܢ ܡܘܣܒ‍ ܟܟ‍ܝ ܐܠܘ ܪܒ‍ܠ‍ܘ ܐܝܟ ‍ܣܒ݂ܝܠܟܣ ‍ܗܕܚ ‍ܘܠܚ ܗܒ݂ܢܥ‍ܕ

ܡܘܗ ܐܬܠܠܒ݂ܘ݂ܩ ‎35 ‍ܗܕ ܚ݂ܕܒ ܐܟܪܥܕ35 ‍ܐܟܪܚܚܠܚ ‎: ‍ܐܝܠܥܝܡ ܟ‍ܒ݂ܠܚ

ܪܚܣ ‍ܠܚ ‍ܟ‍ܕ ‍ܚܢܚ ‍ܗܕܚ ‍ܒ݂ܠܥܝ ܐܝܟܐ ܐܪ‍ܒ݂ܪܐܟ ‍ܐܟ‍ܗܘܐ ‍ܗܕܚ ‍ܡܘܗܥ ‎28

ܬܘܐ ‍ܚܟ ‍ܝܥܪܟ݂ܚܠ ‍ܘܒ݂ܝܟܣܚ ‍ܗܠܚܥ ܗܕܚ ‍ܡܘܣܚܘ ‍ܐܝܟܪ݂ܐܕ ‍ܟܥ‍ܘܩ

ܐܬܠܟ‍ܐܕ ‍ܡܘ‍ܗ ‍ܚܟ‍ܐ : ‍ܡ݂ܕܒ݂ ‍ܗܪ݂ܘܐܕ : ‍ܒ݂ܘܕܒܟ‍ܐܘ : ‍ܪܘܝ‍ܟܥ‍ ‍ܡܘܠܚܗ‍ܘ

ܐܠܠ‍ܚܝ ‍ܡܚ ‍ܗܘܕ‍ܚ ‎36 ‍ܟܚܒ݂ܣ ‍ܗܕ‍ܚ ‍ܡܘܘܗܘ : ‍ܡ‍ܗ ܘܠܒ݂ܣ‍ܝܕ ‍ܟܥ‍ܘ ‍ܐܒܘܣܚ‍ ‍ܒ݂ܕ‍ܐܣܘܕ

‎4ⅰ ‍ܗܒ݂ܗ ‍ܗܕ ‍ܡܚ ‍ܗܒ݂ܘܕܚ * : ‍ܗܕ‍ܚ ‍ܠܚܗ ‍ܡ‍ܝܠܒ݂ ‍ܡܨܥ‍ܘܚ ‎32 : ‍ܗܕ‍ܚ ‎32 ‎29 ‍ܠܘܠܚ ‍ܘܠܒ݂ܚܘܟ29 *

¹ sic.

— Cf. *Lectionary*, pp. 201, 203.

Hebrews III. 6.

6 οὗ οἶκός ἐσμεν ἡμεῖς, ἐὰν τὴν παρρησίαν καὶ τὸ καύχημα τῆς ἐλπίδος μέχρι τέλους βεβαίαν κατάσχωμεν.

Matthew XXVII. 27—40.

27 Τότε οἱ στρατιῶται τοῦ ἡγεμόνος παραλαβόντες τὸν [1] Ἰησοῦν εἰς τὸ πραιτώριον συνήγαγον ἐπ᾽ αὐτὸν ὅλην τὴν σπεῖραν[2]. 28 καὶ [1]ἐκδύσαντες αὐτὸν[1] [2]χλαμύδα κοκκίνην περιέθηκαν αὐτῷ, 29 καὶ πλέξαντες στέφανον ἐξ ἀκανθῶν ἐπέθηκαν ἐπὶ τῆς κεφαλῆς αὐτοῦ καὶ κάλαμον ἐν τῇ δεξιᾷ αὐτοῦ, καὶ γονυπετήσαντες ἔμπροσθεν αὐτοῦ ἐνέπαιξαν αὐτῷ λέγοντες Χαῖρε, Βασιλεῦ τῶν Ἰουδαίων, 30 καὶ ἐμπτύσαντες εἰς αὐτὸν ἔλαβον τὸν κάλαμον καὶ ἔτυπτον εἰς τὴν κεφαλὴν αὐτοῦ. 31 καὶ ὅτε ἐνέπαιξαν αὐτῷ, ἐξέδυσαν αὐτὸν τὴν χλαμύδα [1] καὶ ἐνέδυσαν αὐτὸν τὰ ἱμάτια αὐτοῦ, καὶ ἀπήγαγον αὐτὸν εἰς τὸ σταυρῶσαι. 32 Ἐξερχόμενοι δὲ εὗρον ἄνθρωπον Κυρηναῖον, [1] ὀνόματι Σίμωνα· τοῦτον ἠγγάρευσαν ἵνα ἄρῃ τὸν σταυρὸν αὐτοῦ. 33 Καὶ ἐλθόντες εἰς τόπον λεγόμενον Γολγοθᾶ, ὅ ἐστιν κρανίου τόπος λεγόμενος, 34 ἔδωκαν αὐτῷ πιεῖν οἶνον μετὰ χολῆς μεμιγμένον· καὶ γευσάμενος οὐκ ἠθέλησεν πιεῖν. 35 σταυρώσαντες δὲ αὐτὸν διεμερίσαντο τὰ ἱμάτια αὐτοῦ βάλλοντες κλῆρον, 36 καὶ καθήμενοι ἐτήρουν αὐτὸν ἐκεῖ. 37 καὶ ἐπέθηκαν ἐπάνω τῆς κεφαλῆς αὐτοῦ τὴν αἰτίαν αὐτοῦ γεγραμμένην ΟΥΤΟΣ ΕΣΤΙΝ ΙΗΣΟΥΣ Ο ΒΑΣΙΛΕΥΣ ΤΩΝ ΙΟΥΔΑΙΩΝ. 38 Τότε[1] σταυροῦνται σὺν αὐτῷ δύο λῃσταί, εἷς ἐκ δεξιῶν καὶ εἷς ἐξ εὐωνύμων. 39 Οἱ δὲ παραπορευόμενοι ἐβλασφήμουν αὐτὸν κινοῦντες τὰς κεφαλὰς αὐτῶν 40 καὶ λέγοντες Ὁ καταλύων τὸν ναὸν [1] καὶ ἐν τρισὶν ἡμέραις οἰκοδομῶν, σῶσον σεαυτόν, εἰ Υἱὸς εἶ τοῦ Θεοῦ, καὶ[2] κατάβηθι ἀπὸ τοῦ σταυροῦ. 41 ὁμοίως

Matt. XXVII. 27[1] Cod. + Κύριον (cum Lec. syr.). 27[2] castra (cum Lec. Syr.). 28[1-1] ἐνδύσαντες αὐτὸν (cum B D a b c). 28[2] + ἱμάτιον πορφύριον καὶ (cum D a b c d). 31[1] + καὶ τὸ ἱμάτιον τὸ πορφυροῦν. 32[1] + ἐλθόντα εἰς ἀπάντησιν αὐτῶν (cf. D a b c d). 38[1] Καὶ (cum Pesh.). 40[1] + τοῦ Θεοῦ (cum a b c). 40[2] om. καὶ (cum B).

Climacus I.

MATTHEW XXVII. 39—48.

f. 79 a f. 79 b

Cf. *Lectionary*, pp. 203, 204.

Matthew XXVII. 39—48.

39 ⌜Οἱ δὲ⌝ παραπορευόμενοι ἐβλασφήμουν αὐτὸν κινοῦντες τὰς κεφαλὰς αὐτῶν 40 καὶ λέγοντες Ὁ καταλύων τὸν ναὸν καὶ ἐν τρισὶν ἡμέραις οἰκοδομῶν, σῶσον σεαυτόν[1], εἰ Ὑιὸς εἶ τοῦ Θεοῦ, καὶ κατάβηθι ἀπὸ τοῦ σταυροῦ. 41 ὁμοίως[1] οἱ ἀρχιερεῖς ἐμπαίζοντες [2]μετὰ τῶν γραμματέων καὶ πρεσβυτέρων[2] ἔλεγον 42 Ἄλλους ἔσωσεν,[1] ἑαυτὸν οὐ δύναται σῶσαι· Βασιλεὺς Ἰσραήλ ἐστιν, καταβάτω[2] νῦν ἀπὸ τοῦ σταυροῦ καὶ πιστεύσομεν ἐπ' αὐτόν. 43 πέποιθεν ἐπὶ τὸν Θεόν, ῥυσάσθω νῦν εἰ θέλει αὐτόν· εἶπεν γὰρ ὅτι Θεοῦ εἰμι Ὑιός. 44 τὸ δ' αὐτὸ καὶ [1]οἱ λῃσταὶ[1] οἱ συνσταυρωθέντες σὺν αὐτῷ ὠνείδιζον αὐτόν. 45 Ἀπὸ δὲ ἕκτης ὥρας σκότος ἐγένετο ἐπὶ πᾶσαν[1] τὴν γῆν ἕως ὥρας ἐνάτης. 46 περὶ δὲ τὴν ἐνάτην ὥραν ἀνεβόησεν ὁ[1] Ἰησοῦς φωνῇ μεγάλῃ λέγων Ἡλεὶ Ἡλεὶ λεμὰ σαβαχθανεί; τοῦτ' ἔστιν· Θεέ μου Θεέ μου, ἵνα τί με ἐγκατέλιπες; 47 τινὲς δὲ τῶν ἐκεῖ ἑστηκότων ἀκούσαντες[1] ἔλεγον ὅτι Ἡλείαν φωνεῖ οὗτος. 48 καὶ εὐθέως δραμὼν εἷς ἐξ αὐτῶν

40[1] Cod. + νῦν.▨ 41[1] + καὶ (cum B D a c d Pesh. syr. vet etc.). 41[2—2] om. μετὰ τῶν γραμματέων καὶ πρεσβυτέρων.▨ 42[1] + καὶ (cum Lec. syr.). 42[2] + ἰδού.▨ 44[1—1] om. οἱ λῃσταὶ.▨ 45[1] om. πᾶσαν.▨ 46[1] + Κύριος (cum Lec. syr.). 47[1] + τὴν φωνήν.▨

Climacus I.

MATTHEW XXVII. 65—XXVIII. 10.

f. 74 a

f. 74 b

[A Syriac text is laid out in four columns. The Syriac script is transcribed below column by column, right to left within the page, preserving the original right-to-left reading within each line.]

65

8

2

5

9

6

3

66

xxviii.

10

7

I

4

10

¹ sic. ² Cod. ⲙⲁⲃⲓ̈

Cf. *Lectionary*, pp. 214, 215.

MATTHEW XXVII. 65—XXVIII. 10.

τῆς πρώτης. 65 ἔφη αὐτοῖς ὁ Πειλᾶτος[1] Ἔχετε κουστωδίαν· ὑπάγετε ἀσφαλίσασθε ὡς οἴδατε. 66 οἱ δὲ πορευθέντες[1] ἠσφαλίσαντο τὸν τάφον [2]σφραγίσαντες τὸν λίθον[2] μετὰ τῆς κουστωδίας. XXVIII. 1 Ὀψὲ δὲ σαββάτων, τῇ ἐπιφωσκούσῃ εἰς μίαν σαββάτων, ἦλθεν Μαρία ἡ Μαγδαληνὴ καὶ ἡ ἄλλη Μαρία θεωρῆσαι τὸν τάφον. 2 καὶ ἰδοὺ σεισμὸς ἐγένετο μέγας· ἄγγελος γὰρ Κυρίου[1] καταβὰς ἐξ οὐρανοῦ καὶ προσελθὼν ἀπεκύλισεν τὸν λίθον καὶ ἐκάθητο ἐπάνω αὐτοῦ. 3 ἦν δὲ ἡ εἰδέα αὐτοῦ ὡς ἀστραπή, καὶ τὸ ἔνδυμα αὐτοῦ λευκὸν ὡς χιών. 4 ἀπὸ δὲ τοῦ φόβου αὐτοῦ ἐσείσθησαν οἱ τηροῦντες καὶ ἐγενήθησαν ὡς νεκροί. 5 ἀποκριθεὶς δὲ[1] ὁ ἄγγελος εἶπεν ταῖς γυναιξίν Μὴ φοβεῖσθε [2]ὑμεῖς[2]· οἶδα γὰρ ὅτι Ἰησοῦν τὸν ἐσταυρωμένον ζητεῖτε· 6 οὐκ ἔστιν ὧδε· ἠγέρθη γὰρ[1] καθὼς εἶπεν· δεῦτε[2] ἴδετε τὸν τόπον ὅπου ἔκειτο. 7 καὶ ταχὺ πορευθεῖσαι εἴπατε τοῖς μαθηταῖς αὐτοῦ[1] ὅτι Ἠγέρθη [2]ἀπὸ τῶν νεκρῶν[2], καὶ ἰδοὺ προάγει ὑμᾶς εἰς τὴν Γαλιλαίαν, [3]ἐκεῖ αὐτὸν ὄψεσθε. ἰδοὺ εἶπον ὑμῖν. 8 καὶ ἀπελθοῦσαι ταχὺ[1] ἀπὸ τοῦ μνημείου μετὰ φόβου [2]καὶ χαρᾶς μεγάλης[3] ἔδραμον ἀπαγγεῖλαι τοῖς μαθηταῖς αὐτοῦ[4]. 9 καὶ ἰδοὺ [1]Ἰησοῦς ὑπήντησεν αὐταῖς λέγων Χαίρετε. αἱ δὲ προσελθοῦσαι ἐκράτησαν αὐτοῦ τοὺς πόδας καὶ προσεκύνησαν αὐτῷ. 10 τότε λέγει αὐταῖς ὁ [1]Ἰησοῦς

65[1] Cod. + Ἰδοὺ (cum Lec. syr.). 66[1] tr. μετὰ τῆς κουστωδίας.🕮 66[2-2] om. σφραγίσαντες τὸν λίθον.🕮 XXVIII. 2[1] Θεοῦ.🕮 5[1] om. δὲ (cum syr.ᵛᵉᵗ·). 5[2] om. ὑμεῖς.🕮 6[1] om. γὰρ (cum syr.ᵛᵉᵗ·). 6[2] ἰδοὺ.🕮 7[1] om. αὐτοῦ.🕮 7[2-2] om. ἀπὸ τῶν νεκρῶν (cum D a b d syr.ᵛᵉᵗ·). 7[3] + καὶ.🕮 8[1] om. ταχὺ.🕮 8[2] + μεγάλου.🕮 8[3] om. μεγάλης.🕮 8[4] om. αὐτοῦ.🕮 9[1] + ὁ Κύριος (cum Lec. syr.). 10[1] + Κύριος (cum Lec. syr.).

Climacus I.

MARK I. 1—10

f. 108 a

f. 108 b

¹ sic.

Cf. *Lectionary*, pp. 262, 263, 265.

MARK I. 1—10.

1 Ἀρχὴ τοῦ εὐαγγελίου Ἰησοῦ Χριστοῦ. 2 Καθὼς [1] γέγραπται ἐν τῷ Ἡσαΐᾳ τῷ προφήτῃ

Ἰδοὺ [2] ἀποστέλλω τὸν ἄγγελόν μου πρὸ προσώπου σου,
ὃς κατασκευάσει τὴν ὁδόν σου·

3 φωνὴ βοῶντος ἐν τῇ ἐρήμῳ
Ἑτοιμάσατε τὴν ὁδὸν Κυρίου,
εὐθείας ποιεῖτε τὰς τρίβους αὐτοῦ,

4 ἐγένετο Ἰωάνης ὁ [1] βαπτίζων ἐν τῇ ἐρήμῳ [2] κηρύσσων βάπτισμα μετανοίας εἰς ἄφεσιν ἁμαρτιῶν. 5 καὶ ἐξεπορεύετο πρὸς αὐτὸν πᾶσα ἡ Ἰουδαία χώρα καὶ οἱ Ἱεροσολυμεῖται πάντες, καὶ ἐβαπτίζοντο ὑπ' αὐτοῦ ἐν τῷ Ἰορδάνῃ ποταμῷ ἐξομολογούμενοι τὰς ἁμαρτίας αὐτῶν. 6 καὶ ἦν ὁ Ἰωάνης ἐνδεδυμένος τρίχας καμήλου καὶ ζώνην δερματίνην περὶ τὴν ὀσφὺν αὐτοῦ, καὶ ἔσθων ἀκρίδας καὶ μέλι ἄγριον. 7 καὶ ἐκήρυσσεν λέγων Ἔρχεται ὁ ἰσχυρότερός μου ὀπίσω μου, οὗ οὐκ εἰμὶ ἱκανὸς κύψας λῦσαι τὸν ἱμάντα τῶν ὑποδημάτων αὐτοῦ. 8 ἐγὼ ἐβάπτισα ὑμᾶς ὕδατι, αὐτὸς δὲ βαπτίσει ὑμᾶς Πνεύματι Ἁγίῳ. 9 Καὶ ἐγένετο ἐν ἐκείναις ταῖς ἡμέραις ἦλθεν [1] Ἰησοῦς ἀπὸ Ναζαρὲτ τῆς Γαλιλαίας καὶ ἐβαπτίσθη εἰς τὸν Ἰορδάνην [2] ὑπὸ Ἰωάνου. 10 καὶ εὐθὺς ἀναβαίνων ἐκ τοῦ ὕδατος

2[1] Cod. + πᾶν ὅ τι.ἐᾳ 2[2] + ἐγὼ (cum A etc.). 4[1] om. ὁ (cum A D etc.). 4[2] + καὶ (cum א A D etc.). 9[1] + ὁ Κύριος (cum Lec. syr.). 9[2] + ποταμὸν (cum Lec. syr.).

Climacus I.

MARK I. 20[b]—30[a].

	f. 111b		f. 111a

MARK I. 20ᵇ—30ᵃ.

20ᵇ τὸν πατέρα αὐτῶν Ζεβεδαῖον ἐν τῷ πλοίῳ μετὰ τῶν μισθωτῶν ἀπῆλθον ὀπίσω αὐτοῦ. 21 Καὶ εἰσπορεύονται εἰς Καφαρναούμ· καὶ εὐθὺς τοῖς σάββασιν εἰσελθὼν[1] εἰς τὴν συναγωγὴν ἐδίδασκεν. 22 καὶ ἐξεπλήσσοντο ἐπὶ τῇ διδαχῇ αὐτοῦ· ἦν γὰρ διδάσκων αὐτοὺς ὡς ἐξουσίαν ἔχων, καὶ οὐχ ὡς οἱ γραμματεῖς[1]. 23 Καὶ εὐθὺς ἦν ἐν τῇ συναγωγῇ αὐτῶν ἄνθρωπος ἐν πνεύματι ἀκαθάρτῳ, καὶ ἀνέκραξεν 24 λέγων Τί ἡμῖν καὶ σοί, Ἰησοῦ Ναζαρηνέ; ἦλθες[1] ἀπολέσαι ἡμᾶς; οἶδά σε τίς εἶ, ὁ Ἅγιος τοῦ Θεοῦ. 25 καὶ ἐπετίμησεν αὐτῷ ὁ[1] Ἰησοῦς[2] Φιμώθητι καὶ ἔξελθε ἐξ αὐτοῦ. 26 καὶ σπαράξαν αὐτὸν τὸ πνεῦμα τὸ ἀκάθαρτον καὶ φωνῆσαν φωνῇ μεγάλῃ[1] ἐξῆλθεν ἐξ αὐτοῦ. 27 καὶ ἐθαμβήθησαν ἅπαντες, ὥστε συνζητεῖν αὐτοὺς λέγοντας Τί ἐστιν τοῦτο; διδαχὴ καινὴ κατ᾽ ἐξουσίαν· καὶ τοῖς πνεύμασι τοῖς ἀκαθάρτοις ἐπιτάσσει[1], καὶ ὑπακούουσιν αὐτῷ. 28 καὶ ἐξῆλθεν ἡ ἀκοὴ αὐτοῦ εὐθὺς[1] πανταχοῦ εἰς ὅλην τὴν περίχωρον[2] τῆς Γαλιλαίας. 29 Καὶ εὐθὺς ἐκ τῆς συναγωγῆς ἐξελθόντες ἦλθον εἰς τὴν οἰκίαν Σίμωνος καὶ Ἀνδρέου μετὰ Ἰακώβου καὶ Ἰωάνου. 30 ἡ δὲ πενθερὰ

21[1] Cod. om. εἰσελθὼν (cum ℵ C Pesh. syr.ᵛᵉᵗ·). 22[1] + αὐτῶν (cum C c Pesh. syr.ᵛᵉᵗ·).

24[1] + γὰρ.☙ 25[1] + Κύριος.☙ 25[2] + λέγων (cum A B C D b c d Pesh. syr.ᵛᵉᵗ·).

27[1] ἐκβάλλει.☙ 28[1] om. εὐθὺς (cum ℵ b c e syr.ᵛᵉᵗ·). 28[2] χώραν.☙

Climacus I.

MARK II. 2^b—11.

	f. 106 b		f. 106 a

* sic.

Cf. *Lectionary* pp. 139, 140.

MARK II. 2ᵇ—11.

2ᵇ καὶ[1] ἐλάλει αὐτοῖς τὸν λόγον. 3 καὶ ἔρχονται φέροντες πρὸς αὐτὸν παραλυτικὸν αἰρόμενον ὑπὸ τεσσάρων. 4 καὶ μὴ δυνάμενοι προσενέγκαι αὐτῷ διὰ τὸν ὄχλον ἀπεστέγασαν τὴν στέγην ὅπου ἦν, καὶ ἐξορύξαντες χαλῶσι τὸν κράβαττον ὅπου ὁ παραλυτικὸς κατέκειτο. 5 καὶ ἰδὼν ὁ[1] Ἰησοῦς τὴν πίστιν αὐτῶν[2] λέγει τῷ παραλυτικῷ Τέκνον, ἀφίενταί σου[3] αἱ ἁμαρτίαι[4]. 6 ἦσαν δέ τινες τῶν γραμματέων ἐκεῖ καθήμενοι καὶ διαλογιζόμενοι ἐν ταῖς καρδίαις αὐτῶν 7 Τί οὗτος οὕτως[1] λαλεῖ; βλασφημεῖ[1]· τίς δύναται ἀφιέναι ἁμαρτίας εἰ μὴ εἷς ὁ Θεός; 8 καὶ εὐθὺς ἐπιγνοὺς ὁ[1] Ἰησοῦς τῷ πνεύματι αὐτοῦ ὅτι οὕτως διαλογίζονται [2]ἐν ἑαυτοῖς[2], λέγει αὐτοῖς Τί ταῦτα διαλογίζεσθε [3]ἐν ταῖς καρδίαις ὑμῶν[3]; 9 τί ἐστιν εὐκοπώτερον, εἰπεῖν τῷ παραλυτικῷ Ἀφίενταί σου[1] αἱ ἁμαρτίαι[2], ἢ εἰπεῖν[3] Ἔγειρε καὶ[4] ἆρον τὸν κράβαττόν σου καὶ περιπάτει; 10 ἵνα δὲ εἰδῆτε[1] ὅτι ἐξουσίαν ἔχει ὁ Υἱὸς τοῦ ἀνθρώπου ἀφιέναι ἁμαρτίας ἐπὶ τῆς γῆς,—λέγει τῷ παραλυτικῷ 11 Σοὶ λέγω, ἔγειρε ἆρον τὸν κράβαττόν σου καὶ ὕπαγε εἰς τὸν οἶκόν σου.

2¹ Cod. om. καὶ.☜ 5¹ + Κύριος (cum Lec. syr.). 5² + ἀπεκρίθη καὶ.☜ 5³ σοι (cum A d Pesh. Lec. syr.). 5⁴ + σου (cum A d Pesh. Lec. syr.). 7¹⁻¹ λαλεῖ βλασφημίας (cum A Pesh. Lec. syr.). 8¹ + Κύριος (cum Lec. syr.). 8²⁻² ἐν ταῖς καρδίαις αὐτῶν.☜ 8³⁻³ ἐν ἑαυτοῖς.☜ 9¹ σοι (cum A D d Pesh. Lec. syr.). 9² + σου (cum Pesh. Lec. syr.). 9³ + αὐτῷ.☜ 9⁴ om. καὶ (cum C D Pesh. Lec. syr.). 10¹ ἴδητε (cum A C L).

Climacus I.

MARK II. 18ᵇ—24.

f. 109 a

f. 109 b

— Cf. *Lectionary,* p. 136.

MARK II. 18ᵇ—24.

18ᵇ καὶ οἱ Φαρισαῖοι νηστεύοντες. καὶ ἔρχονται καὶ λέγουσιν αὐτῷ [1] Διὰ τί οἱ μαθηταὶ Ἰωάνου καὶ οἱ μαθηταὶ τῶν Φαρισαίων νηστεύουσιν, οἱ δὲ σοὶ μαθηταὶ οὐ νηστεύουσιν; 19 καὶ εἶπεν αὐτοῖς ὁ [1] Ἰησοῦς Μὴ δύνανται οἱ υἱοὶ τοῦ νυμφῶνος ἐν ᾧ ὁ νυμφίος μετ' αὐτῶν ἐστιν νηστεύειν; ὅσον χρόνον ἔχουσιν τὸν νυμφίον μετ' αὐτῶν, οὐ δύνανται νηστεύειν. 20 ἐλεύσονται δὲ ἡμέραι ὅταν ἀπαρθῇ ἀπ' αὐτῶν ὁ νυμφίος, καὶ τότε νηστεύσουσιν ἐν ἐκείνῃ τῇ ἡμέρᾳ. 21 Οὐδεὶς ἐπίβλημα ῥάκους ἀγνάφου[1] ἐπιράπτει[2] ἐπὶ ἱμάτιον παλαιόν· εἰ δὲ μή, αἴρει τὸ πλήρωμα ἀπ'[3] αὐτοῦ τὸ καινὸν τοῦ παλαιοῦ, καὶ χεῖρον σχίσμα γίνεται. 22 καὶ οὐδεὶς βάλλει οἶνον νέον εἰς ἀσκοὺς παλαιούς· εἰ δὲ μή, ῥήξει ὁ οἶνος [1] τοὺς ἀσκούς, καὶ ὁ οἶνος ἀπόλλυται[2] καὶ οἱ ἀσκοί. ἀλλὰ οἶνον νέον εἰς ἀσκοὺς καινούς[3]. 23 Καὶ ἐγένετο αὐτὸν ἐν τοῖς σάββασιν παραπορεύεσθαι διὰ τῶν σπορίμων, καὶ οἱ μαθηταὶ αὐτοῦ ἤρξαντο ὁδὸν ποιεῖν τίλλοντες τοὺς[1] στάχυας. 24 καὶ οἱ Φαρισαῖοι ἔλεγον αὐτῷ Ἴδε τί ποιοῦσιν[1].

18[1] Cod. + Διδάσκαλε.☜ 19[1] + Κύριος.☜ 21[1] νέον (cum b c Pesh. syr.ᵛᵉᵗ·). 21[2] βάλλει (cum Pesh.; cf. a). 21[3] om. ἀπ' (cum Pesh.). 22[1] + ὁ νέος (cum A e). 22[2] ἐκχεῖται (cum ℵ A C c Pesh. syr.ᵛᵉᵗ·). 22[3] + βλητέον (cum A C c e Pesh. syr.ᵛᵉᵗ·). 23[1] om. τοὺς (cum b). 24[1] + οἱ μαθηταί σου (cum D a b c d syr.ᵛᵉᵗ·).

Climacus III.

HEBREWS IX. 19ᵇ—28. MARK XV. 16—19.

	f. 31 b		f. 31 a

Hebrews ix. 19ᵇ—28.

Mark xv. 16—19.

— Cf. *Lectionary*, pp. 201, 202.

¹ Cod. ܕܡܥܠܬܐ

HEBREWS IX. 19b—28.

19b τὸν λαὸν ἐράντισεν, 20 λέγων Τοῦτο τὸ αἷμα τῆς διαθήκης ἧς ἐνετείλατο πρὸς ὑμᾶς ὁ Θεός[1]. 21 καὶ τὴν σκηνὴν δὲ καὶ πάντα τὰ σκεύη τῆς λειτουργίας τῷ αἵματι ὁμοίως ἐράντισεν. 22 καὶ σχεδὸν[1] ἐν αἵματι πάντα καθαρίζεται κατὰ τὸν νόμον, καὶ χωρὶς αἱματεκχυσίας οὐ γίνεται ἄφεσις. 23 Ἀνάγκη οὖν τὰ μὲν ὑποδείγματα τῶν ἐν τοῖς οὐρανοῖς [1]τούτοις καθαρίζεσθαι, αὐτὰ δὲ τὰ ἐπουράνια[1] κρείττοσιν θυσίαις παρὰ ταύτας. 24 οὐ γὰρ εἰς χειροποίητα εἰσῆλθεν ἅγια Χριστός, ἀντίτυπα τῶν ἀληθινῶν, ἀλλ' εἰς αὐτὸν τὸν οὐρανόν, νῦν ἐμφανισθῆναι τῷ προσώπῳ τοῦ Θεοῦ ὑπὲρ ἡμῶν· 25 οὐδ' ἵνα[1] πολλάκις προσφέρῃ ἑαυτόν, ὥσπερ ὁ ἀρχιερεὺς εἰσέρχεται εἰς τὰ ἅγια κατ' ἐνιαυτὸν ἐν αἵματι ἀλλοτρίῳ, 26 ἐπεὶ ἔδει αὐτὸν πολλάκις παθεῖν ἀπὸ καταβολῆς κόσμου· νυνὶ δὲ ἅπαξ ἐπὶ συντελείᾳ τῶν αἰώνων εἰς ἀθέτησιν τῆς ἁμαρτίας διὰ τῆς θυσίας αὐτοῦ πεφανέρωται. 27 καὶ καθ' ὅσον ἀπόκειται τοῖς ἀνθρώποις ἅπαξ ἀποθανεῖν, μετὰ δὲ τοῦτο κρίσις, 28 οὕτως καὶ ὁ Χριστός, ἅπαξ προσενεχθεὶς εἰς τὸ πολλῶν ἀνενεγκεῖν ἁμαρτίας, ἐκ δευτέρου χωρὶς ἁμαρτίας ὀφθήσεται τοῖς αὐτὸν ἀπεκδεχομένοις εἰς σωτηρίαν[1].

MARK XV. 16—19.

16 Οἱ δὲ στρατιῶται ἀπήγαγον αὐτὸν [1] [2]ἔσω τῆς αὐλῆς[2], ὅ ἐστιν Πραιτώριον, [3]καὶ συγκαλοῦσιν ὅλην τὴν σπεῖραν[3]. 17 καὶ ἐνδιδύσκουσιν αὐτὸν [1] [2] πορφύραν καὶ περιτιθέασιν αὐτῷ πλέξαντες ἀκάνθινον στέφανον· 18 καὶ ἤρξαντο ἀσπάζεσθαι αὐτόν Χαῖρε, Βασιλεῦ τῶν Ἰουδαίων· 19 καὶ ἔτυπτον αὐτοῦ τὴν κεφαλὴν καλάμῳ καὶ

Heb. IX. 20[1] Cod. Κύριος.۩ 22[1] ὡς εἰπεῖν.۩ 23[1—1] om. τούτοις καθαρίζεσθαι,
αὐτὰ δὲ τὰ ἐπουράνια *per homoeoteleuton.* 25[1] om. ἵνα.۩ 28[1] + διὰ πίστεως (cum A).
Mark XV. 16[1] + τὸν Κύριον Ἰησοῦν.۩ 16[2—2] εἰς τὴν αὐλὴν (cum c). 16[3—3] om. καὶ
συγκαλοῦσιν ὅλην τὴν σπεῖραν.۩ 17[1] + χλαμύδα (cum Lec. syr.). 17[2] + κόκκινον καὶ
(cum Lec. syr.).

Climacus III.

Psalm CXXXI. i. Luke I. 26—38.

	f. 121 b		f. 121 a

The page contains four columns of Syriac (Christian Palestinian Aramaic) text, read right-to-left, with verse numbers interspersed.

Column 4 (f. 121 a, rightmost):

Ps. cxxxi.
(cxxxii.) 1.

Luke i. 26—38.

✠ 26

27 28

Column 3:

29 30 31 32

Column 2 (f. 121 b):

33 34 35

Column 1 (leftmost):

36 37 38

¹ sic

Cf. *Lectionary*, pp. 278, 279; Cod. Dam. p. 47.

PSALM CXXXI. (CXXXII.) 1.

Μνήσθητι, Κύριε τοῦ Δαυείδ.

Ἐκ τοῦ Εὐαγγελίου Λουκᾶ.

LUKE I. 26—38.

26 Ἐν δὲ τῷ μηνὶ τῷ ἕκτῳ ἀπεστάλη ὁ ἄγγελος Γαβριὴλ ἀπὸ τοῦ Θεοῦ εἰς πόλιν τῆς Γαλιλαίας ᾗ ὄνομα Ναζαρέθ, 27 πρὸς παρθένον ἐμνηστευμένην ἀνδρὶ ᾧ ὄνομα Ἰωσήφ, ἐξ οἴκου Δαυείδ, καὶ τὸ ὄνομα τῆς παρθένου Μαριάμ. 28 καὶ εἰσελθὼν πρὸς αὐτὴν [1] εἶπεν Χαῖρε, κεχαριτωμένη, ὁ Κύριος μετὰ σοῦ. 29 ἡ δὲ ἐπὶ τῷ λόγῳ [1] διεταράχθη, καὶ διελογίζετο ποταπὸς εἴη ὁ ἀσπασμὸς οὗτος. 30 καὶ εἶπεν ὁ ἄγγελος αὐτῇ Μὴ φοβοῦ, Μαριάμ· εὗρες γὰρ χάριν παρὰ τῷ Θεῷ. 31 καὶ ἰδοὺ συλλήμψῃ ἐν γαστρὶ καὶ τέξῃ υἱόν, καὶ καλέσεις τὸ ὄνομα αὐτοῦ Ἰησοῦν. 32 οὗτος ἔσται μέγας καὶ Υἱὸς Ὑψίστου κληθήσεται, καὶ δώσει αὐτῷ Κύριος ὁ Θεὸς τὸν θρόνον Δαυεὶδ τοῦ πατρὸς αὐτοῦ, 33 καὶ βασιλεύσει ἐπὶ τὸν οἶκον Ἰακὼβ εἰς τοὺς αἰῶνας, καὶ τῆς βασιλείας αὐτοῦ οὐκ ἔσται τέλος. 34 εἶπεν δὲ Μαριὰμ πρὸς τὸν ἄγγελον Πῶς ἔσται [1] τοῦτο, ἐπεὶ ἄνδρα οὐ γινώσκω; 35 καὶ ἀποκριθεὶς ὁ ἄγγελος εἶπεν αὐτῇ Πνεῦμα Ἅγιον ἐπελεύσεται ἐπὶ σέ, καὶ δύναμις Ὑψίστου ἐπισκιάσει σοι· διὸ καὶ τὸ γεννώμενον ἅγιον κληθήσεται Υἱὸς Θεοῦ. 36 καὶ ἰδοὺ Ἐλεισάβετ ἡ συγγενίς σου καὶ αὐτὴ συνείληφεν υἱὸν ἐν γήρει αὐτῆς, καὶ οὗτος μὴν ἕκτος ἐστὶν αὐτῇ τῇ καλουμένῃ στείρᾳ· 37 ὅτι οὐκ ἀδυνατήσει παρὰ [1] τοῦ Θεοῦ[1] πᾶν ῥῆμα. 38 εἶπεν δὲ Μαριάμ Ἰδοὺ [1] ἡ δούλη Κυρίου· γένοιτό μοι κατὰ τὸ ῥῆμά σου. καὶ ἀπῆλθεν ἀπ' αὐτῆς ὁ ἄγγελος.

Luke I. 28[1] Cod. + ὁ ἄγγελος (cum ℵ A C D b c d e Pesh.). 29[1] + αὐτοῦ (cum A c Pesh.).
34[1] + μοι (cum Lec. syr.). 37[1–1] τῷ Θεῷ (cum A b etc.). 38[1] + ἐγὼ (cum Pesh. Lec. syr.).

Climacus III.

John XIII. 15[b]—29.

f. 34 b f. 34 a

ܠܗ ܿ : ܘܗܘ	ܗܠܟ : ܗܠܬܚܕܝܟ	ܠܚܘ ܗܠܟ	ܕܐܟܐ ܚܒܕܗ
ܚܒܪܗ ܘܚܣܪ	ܢܚܡ ܚܠ ܓܠܒ	ܣܠܚܕܗ : ܗܚܗ	ܠܚܘ ܟܘܗ ܘܐܬܗ
ܠܒܘܘܣ ܚܒܘ	ܢܚ ܗܘ ܟܐܗܙܐ :	ܣܠܚܕܗ	ܗܘܗ ܚܚܕܡ ܘ :
ܕܣܒܚܘ ܘܚܘܐܗܠ	23 ܗܘܡ ܗܠ ܕܚܒܠ	ܗܣܝܚܕܒܗ	ܟܐܚܡ ܟܐܚܡ 16*
27 ܗܚ ܚܠܗܙ ܠܣܟܐ	ܣܕ ܗܡ ܗܠܬܚܕܝܟ	ܕܐܟܐ ܗܘ :	ܟܐܚܕ ܟܐܟܐ ܠܚܘ
ܚܠ ܣܝܠܟ ܚܘܗ	ܟܚܕܟܐ ܘܗܚܕܟܐ	ܟܐܚܡ ܟܐܚܡ 20	ܗܠܒܠ ܚܒܗ ܘܬܚ
ܘܟܐܚܕ ܠܗ ܚܙ ܿ	ܗܘܘܣ ܚܘܡܗ	ܟܐܚܕܟܐ ܠܚܘ ܿ	ܗܡ ܚܙܘܡ ܘܠܟ
ܟܐܚܡ ܘܗܘܣ	ܗܘܡܟܐ ܗܚܕܟܐ	ܘܢܚ ܘܚܒܚܒܠ	ܥܠܣ ܗܡ ܘܗܚ
ܐܚܟܐ ܚܒܗ ܚܒܗ	ܣܘܡܗ ܘܗܣܚ :	ܠܒܚ ܕܐܟܐ ܚܒܥܠܣ	17 ܕܥܠܣ ܣܘܗ : ܟܐ17
28 : ܚܚܘܢܚ 28	24 ܠܗ ܘܙܕܘ	ܠܗ ܗܘ ܚܒܚܒܠ :	ܢܚܡ ܟܐܘܗ
ܚܒܒܗ ܠܟܐ ܢܚܟܐ	ܟܐܣܘܗ ܥܠܐܘܣ	ܘܢܚ ܘܚܒܚܒܠ ܠܗ	ܣܠܡ ܠܗܚܒܚܘ ܿ :
ܗܡ ܣܠܡ ܘܘܘܣ	ܚܠ ܘܗܠ ܚܠ	ܚܒܚܒܠ ܠܚܡ	ܠܟ ܘܘܗ ܣܠܡ
ܐܚܒܚܡ ܚܒܚܒܡ	ܗܡ ܗܘ ܟܐܚܕ	ܕܥܠܣ ܣܘܗ :	ܚܚܕܡ ܠܚܘܢ : *
ܠܚܒܠ ܟܐܚܕ ܠܗ	25 ܘܕܚܒܠ ܘܬܗ	ܚܘܗܗ ܕܐܚܕ ܣܠܡ 21	18 ܠܟ ܚܠ ܚܘܚܠܚܘ
29 ܟܐܣܥܡ ܕܚ ܘܘܗ	ܗܠܗܚܕܝܟܐ ܚܠ	ܚܚܘܢ ܣܘܡܗ	ܟܐܢܐ ܟܐܚܕ : ܚܚܘ
ܣܚܟܢܡ ܠܚܕܢܠ	ܣܘܕܒܘܚ ܘܗܚܕܟܐ	ܟܐܘܗܚܒ ܚܘܘܢܟܐ	ܟܐܢܐ ܚܠܢ ܣܠܡ
ܘܚܠܘܣܣܠܟܐ	ܚܘܘܣ ܘܟܐܚܕ	ܘܟܐܗܥܣܕ ܘܟܐܚܕ :	ܕܚܘܚܒ . ܟܐܠܟ
ܕܚܒܟ ܚܘ ܢܣܘܗ	ܗܡ ܚܚܕܟܐ ܗܡ	ܟܐܚܡ ܟܐܚܡ	ܕܐܢܐܬܠܟܐ ܚܚܒܐ :
ܘܘܗܣ ܣܚܕܟܐ	26 ܘܗܣ : ܟܐܚܠܒ ܟܐ 26	ܟܐܚܕܢ ܟܐܟܐ ܠܚܘ ܢ	ܘܗܡܒ ܘܟܐܥܠ ܚܚܒ
ܐܣܗ ܠܗ : ܐܣ	ܚܚܕܟܐ ܘܘܘܣ	ܢܚܘܚܒܚܘܢ	ܠܣܟܐ ܘܐܠܟܐ ܚܠ
ܚܟ ܘܟܐܚܒܚ ܘܕ	ܘܟܐܚܕ ܠܗ : ܘܗ	22 ܣܥܣ ܘܘܗܣ ܗܝ	19 ܚܚܒܣܣ : ܗܚܒ ܘܕܗ 19
ܠܚܒܘܚܚܒ ܟܐܟܐ	ܘܗܡ ܕܟܐܟܐ ܚܒܚܒܠ ܢ	ܘܘܣܠܡ ܠܣܠܡ	ܟܐܢܐ ܟܐܚܒ

— Cf. *Lectionary,* pp. 174, 177.

John XIII. 15ᵇ—29.

15ᵇ ἐγὼ ἐποίησα ὑμῖν καὶ ὑμεῖς ποιῆτε. 16 ἀμὴν ἀμὴν λέγω ὑμῖν, οὐκ ἔστιν δοῦλος μείζων τοῦ κυρίου αὐτοῦ, οὐδὲ ἀπόστολος μείζων τοῦ πέμψαντος αὐτόν. 17 εἰ ταῦτα οἴδατε, μακάριοί ἐστε ἐὰν ποιῆτε αὐτά. 18 οὐ περὶ πάντων ὑμῶν λέγω· ἐγὼ [1] οἶδα τίνας ἐξελεξάμην· ἀλλ᾽ ἵνα ἡ γραφὴ πληρωθῇ Ὁ τρώγων [2]μου[2] τὸν ἄρτον ἐπῆρεν ἐπ᾽ ἐμὲ τὴν πτέρναν αὐτοῦ. 19 ἀπ᾽ ἄρτι λέγω ὑμῖν πρὸ τοῦ γενέσθαι, ἵνα πιστεύητε ὅταν γένηται ὅτι ἐγώ εἰμι. 20 ἀμὴν ἀμὴν λέγω ὑμῖν, ὁ λαμβάνων ἄν τινα πέμψω ἐμὲ λαμβάνει, ὁ δὲ ἐμὲ λαμβάνων λαμβάνει τὸν πέμψαντά με. 21 Ταῦτα εἰπὼν [1] Ἰησοῦς ἐταράχθη τῷ πνεύματι καὶ ἐμαρτύρησεν καὶ εἶπεν Ἀμὴν ἀμὴν λέγω ὑμῖν ὅτι εἷς ἐξ ὑμῶν παραδώσει με. 22 ἔβλεπον εἰς ἀλλήλους οἱ μαθηταὶ ἀπορούμενοι περὶ τίνος λέγει. 23 ἦν [1]ἀνακείμενος εἷς ἐκ τῶν μαθητῶν αὐτοῦ[2] ἐν τῷ κόλπῳ τοῦ [3] Ἰησοῦ, ὃν ἠγάπα ὁ [4] Ἰησοῦς· 24 [1]νεύει οὖν[2] τούτῳ Σίμων Πέτρος [3]καὶ λέγει αὐτῷ[3] [4]Εἰπὲ [5]τίς ἐστιν[5] περὶ οὗ λέγει. 25 ἀναπεσὼν ἐκεῖνος[1] οὕτως[2] ἐπὶ τὸ στῆθος τοῦ [3] Ἰησοῦ λέγει αὐτῷ Κύριε, τίς ἐστιν; 26 ἀποκρίνεται οὖν ὁ [1] Ἰησοῦς [2]Ἐκεῖνός ἐστιν ᾧ ἐγὼ βάψω τὸ ψωμίον καὶ δώσω αὐτῷ. [3]βάψας οὖν[4] τὸ ψωμίον λαμβάνει[5] καὶ δίδωσιν Ἰούδᾳ Σίμωνος Ἰσκαριώτου. 27 καὶ μετὰ [1]τὸ ψωμίον[1] τότε[2] εἰσῆλθεν εἰς ἐκεῖνον ὁ Σατανᾶς. [3]λέγει οὖν[4] αὐτῷ[5] Ἰησοῦς Ὁ ποιεῖς ποίησον τάχιον. 28 τοῦτο δὲ[1] οὐδεὶς ἔγνω τῶν ἀνακειμένων[2] πρὸς τί εἶπεν αὐτῷ· 29 τινὲς γὰρ ἐδόκουν, ἐπεὶ τὸ γλωσσόκομον εἶχεν Ἰούδας, ὅτι λέγει αὐτῷ [1] Ἰησοῦς Ἀγόρασον ὧν χρείαν ἔχομεν εἰς τὴν ἑορτήν, ἢ

18[1] Cod. + γὰρ (cum אA c Pesh.). 18[2—2] μετ᾽ ἐμοῦ (cum אADabd etc.). 21[1] + ὁ Κύριος ἡμῶν.ᴡ 23[1] + δὲ (cum אADacd Pesh.). 23[2] om. αὐτοῦ.ᴡ 23[3] + Κυρίου.ᴡ 23[4] + Κύριος.ᴡ 24[1] + καὶ (cum e). 24[2] om. οὖν (cum c e Pesh. syr.ᵛᵉᵗ·). 24[3—3] πυθέσθαι αὐτοῦ (cf. אADacd Pesh. syr.ᵛᵉᵗ·). 24[4] om. Εἰπὲ (cum ADcd Pesh. syr.ᵛᵉᵗ·). 24[5—5] om. τίς ἐστιν (cum syr.ᵛᵉᵗ·). 25[1] ὁ μαθητὴς (cum Pesh. syr.ᵛᵉᵗ·). 25[2] om. οὕτως (cum אADade Pesh. syr.ᵛᵉᵗ·). 25[3] + Κυρίου.ᴡ 26[1] + Κύριος.ᴡ 26[2] + καὶ λέγει αὐτῷ (cf. אDd Pesh.). 26[3] + καὶ (cum ADbce Pesh. syr.ᵛᵉᵗ·). 26[4] om. οὖν (cum ADbce Pesh. syr.ᵛᵉᵗ·). 26[5] λαμβάνει (cum אADabcde Pesh. syr.ᵛᵉᵗ·). 27[1—1] τὸν ἄρτον (cum Pesh. syr.ᵛᵉᵗ·). 27[2] om. τότε (cum אDabcd syr.ᵛᵉᵗ·). 27[3] + καὶ (cum Dde Pesh.). 27[4] om. οὖν (cum Dade Pesh. syr.ᵛᵉᵗ·). 27[5] + ὁ Κύριος ἡμῶν.ᴡ 28[1] om. δὲ.ᴡ 28[2] + μετ᾽ αὐτοῦ.ᴡ 29[1] + ὁ Κύριος.ᴡ

Climacus III.

JOHN XV. 19[b]—XVI. 9[a].

	f. 35 b		f. 35 a

ــــــــ (Syriac text in four columns)

— Cf. *Lectionary*, pp. 24, 186, 187.

†—† idem, pp. 54, 55, 187.

John XV. 19ᵇ—XVI. 9ᵃ.

19ᵇ ἐγὼ ἐξελεξάμην ὑμᾶς ἐκ τοῦ κόσμου, διὰ τοῦτο μισεῖ ὑμᾶς ὁ κόσμος. 20 μνημονεύετε τοῦ λόγου οὗ ἐγὼ εἶπον ὑμῖν Οὐκ ἔστιν δοῦλος μείζων τοῦ κυρίου αὐτοῦ. εἰ ἐμὲ ἐδίωξαν, καὶ ὑμᾶς διώξουσιν· [1] εἰ τὸν λόγον μου ἐτήρησαν, καὶ τὸν ὑμέτερον τηρήσουσιν. 21 ἀλλὰ ταῦτα πάντα ποιήσουσιν εἰς ὑμᾶς διὰ τὸ ὄνομά μου, ὅτι οὐκ οἴδασιν τὸν πέμψαντά με. 22 εἰ μὴ ἦλθον καὶ ἐλάλησα αὐτοῖς, ἁμαρτίαν οὐκ εἴχοσαν· νῦν δὲ πρόφασιν οὐκ ἔχουσιν περὶ τῆς ἁμαρτίας αὐτῶν. 23 ὁ ἐμὲ μισῶν καὶ τὸν Πατέρα μου μισεῖ. 24 εἰ τὰ ἔργα μὴ ἐποίησα ἐν αὐτοῖς ἃ οὐδεὶς ἄλλος ἐποίησεν, ἁμαρτίαν οὐκ εἴχοσαν· νῦν δὲ καὶ ἑωρά- κασιν καὶ[1] μεμισήκασιν καὶ ἐμὲ καὶ τὸν Πατέρα μου[2]. 25 ἀλλ' ἵνα πληρωθῇ ὁ λόγος ὁ ἐν τῷ νόμῳ αὐτῶν γεγραμμένος ὅτι Ἐμίσησάν με δωρεάν. 26 Ὅταν[1] ἔλθῃ ὁ Παράκλητος ὃν ἐγὼ πέμψω ὑμῖν παρὰ τοῦ Πατρός, τὸ Πνεῦμα τῆς ἀληθείας ὃ παρὰ τοῦ Πατρὸς ἐκπορεύεται, ἐκεῖνος μαρτυρήσει περὶ ἐμοῦ· 27 καὶ ὑμεῖς δὲ μαρτυρεῖτε, ὅτι ἀπ' ἀρχῆς μετ' ἐμοῦ ἐστε. XVI. 1 Ταῦτα λελάληκα ὑμῖν ἵνα μὴ σκανδαλισθῆτε. 2 ἀποσυναγώγους ποιήσουσιν ὑμᾶς· ἀλλ' ἔρχεται ὥρα ἵνα πᾶς ὁ ἀποκτείνας ὑμᾶς δόξῃ λατρείαν προσφέρειν τῷ Θεῷ. 3 καὶ ταῦτα ποιήσουσιν[1] ὅτι οὐκ ἔγνωσαν τὸν Πατέρα οὐδὲ ἐμέ. 4 ἀλλὰ[1] ταῦτα λελάληκα ὑμῖν ἵνα ὅταν ἔλθῃ ἡ ὥρα αὐτῶν[2] μνημονεύητε αὐτῶν, ὅτι ἐγὼ εἶπον ὑμῖν. ταῦτα δὲ ὑμῖν[3] ἐξ ἀρχῆς οὐκ εἶπον, ὅτι μεθ' ὑμῶν ἤμην. 5 νῦν δὲ ὑπάγω πρὸς τὸν πέμψαντά με, καὶ οὐδεὶς ἐξ ὑμῶν ἐρωτᾷ με Ποῦ ὑπάγεις; 6 ἀλλ' ὅτι ταῦτα λελάληκα ὑμῖν, ἡ λύπη πεπλήρωκεν ὑμῶν τὴν καρδίαν. 7 ἀλλ' ἐγὼ τὴν ἀλήθειαν λέγω ὑμῖν, [1]συμφέρει ὑμῖν ἵνα ἐγὼ ἀπέλθω[1]. ἐὰν γὰρ μὴ ἀπέλθω, ὁ Παράκλητος οὐ μὴ ἔλθῃ πρὸς ὑμᾶς· ἐὰν δὲ πορευθῶ, πέμψω αὐτὸν πρὸς ὑμᾶς. 8 καὶ ἐλθὼν ἐκεῖνος ἐλέγξει τὸν κόσμον περὶ ἁμαρτίας καὶ περὶ δικαιοσύνης καὶ περὶ κρίσεως· 9 περὶ ἁμαρτίας μὲν[1]

XV. 20[1] Cod. + καὶ.🖎 24[1] om. καὶ.🖎 24[2] om. μου (cum Lec. syr.). 26[1] + δὲ (cum ℵ A D d Pesh. syr.ᵛᵉᵗ·). XVI. 3[1] + ὑμῖν (cum ℵ D b c d). 4[1] om. ἀλλὰ (cum D a b c d e Pesh. syr.ᵛᵉᵗ·). 4[2] om. αὐτῶν (cum ℵ D a d e syr. ᵛᵉᵗ·). 4[3] om. ὑμῖν (cum Lec. syr.). 7[1–1] om. συμφέρει ὑμῖν ἵνα ἐγὼ ἀπέλθω.🖎 9[1] om. μὲν (cum Pesh. Lec. syr.).

Climacus II.

ACTS XIX. 31ᵇ—XX. 1.

f. 131 b

f. 131 a

(col. 1)	(col. 2)	(col. 3)	(col. 4, f. 131 a)
⁴⁰			
	³⁷	³⁴	
			³²
	³⁸		
		³⁵	
XX. ¹			³³ ... ³⁸
	¹		
	³⁹		
		³⁶	

¹ Lat. libri?

ACTS XIX. 31ᵇ—XX. I.

31ᵇ αὐτῷ φίλοι, πέμψαντες πρὸς αὐτὸν παρεκάλουν μὴ δοῦναι ἑαυτὸν εἰς τὸ θέατρον. 32 ἄλλοι μὲν οὖν ¹ἄλλο τι¹ ἔκραζον· ἦν γὰρ ἡ ἐκκλησία συνκεχυμένη, καὶ οἱ πλείους ² οὐκ ᾔδεισαν τίνος ἕνεκα συνεληλύθεισαν. 33 ἐκ δὲ τοῦ ὄχλου¹ συνεβίβασαν Ἀλέξανδρον, προβαλόντων αὐτὸν τῶν Ἰουδαίων· ὁ δὲ² Ἀλέξανδρος κατασείσας τὴν χεῖρα ἤθελεν ἀπολογεῖσθαι τῷ δήμῳ. 34 ἐπιγνόντες δὲ ὅτι Ἰουδαῖός ἐστιν, φωνὴ ἐγένετο μία ἐκ πάντων, ὡς ἐπὶ ὥρας δύο κράζοντες Μεγάλη ἡ Ἄρτεμις Ἐφεσίων. 35 καταστείλας δὲ ὁ γραμματεὺς τὸν ὄχλον ¹φησίν¹ Ἄνδρες Ἐφέσιοι, τίς γάρ ἐστιν ἀνθρώπων ὃς οὐ γινώσκει τὴν Ἐφεσίων πόλιν νεωκόρον οὖσαν τῆς μεγάλης Ἀρτέμιδος καὶ ²τοῦ διοπετοῦς²; 36 ἀναντιρρήτων οὖν ὄντων τούτων δέον ἐστὶν ὑμᾶς κατεσταλμένους ὑπάρχειν ¹καὶ μηδὲν προπετὲς πράσσειν¹. 37 ἠγάγετε γὰρ ¹ τοὺς ἄνδρας τούτους ² οὔτε ἱεροσύλους οὔτε βλασφημοῦντας τὴν θεὸν ἡμῶν. 38 εἰ μὲν οὖν¹ Δημήτριος καὶ οἱ σὺν αὐτῷ τεχνῖται ἔχουσι πρός τινα λόγον, ²ἀγοραῖοι ἄγονται² καὶ ἀνθύπατοί εἰσιν, ἐγκαλείτωσαν ἀλλήλοις. 39 εἰ δέ τι περαιτέρω¹ ἐπιζητεῖτε, ἐν τῇ ἐννόμῳ ἐκκλησίᾳ ἐπιλυθήσεται. 40 καὶ¹ γὰρ ² κινδυνεύομεν ἐγκαλεῖσθαι στάσεως ³ περὶ τῆς σήμερον, μηδενὸς αἰτίου ὑπάρχοντος, περὶ οὗ οὐ δυνησόμεθα ἀποδοῦναι λόγον περὶ τῆς συστροφῆς ταύτης. καὶ ταῦτα εἰπὼν ⁴ἀπέλυσεν τὴν ἐκκλησίαν⁴. XX. I Μετὰ δὲ τὸ παύσασθαι τὸν θόρυβον μεταπεμψάμενος¹ ὁ Παῦλος τοὺς μαθητὰς καὶ παρακαλέσας, ἀσπασάμενος ἐξῆλθεν πορεύεσθαι εἰς Μακεδονίαν.

XIX. 32¹⁻¹ Cod. ἄλλα τινά.🕮 32² + αὐτῶν (cum Pesh.). 33¹ + τινὲς.🕮
33² οὖν (cum A; cf. ℵ). 35¹⁻¹ ἔφη αὐτοῖς.🕮 35²⁻² θεᾶς (cum H L P). 36¹⁻¹ om. καὶ
μηδὲν προπετὲς πράσσειν.🕮 37¹ + ἐκεῖ (cum D). 37² + τινάς.🕮 38¹ om. οὖν.🕮
38²⁻² ὑπάρχουσι βίβλοι.🕮 39¹ περὶ ἑτέρων (cum ℵ A D etc.). 40¹ ὅτι ἰδού.🕮 40² + τυχόν.🕮
40³ + γενηθείσης.🕮 40⁴⁻⁴ ἀπελύετο ἡ ἐκκλησία.🕮 XX. I¹ καλέσας (cf. προσκαλεσάμενος D d P₂).

Climacus II.

ACTS XX. 2—14.

f. 43 a

f. 43 b

¹ Cod. ܘܐܪܩܒ

Acts XX. 2—14.

2 διελθὼν δὲ τὰ μέρη ἐκεῖνα [1]καὶ παρακαλέσας[1] αὐτοὺς λόγῳ πολλῷ ἦλθεν εἰς τὴν Ἑλλάδα, 3 ποιήσας τε [1] μῆνας τρεῖς, γενομένης [2]ἐπιβουλῆς αὐτῷ ὑπὸ τῶν Ἰουδαίων μέλλοντι ἀνάγεσθαι εἰς τὴν Συρίαν, ἐγένετο γνώμης τοῦ ὑποστρέφειν διὰ Μακεδονίας. 4 συνείπετο δὲ αὐτῷ Σώπατρος Πύρρου Βεροιαῖος, Θεσσαλονικέων δὲ Ἀρίσταρχος καὶ Σέκουνδος, καὶ Γάϊος Δερβαῖος καὶ Τιμόθεος, Ἀσιανοὶ δὲ Τυχικὸς καὶ Τρόφιμος· 5 οὗτοι δὲ προελθόντες ἔμενον ἡμᾶς ἐν Τρῳάδι· 6 ἡμεῖς δὲ ἐξεπλεύσαμεν μετὰ τὰς ἡμέρας τῶν ἀζύμων ἀπὸ Φιλίππων, καὶ ἤλθομεν πρὸς αὐτοὺς εἰς τὴν Τρῳάδα ἄχρι ἡμερῶν πέντε, [1]ὅπου διετρίψαμεν ἡμέρας ἑπτά[1]. 7 Ἐν δὲ τῇ μιᾷ τῶν σαββάτων συνηγμένων ἡμῶν κλάσαι ἄρτον ὁ Παῦλος διελέγετο αὐτοῖς, μέλλων ἐξιέναι τῇ ἐπαύριον, παρέτεινέν τε[1] τὸν λόγον μέχρι μεσονυκτίου. 8 ἦσαν δὲ λαμπάδες ἱκαναὶ ἐν τῷ ὑπερῴῳ οὗ ἦμεν συνηγμένοι. 9 καθεζόμενος δέ τις νεανίας ὀνόματι Εὔτυχος ἐπὶ τῆς θυρίδος, καταφερόμενος ὕπνῳ βαθεῖ, διαλεγομένου τοῦ Παύλου ἐπὶ πλεῖον, κατενεχθεὶς ἀπὸ τοῦ ὕπνου ἔπεσεν ἀπὸ τοῦ τριστέγου κάτω καὶ ἤρθη νεκρός. 10 καταβὰς δὲ ὁ Παῦλος ἐπέπεσεν αὐτῷ καὶ συνπεριλαβὼν εἶπεν Μὴ θορυβεῖσθε[1]· ἡ γὰρ ψυχὴ αὐτοῦ ἐν αὐτῷ ἐστιν. 11 ἀναβὰς δὲ καὶ κλάσας τὸν ἄρτον καὶ γευσάμενος, ἐφ᾽ ἱκανόν τε ὁμιλήσας ἄχρι αὐγῆς, οὕτως[1] ἐξῆλθεν. 12 ἤγαγον δὲ τὸν παῖδα ζῶντα, καὶ παρεκλήθησαν οὐ μετρίως. 13 Ἡμεῖς δὲ προελθόντες[1] ἐπὶ τὸ πλοῖον ἀνήχθημεν ἐπὶ τὴν Ἄσσον, ἐκεῖθεν μέλλοντες ἀναλαμβάνειν τὸν Παῦλον· οὕτως γὰρ διατεταγμένος ἦν, μέλλων αὐτὸς πεζεύειν. 14 ὡς δὲ συνέβαλλεν ἡμῖν εἰς τὴν Ἄσσον, ἀναλαβόντες αὐτὸν ἤλθομεν εἰς Μιτυλήνην.

2[1—1] Cod. om. καὶ παρακαλέσας.🐚 3[1] + ἐκεῖ (cum Pesh.). 3[2] + δὲ (cf. D d). 6[1—1] om. ὅπου διετρίψαμεν ἡμέρας ἑπτά.🐚 7[1] om. τε.🐚 10[1] φοβεῖσθε.🐚 11[1] τότε.🐚 13[1] προσελθόντες (cum A E₂P₂). 14[1] Μελιτίνη (cum Cod. A vers. Copt.).

Climacus II.

ACTS XXI. 3b—14a.

f. 42a

f. 42 b

[1] sic. [2] Peshitta ܠܚܩܘ ܕܗܪ̈ܣܐ; Gr. Πτολεμαΐδα. [3] Cod. + ܗܠܟܘ [4] Cod. ܗܘܐ

ACTS XXI. 3ᵇ—14ᵃ.

3ᵇ τὴν Κύπρον καὶ καταλιπόντες αὐτὴν εὐώνυμον ἐπλέομεν εἰς Συρίαν, καὶ κατήλθομεν εἰς Τύρον· ἐκεῖσε γὰρ τὸ πλοῖον ἦν ἀποφορτιζόμενον τὸν γόμον. 4 ἀνευρόντες δὲ τοὺς μαθητὰς ἐπεμείναμεν αὐτοῦ[1] ἡμέρας ἑπτά· οἵτινες τῷ Παύλῳ ἔλεγον διὰ τοῦ Πνεύματος μὴ ἐπιβαίνειν εἰς Ἱεροσόλυμα. 5 ὅτε δὲ ἐγένετο ἐξαρτίσαι ἡμᾶς τὰς ἡμέρας, ἐξελθόντες ἐπορευόμεθα προπεμπόντων[1] ἡμᾶς πάντων σὺν γυναιξὶ καὶ τέκνοις ἕως ἔξω τῆς πόλεως, καὶ θέντες τὰ γόνατα ἐπὶ τὸν αἰγιαλὸν προσευξάμενοι 6 ἀπησπασάμεθα ἀλλήλους, καὶ ἐνέβημεν εἰς τὸ πλοῖον, ἐκεῖνοι δὲ ὑπέστρεψαν εἰς τὰ ἴδια. 7 Ἡμεῖς δὲ τὸν πλοῦν διανύσαντες ἀπὸ Τύρου κατηντήσαμεν εἰς Πτολεμαΐδα, καὶ ἀσπασάμενοι τοὺς ἀδελφοὺς ἐμείναμεν ἡμέραν μίαν παρ' αὐτοῖς. 8 τῇ δὲ ἐπαύριον ἐξελθόντες ἤλθομεν εἰς Καισαρίαν, καὶ εἰσελθόντες εἰς τὸν οἶκον Φιλίππου τοῦ εὐαγγελιστοῦ ὄντος ἐκ τῶν ἑπτά, ἐμείναμεν παρ' αὐτῷ. 9 τούτῳ δὲ ἦσαν θυγατέρες τέσσαρες παρθένοι προφητεύουσαι. 10 Ἐπιμενόντων δὲ [1] ἡμέρας πλείους κατῆλθέν τις ἀπὸ τῆς Ἰουδαίας προφήτης ὀνόματι Ἄγαβος, 11 καὶ ἐλθὼν πρὸς ἡμᾶς καὶ ἄρας τὴν ζώνην τοῦ Παύλου, δήσας ἑαυτοῦ [1]τοὺς πόδας καὶ τὰς χεῖρας[1] εἶπεν Τάδε[2] λέγει τὸ Πνεῦμα τὸ Ἅγιον Τὸν ἄνδρα οὗ ἐστιν ἡ ζώνη αὕτη οὕτως δήσουσιν ἐν Ἱερουσαλὴμ οἱ Ἰουδαῖοι καὶ παραδώσουσιν εἰς χεῖρας ἐθνῶν. 12 ὡς δὲ ἠκούσαμεν ταῦτα, παρεκαλοῦμεν ἡμεῖς τε καὶ οἱ ἐντόπιοι τοῦ μὴ ἀναβαίνειν αὐτὸν εἰς Ἱερουσαλήμ. 13 [1]τότε ἀπεκρίθη ὁ Παῦλος [2] Τί ποιεῖτε κλαίοντες καὶ συνθρύπτοντές μου τὴν καρδίαν; ἐγὼ γὰρ οὐ μόνον δεθῆναι ἀλλὰ καὶ ἀποθανεῖν εἰς Ἱερουσαλὴμ ἑτοίμως ἔχω ὑπὲρ τοῦ ὀνόματος τοῦ Κυρίου[3] Ἰησοῦ. 14 μὴ πειθομένου δὲ

4[1] Cod. παρ' αὐτοῖς (cf. A E₂ d). 5[1] πεμπόντων.🖝 10[1] + ἐκεῖ.🖝 11[1–1] τὰς χεῖρας καὶ τοὺς πόδας (cum A). 11[2] Οὕτως (cum Pesh.). 13[1] + καὶ.🖝 13[2] + καὶ εἶπεν (cum ℵ A E₂). 13[3] om. Κυρίου.🖝

Climacus II.

ACTS XXIV. 25—XXV. 9.

f. 41 a

ܟܘܣܝܘܣ

f. 41 b

ܠܨܡܝܢ:	ܠܢܝܣܠܘܬܗ	ܣܘܒ ܩܠܝܣܗ	ܗܘܐ ܗܕ ܐܚܟ 25
ܥܕܟܘܬܟ ܕܚܒܘܐ	ܚܩܕܡ ܠܗ ܚܝܬ	ܣܠܩܘܗܘ	ܒܠܗ ܚܠ ܠܓܠܚ
ܐܚܟ ܚܠ ܚܝܢܟ	ܡܗ ܠܠܘܠܣܘܗ	ܢܐܝܙܐܦܘܗ	ܒܠܗ ܘܚܠ ܐܚܟܝ
ܘܠܣܝ ܝܣܗܘ	ܐܝܟܘܟ:	ܣܘܦܩܥ:	ܐܟܢܐ ܐܗܚܕܗ
7 ܥܣܘܠ ܗܚ 7	4 ܟܠ ܣܘܦܗܘ ܠܝ	ܣܠܒܝܣ ܕܗ ܠܟܝ	ܕܗܚܟܐ ܕܗܚܕܗܕ
ܐܗܕܩܣ ܐܚܟ ܗܝ	ܗܩܚܘ ܟܚܝܠ	ܠܣܗ ܕܡܚܕ	ܚܠܝܣܗ ܗܝ
ܘܣܗܣܗ ܣܗ	ܗܟ ܗܢܝܠܗ	ܚܥܣ ܝܣܘܕܣ	ܚܝܟܐ ܘܟܠܣܕܚ
ܘܗܕܥ ܣܘܠܗ	ܠܨܡܣܘܣ ܥܘܠܗܘ	ܚܚܕ ܘܥܠܘܥ:	ܐܟ ܝܗܠ ܐܪܘܕ ܗܒܕ
ܠܣܘܐܥܠ ܗܟ:	ܗܝ ܗܚܗܕܟ ܚܠ	1 ܠܝ ܣܘܦܗܣ	ܐܝܘܚܣ ܣܣܒܗ
ܣܝܣܚ ܚܠܣ ܕܣܘ	ܘܣܗ ܗܚܟܐ	ܘܐܝܢܚܝܗܘܗܟ ܠܚܟ:	ܗܝܕܟܕܚ ܡܣܟ ܐܚܟ
ܒܠܚ ܣܝܠܠܗ ܘܗܗ	ܚܝܒܚ ܕܘܢܚܚ	ܚܠܠܗܘܟ ܣܝ	26 ܟܐܥ ܣܒܗ ܟܐܘܗ
ܘܗܗ ܐܠܗ ܚܠܣ	5 ܘܐܗܣܘܗܣ: ܘܚܟܐ 5	ܝܣ ܚܠܣ ܝܣܚܘ	ܟܝܣܐܚܕܗ ܕܚܚܕܣ
ܚܚܘܚܠܟ ܣܠܚܟܐ	ܚܣܝ ܘܟܐ ܣܝܠܗ	ܣܝܣܘܣ	ܣܝܠܗܟ ܠܚܟ ܘܘܗ
8 ܗܗܘܟ ܣܥܠܘ	ܗܝܣܘ ܣܝܠܣ	ܠܢܝܣܠܘܬܗ:	ܚܝ ܠܚܕܘܠܘ
ܐܟܣܚܐ	ܗܟܝܚ ܐܚܟ ܕܟܘ	2 ܗܝ ܠܗ ܚܗܘܪܟܐ ܕܗ	ܣܝܣܬܟ ܝܗܣ ܟܐܗܘܚ
ܣܘܣܘܣܚܚ ܗܠܟ	ܗܠܟ ܐܟܚܕܟ	ܐܝܢ ܘܣܝܢ ܣܥܪ	ܗܚܪ ܟܐܘܗ
ܝܣܗܗܘܗܕ	ܗ ܘܟܚܝܠܣܗ	ܝܣܝܚܣܕܝܬܘܐ	ܗܝܕܗ
ܘܣܗܕܟ ܠܚ ܐܠܘ	6 ܗܚܚ ܟܐܚܚ 6	ܚܠ ܣܝܣܘܣܗ	ܚܚܕ ܠܠܓܘܚܗ:
ܐܝܣܡ ܠܚ ܐܘ	ܣܝܚܘܩ ܣܘܚܠ	ܘܗܘ ܘܥܠܘܗ: ܘܗܗ	27 ܝܣܠܘܚ ܕܝܢ ܢܣܘܠܚ
ܘܢܗܕܠܚ ܐܝܠܗ ܗܡܐ:	ܐܝܚܕ ܟ ܗܕܐܝ	ܣܗܠܚ ܝܚܚ	ܗ ܐܚܟ ܗܝ
9 ܗܝ ܣܘܦܣܗ 9	ܗܝܚܕܟ ܟܚ ܣܝ	3 ܠܚܕܚܠ ܚܠܘܚ ܣܠܚ 3	ܣܐܠܗܟܐ
ܗܚܚܕ ܠܚܟܣ	ܣܝ ܟܐܝܣܚ ܗܚܣ	ܗܝ ܟܐܝܚܢ ܣܝܗ	ܥܣ ܝܗܪܘܕܝ ܣܝܠܥ

✠

Acts XXIV. 25—XXV. 9.

25 διαλεγομένου δὲ αὐτοῦ περὶ δικαιοσύνης καὶ ἐγκρατείας καὶ τοῦ κρίματος τοῦ μέλλοντος ἔμφοβος γενόμενος ὁ Φῆλιξ ἀπεκρίθη Τὸ νῦν ἔχον πορεύου, [1] καιρὸν δὲ μεταλαβὼν μετακαλέσομαί σε· 26 ἅμα καὶ ἐλπίζων ὅτι χρήματα δοθήσεται αὐτῷ ὑπὸ τοῦ Παύλου· διὸ καὶ πυκνότερον αὐτὸν μεταπεμπόμενος ὡμίλει αὐτῷ. 27 Διετίας δὲ πληρωθείσης ἔλαβεν διάδοχον ὁ Φῆλιξ Πόρκιον[1] Φῆστον· θέλων τε χάριτα καταθέσθαι τοῖς Ἰουδαίοις ὁ Φῆλιξ κατέλιπε τὸν Παῦλον δεδεμένον. XXV. 1 Φῆστος οὖν ἐπιβὰς τῇ ἐπαρχείῳ μετὰ τρεῖς ἡμέρας ἀνέβη εἰς Ἱεροσόλυμα ἀπὸ Καισαρίας, 2 ἐνεφάνισάν τε[1] αὐτῷ οἱ ἀρχιερεῖς καὶ οἱ πρῶτοι τῶν Ἰουδαίων κατὰ τοῦ Παύλου, καὶ παρεκάλουν αὐτὸν 3 αἰτούμενοι[1] χάριν κατ' αὐτοῦ, ὅπως μεταπέμψηται αὐτὸν εἰς Ἱερουσαλήμ, ἐνέδραν ποιοῦντες ἀνελεῖν αὐτὸν κατὰ τὴν ὁδόν. 4 ὁ μὲν οὖν Φῆστος ἀπεκρίθη [1] τηρεῖσθαι τὸν Παῦλον εἰς Καισαρίαν, ἑαυτὸν δὲ μέλλειν ἐν τάχει ἐκπορεύεσθαι· 5 Οἱ οὖν ἐν ὑμῖν, φησίν, δυνατοὶ συνκαταβάντες, εἴ[1] τί ἐστιν ἐν τῷ ἀνδρὶ ἄτοπον, κατηγορείτωσαν αὐτοῦ. 6 Διατρίψας δὲ ἐν αὐτοῖς ἡμέρας οὐ πλείους ὀκτὼ ἢ δέκα, καταβὰς εἰς Καισαρίαν, τῇ ἐπαύριον καθίσας ἐπὶ τοῦ βήματος ἐκέλευσεν τὸν Παῦλον ἀχθῆναι. 7 παραγενομένου δὲ αὐτοῦ περιέστησαν αὐτὸν οἱ ἀπὸ Ἱεροσολύμων καταβεβηκότες Ἰουδαῖοι, πολλὰ καὶ βαρέα αἰτιώματα καταφέροντες[1], [2] ἃ οὐκ ἴσχυον ἀποδεῖξαι, 8 τοῦ Παύλου ἀπολογουμένου ὅτι Οὔτε εἰς τὸν νόμον τῶν Ἰουδαίων οὔτε εἰς τὸ ἱερὸν οὔτε εἰς Καίσαρά τι ἥμαρτον. 9 ὁ Φῆστος δὲ θέλων

XXIV. 25[1] Cod. + σήμερον.🕮 27[1] Πόρθιον.🕮 XXV. 2[1] δὲ (cum E H L etc.).

3[1] om. αἰτούμενοι.🕮 4[1] + καὶ εἶπεν.🕮 5[1] καί.🕮 7[1] λέγοντες.🕮 7[2] + κατ' αὐτοῦ (cf. P₂).

Climacus II.

ACTS XXV. 9ᵇ—19.

f. 134 b f. 134 a

[Syriac text in four columns, read right-to-left, with verse numbers 10, 11, 12, 13, 14, 15, 16, 17, 18, 19 interspersed]

¹ sic in Cod..

ACTS XXV. 9ᵇ—19.

9ᵇ τοῖς Ἰουδαίοις χάριν καταθέσθαι, ἀποκριθεὶς τῷ Παύλῳ εἶπεν Θέλεις εἰς Ἱεροσόλυμα ἀναβὰς ἐκεῖ περὶ τούτων κριθῆναι ἐπ᾽ ἐμοῦ; 10 εἶπεν δὲ ὁ Παῦλος· Ἑστὼς ἐπὶ τοῦ βήματος Καίσαρός εἰμι; οὗ με δεῖ κρίνεσθαι. Ἰουδαίους οὐδὲν ἠδίκηκα, ὡς καὶ σὺ κάλλιον ἐπιγινώσκεις. 11 εἰ μὲν¹ οὖν² ἀδικῶ καὶ ἄξιον θανάτου πέπραχά τι, οὐ παραιτοῦμαι τὸ ἀποθανεῖν· εἰ δὲ οὐδέν ἐστιν ὧν οὗτοι κατηγοροῦσίν μου, οὐδείς με δύναται αὐτοῖς χαρίσασθαι· Καίσαρα ἐπικαλοῦμαι. 12 ¹τότε ὁ Φῆστος συνλαλήσας μετὰ τοῦ συμβουλίου² ἀπεκρίθη Καίσαρα ἐπικέκλησαι, ἐπὶ Καίσαρα πορεύσῃ. 13 Ἡμερῶν δὲ διαγενομένων τινῶν Ἀγρίππας ὁ βασιλεὺς καὶ Βερνίκη κατήντησαν εἰς Καισαρίαν ἀσπασάμενοι τὸν Φῆστον. 14 ὡς δὲ πλείους ἡμέρας διέτριβον ἐκεῖ, ὁ Φῆστος τῷ βασιλεῖ ἀνέθετο τὰ κατὰ τὸν Παῦλον λέγων Ἀνήρ τίς ἐστιν καταλελειμμένος ὑπὸ Φήλικος δέσμιος, 15 περὶ οὗ γενομένου μου εἰς Ἱεροσόλυμα ἐνεφάνισαν οἱ ἀρχιερεῖς καὶ οἱ πρεσβύτεροι τῶν Ἰουδαίων, αἰτούμενοι κατ᾽ αὐτοῦ καταδίκην· 16 πρὸς οὓς ἀπεκρίθην ὅτι οὐκ ἔστιν ἔθος Ῥωμαίοις χαρίζεσθαί τινα ἄνθρωπον πρὶν ἢ ὁ κατηγορούμενος κατὰ πρόσωπον ἔχοι τοὺς κατηγόρους τόπον τε ἀπολογίας λάβοι περὶ τοῦ ἐγκλήματος. 17 συνελθόντων οὖν ἐνθάδε ἀναβολὴν μηδεμίαν ποιησάμενος ¹ τῇ ἑξῆς καθίσας ἐπὶ τοῦ βήματος ἐκέλευσα ἀχθῆναι τὸν ἄνδρα· 18 περὶ οὗ σταθέντες οἱ κατήγοροι οὐδεμίαν αἰτίαν ἔφερον ὧν ἐγὼ ὑπενόουν πονηρῶν, 19 ζητήματα δέ τινα περὶ τῆς ἰδίας δεισιδαιμονίας εἶχον πρὸς αὐτὸν καὶ περί

11¹ Cod. δὲ.🖾 11² om. οὖν (cum cod. Lat. 40). 12¹ + καὶ.🖾 12² συμβούλου (cum 418). 17¹ + ἀλλὰ.🖾

Climacus II.

ACTS XXV. 19ᵇ—XXVI. I.

f. 132b f. 132a

[Syriac text in four columns, with verse numbers 20, 21, 22, 23, 24, 25, 26, 27 and chapter xxvi. 1]

[1] Cod. ܕܟܒܒܖܕ

[2] Cod. ܘܣܒܠܬ

ACTS XXV. 19ᵇ—XXVI. 1.

19ᵇ τινος Ἰησοῦ τεθνηκότος¹, ὃν ἔφασκεν ὁ Παῦλος ζῆν. 20 ἀπορούμενος δὲ ἐγὼ τὴν περὶ τούτων ζήτησιν ἔλεγον ¹ εἰ βούλοιτο πορεύεσθαι εἰς Ἱεροσόλυμα κἀκεῖ κρίνεσθαι περὶ τούτων. 21 τοῦ δὲ Παύλου ἐπικαλεσαμένου τηρηθῆναι αὐτὸν εἰς τὴν τοῦ Σεβαστοῦ διάγνωσιν, ¹ ἐκέλευσα ² τηρεῖσθαι αὐτὸν ἕως οὗ ἀναπέμψω αὐτὸν πρὸς Καίσαρα. 22 Ἀγρίππας ¹ δὲ πρὸς τὸν Φῆστον Ἐβουλόμην καὶ αὐτὸς τοῦ ἀνθρώπου ² ἀκοῦσαι. Αὔριον, φησίν, ἀκούσῃ αὐτοῦ. 23 Τῇ οὖν ἐπαύριον ἐλθόντος τοῦ Ἀγρίππα καὶ τῆς Βερνίκης μετὰ πολλῆς φαντασίας καὶ εἰσελθόντων¹ εἰς τὸ ἀκροατήριον σύν τε χιλιάρχοις καὶ ² ἀνδράσιν τοῖς κατ' ἐξοχὴν τῆς πόλεως, καὶ κελεύσαντος τοῦ Φῆστου ἤχθη ὁ Παῦλος. 24 καὶ ¹φησιν ὁ Φῆστος¹ Ἀγρίππα βασιλεῦ καὶ πάντες οἱ συνπαρόντες ἡμῖν ἄνδρες, θεωρεῖτε τοῦτον περὶ οὗ ἅπαν τὸ πλῆθος τῶν Ἰουδαίων ἐνέτυχόν μοι ἔν τε Ἱεροσολύμοις καὶ ἐνθάδε, βοῶντες μὴ δεῖν αὐτὸν ζῆν μηκέτι. 25 ἐγὼ δὲ ¹ κατελαβόμην μηδὲν ἄξιον αὐτὸν θανάτου πεπραχέναι, αὐτοῦ δὲ τούτου ἐπικαλεσαμένου τὸν Σεβαστὸν ἔκρινα πέμπειν. 26 περὶ οὗ ἀσφαλές τι γράψαι τῷ κυρίῳ οὐκ ἔχω· διὸ προήγαγον αὐτὸν ἐφ' ὑμῶν καὶ μάλιστα ἐπὶ σοῦ, βασιλεῦ Ἀγρίππα, ὅπως τῆς ἀνακρίσεως γενομένης σχῶ τί γράψω· 27 ἄλογον γάρ μοι δοκεῖ πέμποντα δέσμιον μὴ καὶ τὰς κατ' αὐτοῦ αἰτίας σημᾶναι. XXVI. 1 Ἀγρίππας δὲ πρὸς τὸν Παῦλον ἔφη Ἐπιτρέπεταί σοι ὑπὲρ σεαυτοῦ λέγειν. ¹ τότε ὁ Παῦλος

XXV. 19¹ Cod. om. τεθνηκότος.🕮 20¹ + αὐτῷ.🕮 21¹ + καὶ ἐγώ.🕮 21² εἶπον.🕮 22¹ + ἔφη (cum C E₂ P₂) 22² + τούτου.🕮 23¹ + εἰσελθόντος.🕮 23² + σύν.🕮 24¹⁻¹ ἀπεκρίθη ὁ Φῆστος καὶ εἶπεν.🕮 25¹ + ἠκρίβωσα καί.🕮 XXVI. 1¹ + καί.🕮

Climacus II.

ACTS XXVI. 23b—XXVII. 3.

f. 137 b f. 137 a

xxvii. 1 ܩܕܝ ܗܘ ܕܟܒܪ	ܕܐܝܬ ܗܘ ܠܚܕ	ܩܡܝܢ: ܠܗܘܢ	ܠܫܡܝܐ ܘܠܟܬܝܢ:
ܠܦܘܠܘܣ ܦܩܕܬܘܢ	ܘܐܝܬ ܗܠܝܢ ܩܛܢܟ:	ܕܝܢ ܗܘܐ ܟܘܪ	24 ܗܘܐ ܗܘ ܕܟܒܪ
ܢܬܩܘܘ ܗܘܐ	ܠܗ ܟܝ ܩܪ ܚܒ 30	27 ܕܟܒ : ܚܒܠܐ 27	ܗܠܝܢ ܚܫܝܢ
ܘܠܦܘܠܘ	ܘܐܟܚܕܗ ܘܠܟ	ܐܠܟ ܐܕܚ	ܕܢܒܪ ܦܘܠܘܣ
ܢܥܕܠܟ	ܘܢܣܛܘܐ	ܟܬܢܠ ܠܟܢܬܐ:	ܗܟܘܬ ܐܢܬ : ܚܒ ܠܣ
ܠܚܫܝܪܘܬܝ	ܗܘܘ ܟܠܗܘܢ	ܐܬܐ ܐܢܟ ܟܠ	ܟ ܥܩܘ ܐܬܒ:
ܩܠܝܐܘܢܝܬܐ	: ܘܗܡܢ ܩܛܢܘ:	ܕܟܡܝܢ:	ܚܛܝܗܡܘܢ
ܘܠܦܘ ܠܩܕܡܝܢ	31 ܘܟܡܝܘ ܗܘܘ	28 ܩܘܚܠܘܬܟ ܗܝ	ܠܥܠܝܗ ܕܟܚܬܟ
ܕܢܩܠܟܬ	ܘܣܛܠܝ ܗܘܐ ܥܝܠܢ	ܩܕܢ ܠܦܘܠܘ ܟ	: ܘܩܡܢ ܥܝܗ:
: ܐܟܡܘܬܝ	ܠܥܠܝܗ ܥܠܟ	ܡܛܘܠ ܕܝ ܚܟܝܢ	ܕܟܘܠܘ 25 ܩܘܠܘܣ
2 ܩܠܝܡܐ	ܘܟܪܚܬܡ ܕܢܛܠܡ	ܠܝ ܩܛܢܐ	ܠܣܟܐ ܟܬܒܐ
ܡܢ ܠܟܠܐ ܟ	ܥܘܟ ܟܒܪܕ ܕܣܛܘ	ܐܠܝ ܕܝܗܒܬ	ܟܠܗܝܢ ܘܠܦܘ
ܘܡܘܪܬܒܢܐ	ܟܟ ܚܘܟܝܡ	: ܟܛܠܝܟܘ:	ܡܛܐܥ ܗܠܡ ܟܠܟ
ܗܘܐ ܐܬܐ	ܕܢܠܟ ܗܘ ܠܗ	ܕܟܪܘ ܦܘܠܘܣ 29	ܐܢܐ ܩܝܘܕܗ
ܩܘܪܕ 32	32 ܩܛܢܟ 32: ܣܟܒ :	ܕܗܟܟ ܐܟܠܟ	26 ܕܚܠܠܐ : ܝܒ ܗܘ
ܠܐܟܘܬܐ	ܕܟܪܐ ܗܝ ܕ	ܚܒܣܕ ܗܟ ܠܟܠܟܠ	ܠܬ ܚܠ ܡܠܟ ܗܝܕ
ܩܘ: ܕܟܫܗܟ	: ܚܣܩܝܡܬ:	ܩܛܠܟ:	ܗܝ : ܡܠܗ
ܘܡܠ ܗܘܐ	ܗܠ ܗܘܐ ܟ	ܝܠ ܕܣܘܗܐ ܠܟ	ܠܚܠܠܐ ܐܟܝܕ:
ܘܩܦܘܠܛܝܗܐ	ܕܟܪܐ ܡܗ	ܠܚܘܠ ܩܘܗ ܐܠܟ	ܗܣ ܡܘܚ ܠܘܗܣ
ܕܟܒܡ ܟܐܘܬܣܕ	ܥܠܟ ܘܬܘܗܐ	ܘܟܚܬܥܕ ܗܠܡ	ܠܚ ܗܘ ܠܝܕ
: ܩܘܠܘܟܚ:	ܠܟ ܘܟ ܩܘܕ ܠ ::	ܩܘܕܗܐ: ܗܠܘܟܚܕ: ܡܘܡܕ	ܐܩܘܚܕ ܩܕܡܢ
3 ܩܕܝܢܐ ܘܠܩ	ܘܩܘܦܣ ܝܙ	ܩܠ ܩܝܢ ܕܝ	ܟܢ ܗܘܐ ܡܠܡ

ACTS XXVI. 23ᵇ—XXVII. 3.

23ᵇ τῷ τε λαῷ καὶ τοῖς ἔθνεσιν. 24 Ταῦτα δὲ αὐτοῦ ἀπολογουμένου ὁ Φῆστος μεγάλῃ τῇ φωνῇ φησιν Μαίνῃ, [1] Παῦλε· τὰ πολλά σε γράμματα[2] εἰς μανίαν περιτρέπει. 25 ὁ δὲ Παῦλος Οὐ μαίνομαι, φησίν, κράτιστε Φῆστε, ἀλλὰ ἀληθείας καὶ σωφροσύνης[1] ῥήματα ἀποφθέγγομαι. 26 ἐπίσταται γὰρ περὶ τούτων ὁ βασιλεύς, πρὸς ὃν καὶ[1] παρρησιαζόμενος λαλῶ· λανθάνειν γὰρ αὐτὸν τούτων οὐ πείθομαι οὐθέν· οὐ γάρ ἐστιν ἐν γωνίᾳ πεπραγμένον τοῦτο. 27 πιστεύεις, βασιλεῦ Ἀγρίππα, τοῖς προφήταις; οἶδα ὅτι πιστεύεις. 28 ὁ δὲ Ἀγρίππας πρὸς τὸν Παῦλον[1] Ἐν ὀλίγῳ με πείθεις Χριστιανὸν ποιῆσαι. 29 ὁ δὲ Παῦλος[1] Εὐξαίμην ἂν τῷ Θεῷ καὶ ἐν ὀλίγῳ καὶ ἐν μεγάλῳ οὐ μόνον σὲ ἀλλὰ καὶ πάντας τοὺς ἀκούοντάς μου[2] σήμερον γενέσθαι τοιούτους ὁποῖος καὶ ἐγώ εἰμι, παρεκτὸς τῶν δεσμῶν τούτων. 30 [1] Ἀνέστη τε ὁ βασιλεὺς καὶ ὁ ἡγεμὼν ἥ τε Βερνίκη καὶ οἱ συνκαθήμενοι αὐτοῖς, 31 καὶ ἀναχωρήσαντες ἐλάλουν πρὸς ἀλλήλους λέγοντες ὅτι Οὐδὲν θανάτου ἢ δεσμῶν ἄξιον πράσσει[1] ὁ ἄνθρωπος οὗτος. 32 Ἀγρίππας δὲ τῷ Φήστῳ ἔφη Ἀπολελύσθαι ἐδύνατο ὁ ἄνθρωπος οὗτος εἰ μὴ ἐπεκέκλητο Καίσαρα. XXVII. 1 Ὡς δὲ ἐκρίθη[1] τοῦ ἀποπλεῖν ἡμᾶς εἰς τὴν Ἰταλίαν, παρεδίδουν τόν τε Παῦλον καί τινας ἑτέρους δεσμώτας ἑκατοντάρχῃ ὀνόματι Ἰουλίῳ σπείρης Σεβαστῆς. 2 ἐπιβάντες δὲ πλοίῳ Ἀδραμυττηνῷ μέλλοντι πλεῖν εἰς τοὺς κατὰ τὴν Ἀσίαν τόπους ἀνήχθημεν, ὄντος σὺν ἡμῖν Ἀριστάρχου Μακεδόνος Θεσσαλονικέως· 3 τῇ τε ἑτέρᾳ

24[1] Cod. + σύ.🔲 24[2] βιβλία.🔲 25[1] ἐλευθερίας.🔲 26[1] om. καὶ (cum B h 25).
28[1] + ἔφη (cum E₂ P₂ h). 29[1] + εἶπεν (cum P₂ h). 29[2] om. μου.🔲 30[1] + Καὶ τότε.🔲
31[1] αἴτιος.🔲 XXVII. 1[1] ἐμέλλομεν.🔲

Climacus II.

ACTS XXVII. 3^b—13.

f. 135 b		f. 135 a

ܣܠܡ ܠܘ ܝܬ
ܟܣܘܚܘ ܗ
ܚܠܘܬܟ
ܚܪ ܡܠܘܗ
܃ ܘܠܘܗ
ܡܠܘ ܡܕܗ
ܠܘܬ ܐܟܕܗ
ܝܫܢܬܗ
ܠܚ ܘܚܘܕܘܗ܃
ܡܝܘܕ ܃ ܡܕܗ 4
ܡܥܫ ܡܕܗ ܘ
ܢܝܘܚܘ
܃ ܡܘܚܣܡ
ܡܕܘܗ ܠܕܚܠ
ܡܠܘܬܠ ܟܣܘܬ
5 ܟܕܘܚܚܘܕܡܕ
ܟܢܕܟܕ
ܟܚܠܣܘܕ
ܟܠܟܘܚܘܚܣܕ܃
ܪܫܢܚܡ
ܟܢܚܠ ܡܠܣܘ
܃ ܟܡܣܠܕ

ACTS XXVII. 3ᵇ—13.

3ᵇ κατήχθημεν εἰς Σιδῶνα, φιλανθρώπως τε ὁ Ἰούλιος τῷ Παύλῳ χρησάμενος ἐπέτρεψεν πρὸς τοὺς φίλους¹ πορευθέντι ²ἐπιμελείας τυχεῖν². 4 κἀκεῖθεν ἀναχθέντες ὑπεπλεύσαμεν¹ τὴν Κύπρον διὰ τὸ τοὺς ἀνέμους εἶναι ἐναντίους, 5 ¹τό τε πέλαγος τὸ κατὰ¹ τὴν Κιλικίαν καὶ Παμφυλίαν διαπλεύσαντες κατήλθαμεν εἰς Μύρρα τῆς Λυκίας. 6 Κἀκεῖ εὑρὼν ὁ ἑκατοντάρχης πλοῖον Ἀλεξανδρινὸν πλέον· εἰς τὴν Ἰταλίαν ἐνεβίβασεν ἡμᾶς εἰς αὐτό. 7 ἐν ἱκαναῖς δὲ ἡμέραις βραδυπλοοῦντες καὶ μόλις γενόμενοι κατὰ τὴν Κνίδον, μὴ προσεῶντος ἡμᾶς τοῦ ἀνέμου, ὑπεπλεύσαμεν τὴν Κρήτην κατὰ Σαλμώνην¹, 8 μόλις τε παραλεγόμενοι αὐτὴν ἤλθομεν εἰς τόπον τινὰ καλούμενον Καλοὺς Λιμένας, ᾧ ἐγγὺς ἦν πόλις Λασαία¹. 9 Ἱκανοῦ δὲ χρόνου διαγενομένου καὶ ὄντος ἤδη ἐπισφαλοῦς τοῦ πλοὸς διὰ τὸ καὶ τὴν Νηστείαν ἤδη παρεληλυθέναι, παρῄνει ὁ Παῦλος 10 λέγων αὐτοῖς Ἄνδρες, θεωρῶ ὅτι μετὰ¹ ὕβρεως καὶ πολλῆς ζημίας οὐ μόνον τοῦ φορτίου καὶ² τοῦ πλοίου ἀλλὰ καὶ τῶν ψυχῶν ἡμῶν μέλλειν ἔσεσθαι τὸν πλοῦν. 11 ὁ δὲ ἑκατοντάρχης τῷ κυβερνήτῃ καὶ τῷ ναυκλήρῳ μᾶλλον ἐπείθετο ἢ τοῖς ὑπὸ Παύλου λεγομένοις. 12 ἀνευθέτου δὲ τοῦ λιμένος ὑπάρχοντος πρὸς παραχειμασίαν¹ οἱ πλείονες² ἔθεντο βουλὴν ἀναχθῆναι ἐκεῖθεν, εἴ πως δύναιντο καταντήσαντες εἰς Φοίνικα παραχειμάσαι³, λιμένα τῆς Κρήτης βλέποντα ⁴κατὰ λίβα καὶ κατὰ χῶρον⁴. 13 Ὑποπνεύσαντος δὲ νότου δόξαντες τῆς προθέσεως κεκρατηκέναι, ἄραντες ἆσσον¹ παρελέγοντο

3¹ Cod. ἀνθρώπους αὐτοῦ.🕮 3²⁻² κατ᾽ ἰδίαν κατοικεῖν.🕮 4¹ παρήλθομεν.🕮
5¹⁻¹ καὶ τὴν διάβασιν τῆς γῆς.🕮 7¹ Σαλαμίνη (cum cop. arm.). 8¹ Ἀλά[σ]σα (cum A).
10¹ + πολλῆς (cum h). 10² om. καὶ (cum Pesh.). 12¹ + ἐκεῖ.🕮 12² + αὐτῶν (cf. Pesh.).
12³ + ἐκεῖ.🕮 12⁴⁻⁴ μεταξὺ τὴν δύσιν καὶ τὴν ἀνατολήν.🕮 13¹ Ἄσσον.🕮

Climacus II.

ACTS XXVII. 14—27.

ܩܣܪܝܘܣ

ܡܗ ܐܠܟܐ ܕ	ܫܐܬܘܐܦܣ:	ܐܠܗܐ ܠܚܕܐ ܝܩܠܥ	ܝܢܕ 14 ܐܠܟܝܢܘܬܗ
ܘܐܠܐ ܕܐܢܫ ܠܗ	ܠܥܠ ܕܢܕ ܟܢܕ 21	ܡܢܝܘܠܐܣ:	ܝܢ ܕܢ ܗܠܢ
ܟܢܕ ܣܠܡ ܡܠܘ 24	ܠܥܠ ܗܘܐ ܠܟ:	ܘܐܠܝܝܘܪ ܐܠܟܐ	ܚܠܝܐ ܐܢܕ
ܐܣܢܕܠܘ ܠܟ	ܕܡ ܥܠܘܗ ܗܝ	ܟܝܠܐ ܗܘܘ ܕܚܘܝܢ	ܡܗ ܘܣܘܢ ܕܘܪ
ܣܡܘ: ܝܣܘܡܘ	ܝܘܗܢܝ ܕܚܢ	ܗܘܐ ܕܢ ܐܟܢ 18	ܐܢܕܩܣܕ
ܠܝ ܐܡܣܢ	ܝܢ ܥܠ ܕܢܕܗܘ	ܐܟܢ ܐܠܘܩܣܘܕ[1]	ܐܠܣܝܢܘܬ
ܘܐܪܡܘܣܕ: ܘܗܟܐ	ܐܟܢ ܐ ܗܘܐ ܗܘܐ	ܐܠܣܕ ܚܠܝܐ ܠܥܠ	ܐܟܠܐ ܐܟܝܠܣܘܕܗܘ 15
ܕܡܗ ܘܐܗܕܐ	ܠ ܝܘܣܡܢܘܗܕ	ܣܐܝܟܐ ܟܢܣܘܒ	ܠܩܘ ܗܘܐ ܡܗ ܠܟ
ܕܚܠ ܟܐܠܘܐ ܠܝ	ܝܘܗܕܐܝܟܐܠܘ	ܠܝܣܟ ܡܕܥ ܗܘܘ:	ܠܩܘܡܣܐ ܗܕܢܕ
ܡܥܝܢ ܕܚܕܝܡܠܘ	ܟܢܝܘܠܐ ܝܢ	ܐܠܠܐܝܟܐ ܘܣܡܕܘܗ 19	ܝܘܣܘܡܘ: ܐܢܕܗܘ
ܠܚܕܗ 25 ܡܝܚ 25	ܕܗܐ ܝܘܕܕܐ ܘܗܝ	ܡܠܟ ܟܕܘܢ ܗܘܘ	ܗܟܐ ܗܘܐ ܐܢܕ
ܐܘܕܘܟܐ ܚܕܐ	ܟܢܝܘܣܘܡܣ ܘܡܣ	ܐܠܝܟܐ ܣܠܠܚܐܐܠ	ܡܠܝܐ ܣܝܣ:
ܕܚܕܝܟܐ: ܚܢܕܝܟܐ	ܟܐܘܣܘܣ 22 ܟܘܣܘܣ 22	ܝܢ ܠܟ 20 ܥܕܢ 20	ܝܐ ܗܟܕ ܕܢ ܕܡܠܝܝܐ 16
ܐܠܟܐ ܚܕ ܟܐܠܟܐ	ܗܣܕܕ ܗܘ ܚܠܝ	ܐܟܘܠܐܝ ܟܘܝܣܢ	ܘܗܣܝ ܗܣܘܡ
ܡܝܣ ܡܣ ܡܘܣ	ܠܟܣܘܕܗ ܠܐܩ ܐܟܠܐ	ܐܠܗܘ ܡܬܚܘܒ ܗܘܘ	ܣܕܐ ܣܟܝܣܘܕܐ
ܠܝ ܟܠܠܟܕ ܟܣܬ	ܐܟ ܟܢ ܠܝ ܐܟܐ	ܡܗܘܣܢ	ܡܠܘܢܕܐ: ܚܘܣܝܐ
ܡܕܐ ܕܢ ܣܣܘܡܠܣ 26	ܟܘܐ ܩܘܐ ܗܘܐ	ܡܝܣ ܠܡܝܟ ܬܟ ܗܕ	ܕܚܘܠܕܢ ܟܘܗܒ
ܘܚܢܕܐ ܠܡ ܐܢܟܕ:	ܠܟ ܠܝܣܟܐ ܝܒܕ	ܡܕܗ: ܘܩܠܣܘܡܚܣܕ[2]	ܕܡܕ 17 ܠܩܠܝܣ 17
ܩܣܠܘܩ ܪܢ ܢܕ 27	ܟܚ ܝܣܘܡܠܕ ܕܡ	ܡܠܝܐ ܗܘܐ ܡܗ ܕܢ	ܗܒܣܣ
ܠܝ ܗܘܐ ܕܚ	ܡܝܣ 23 ܟܠܟܐ ܝܢ 23	ܝܣܕܚ ܝܢ ܟܠܘ	ܡܬܚܘܣܡ ܗܘܘ
ܣܡܕ ܣܕܒܘܟܐ	ܟܘܣܡ ܠܠܚ ܕܚ	ܡܕܬܘܗ ܘܗܕܘܩ:	ܐܠܟܠܐ ܡܝܣܚ
ܣܟܘܬܘܗܟ ܠܥܠܠ	ܣܘܟܠܐ ܠܠܟ ܟܘܕܟܐܣܘ	ܡܕܣܐܕ ܟܢܗ ܣܕܐ ܕܡܕ	ܠܫܘܕܘ

[1] Cod. ܘܣܩܠܐ [2] Cod. ܘܣܩܠܐ

ACTS XXVII. 14—27.

τὴν Κρήτην. 14 μετ᾽ οὐ πολὺ δὲ ἔβαλεν ¹κατ᾽ αὐτῆς¹ ἄνεμος τυφωνικὸς ὁ
καλούμενος Εὐρακύλων· 15 συναρπασθέντος δὲ τοῦ πλοίου καὶ μὴ δυναμένου
ἀντοφθαλμεῖν τῷ ἀνέμῳ ἐπιδόντες ¹ ἐφερόμεθα. 16 νησίον δέ τι ὑποδραμόντες
καλούμενον Κλαῦδα ἰσχύσαμεν μόλις περικρατεῖς γενέσθαι τῆς σκάφης, 17 ἣν
ἄραντες ¹βοηθείαις ἐχρῶντο¹, ὑποζωννύντες τὸ πλοῖον· φοβούμενοί τε μὴ εἰς τὴν ²
Σύρτιν ἐκπέσωσιν, χαλάσαντες τὸ σκεῦος, οὕτως ἐφέροντο. 18 σφοδρῶς δὲ
χειμαζομένων ἡμῶν τῇ ἑξῆς ἐκβολὴν¹ ἐποιοῦντο, 19 καὶ τῇ τρίτῃ αὐτόχειρες
¹τὴν σκευὴν¹ τοῦ πλοίου ἔριψαν. 20 μήτε δὲ ἡλίου μήτε ἄστρων ἐπιφαινόντων
ἐπὶ πλείονας ἡμέρας, χειμῶνός τε οὐκ ὀλίγου ἐπικειμένου, λοιπὸν περιῃρεῖτο
ἐλπὶς πᾶσα τοῦ σώζεσθαι ἡμᾶς. 21 Πολλῆς τε ἀσιτίας ὑπαρχούσης τότε
σταθεὶς ὁ Παῦλος ἐν μέσῳ αὐτῶν εἶπεν Ἔδει μέν, ὦ ἄνδρες, πειθαρχήσαντάς
μοι μὴ ἀνάγεσθαι ἀπὸ τῆς Κρήτης κερδῆσαί τε τὴν ὕβριν ταύτην καὶ τὴν
ζημίαν ¹. 22 καὶ τὰ νῦν παραινῶ ὑμᾶς εὐθυμεῖν· ἀποβολὴ γὰρ ψυχῆς οὐδεμία
ἔσται ἐξ ὑμῶν πλὴν τοῦ πλοίου. 23 παρέστη γάρ μοι ταύτῃ τῇ νυκτὶ τοῦ
Θεοῦ οὗ εἰμι, ᾧ καὶ λατρεύω, ἄγγελος 24 λέγων ¹ Μὴ φοβοῦ, Παῦλε· Καίσαρί
σε δεῖ παραστῆναι, καὶ ἰδοὺ κεχάρισταί σοι ὁ Θεὸς πάντας τοὺς πλέοντας μετὰ
σοῦ. 25 διὸ εὐθυμεῖτε, ἄνδρες· πιστεύω γὰρ τῷ Θεῷ ὅτι οὕτως ἔσται καθ᾽ ὃν
τρόπον λελάληταί μοι. 26 εἰς νῆσον δέ τινα δεῖ ἡμᾶς ἐκπεσεῖν. 27 Ὡς δὲ
τεσσαρεσκαιδεκάτη νὺξ¹ ἐγένετο διαφερομένων

14¹⁻¹ Cod. καθ᾽ ἡμῶν (cum Pesh.). 15¹ + οὕτως.▧ 17¹⁻¹ ἐνέφραξαν 17² + μέσην.▧
18¹ + εἰς τὴν θάλασσαν.▧ 19¹⁻¹ τὰς σκευὰς (cum Pesh.). 21¹ + ταύτην.▧ 24¹ + μοι
(cum Pesh.). 27¹ + ἡμῖν.▧

Climacus II.

ROMANS IV. 17—V. 4.

f. 127 b	f. 127 a

¹ Cod. ܡܪܐܘܬܗܝܢ ² Cod. ܟܐܢܘܬܐ

— Cf. *Studia Sinaitica* VI. p. 2.

ROMANS IV. 17—V. 4.

17 καθὼς γέγραπται ὅτι Πατέρα πολλῶν ἐθνῶν τέθεικά σε, κατέναντι οὗ ἐπίστευσεν Θεοῦ τοῦ ζωοποιοῦντος τοὺς νεκροὺς καὶ καλοῦντος τὰ μὴ ὄντα ὡς ὄντα· 18 ὃς παρ' ἐλπίδα ἐπ' ἐλπίδι ἐπίστευσεν, εἰς τὸ γενέσθαι αὐτὸν πατέρα πολλῶν ἐθνῶν κατὰ τὸ εἰρημένον Οὕτως ἔσται τὸ σπέρμα σου· 19 καὶ μὴ ἀσθενήσας τῇ πίστει [1] κατενόησεν τὸ ἑαυτοῦ σῶμα νενεκρωμένον, ἑκατονταέτης που[2] ὑπάρχων, καὶ τὴν νέκρωσιν τῆς μήτρας Σάρρας· 20 εἰς δὲ τὴν ἐπαγγελίαν τοῦ Θεοῦ οὐ διεκρίθη τῇ ἀπιστίᾳ, ἀλλὰ ἐνεδυναμώθη τῇ πίστει, δοὺς δόξαν τῷ Θεῷ 21 καὶ πληροφορηθεὶς ὅτι ὃ ἐπήγγελται [1] δυνατός ἐστιν καὶ ποιῆσαι. 22 διὸ καὶ ἐλογίσθη αὐτῷ εἰς δικαιοσύνην. 23 Οὐκ ἐγράφη δὲ δι' αὐτὸν μόνον ὅτι ἐλογίσθη αὐτῷ, 24 ἀλλὰ καὶ δι' ἡμᾶς, οἷς μέλλει λογίζεσθαι, τοῖς πιστεύουσιν ἐπὶ τὸν ἐγείραντα Ἰησοῦν τὸν Κύριον ἡμῶν [1] ἐκ νεκρῶν, 25 ὃς παρεδόθη διὰ τὰ παραπτώματα ἡμῶν καὶ ἠγέρθη διὰ τὴν δικαίωσιν ἡμῶν. V. 1 Δικαιωθέντες οὖν ἐκ πίστεως εἰρήνην ἔχωμεν πρὸς τὸν Θεὸν διὰ τοῦ Κυρίου ἡμῶν Ἰησοῦ Χριστοῦ, 2 δι' οὗ καὶ τὴν προσαγωγὴν ἐσχήκαμεν [1] τῇ πίστει εἰς τὴν χάριν ταύτην ἐν ᾗ ἑστήκαμεν, καὶ καυχώμεθα ἐπ' ἐλπίδι τῆς δόξης τοῦ Θεοῦ. 3 οὐ μόνον[1] δέ[2], ἀλλὰ καὶ καυχώμεθα ἐν ταῖς θλίψεσιν, εἰδότες ὅτι ἡ θλίψις ὑπομονὴν κατεργάζεται, 4 ἡ δὲ ὑπομονὴ δοκιμήν,

19[1] Cod. + ἀλλά. 🖂 19[2] om. που (cum Pesh.). 21[1] + αὐτῷ (cum Pesh.). 24[1] + τὸν Χριστὸν (cum Pesh.). V. 2[1] + νῦν. 🖂 3[1] om. μόνον (cum Stud. Sin. VI.). 3[2] οὖν. 🖂

Climacus II.

ROMANS V. 4ᵇ—15ᵃ.

ܟܢ ܐܠܗܐ ܕܚ 13	ܣܗ ܐܠܗܐ ܟܢ	ܟܢ ܟܠܟܠ ܟܠܟ ܕܚ	* ܟܗܘܐܟܢ ܗܢ
ܟܐܘܡܣܒ	ܕܚܐܢܝ ܗܕܘ	ܟܐܣܚ ܟܠܟ	5 ܟܗܕܟ ܗܟ : ܐܚܐ 5
ܗܘܐ ܟܠܗܘܟ	ܒܚܐܟܘܟܐܕ	ܟܘܐܗܕ ܟܣܟ :	ܘܐܗ ܟܠ ܗܢ
ܟܠܗܟܒ : ܟܠܗܟܒ	ܘܣܘ ܩܘܕܝܟܢ :	ܐܠܐ ܗܢ ܘܚܣ 8	ܠܗܕܠ
ܘܐܗ ܟܠ ܗܢ	ܟܘܣܠܚ ܟܠ ܐ 11	ܚܠܘܣ ܗܘܐܣܚ	ܗܚܣܘܗ
ܗܘܚ ܟܣܚܘܚܕ	ܐ ܟܠܟ ܟܩܘܐ	ܚܠܣܗܟ ܟܝܚ ܗܕܗ	ܟܚܒܟ ܟܠܗܟܕ
ܟܠܐ ܗܚܒܟ	ܟܕܐܒܟ ܟܠܟܒ	ܟܠ ܟܣܚܚ	ܚܚܠܚ
: ܟܘܣܒܚ ܟܗ	ܘܣܗܣ ܚܚܕ	: ܟܚܕ ܟܠܗܕ	ܟܚܘܢܚ
ܝܠܚ ܟܠܟ 14	ܗ : ܟܣܚܒ	ܐܟ ܟܚܒ ܣܗ 9	ܚܣܟܚܘܒܕܗ
ܗܢ ܟܘܗܕ ܗܢ	ܚܚܣܣ ܗܘܕ	ܟܘܪܐܘܕ ܟܠ	ܠ ܗܣܚܘܒܟܕ *
ܟܠܗܟ ܚܕ ܘܗܕܟ	12 ܟܘܣܒܒ : † ܟܠܗܕܠ 12	ܚܚܠܒܟܐܘܕ ܗܕܗ	ܟܘܗܚܘܗܠ ܣܘܠܣ
ܟܣܒ ܟܘܐ	ܟܠ ܚܝܣ ܗܟ	ܚܘܕܚܚ	ܟܚܘܣܚ
ܟܠܐ ܝܠܗ ܟܠ ܟܕ	ܗܕ¹ ܟܚܘܚܚܕ	ܘܩܘܕܝܢ	ܟܚܣܘܚ
: ܟܘܗܠܟ	ܟܠܚ ܚܢܚ	ܗܢ ܟܚܘܚܚ	
ܟܗܘܒܟ	: ܟܠܚܠ ܟܠܗܟܘ	ܗ ܟ ܟܐܘܕܐ : ܟܐܘܗܐ 10 10	ܟܣܚܚ ܗ ܟܠ ܟ 6 †
ܗܣܘܣܚ ܗܒܚܕ	ܗܪܘܚܘ	ܚܚܒܚ ܠܚܚܒܚ	ܝܠܘܗ ܗܘܗ ܗܕ
ܗܕ : ܟܗܕܟܕ	ܟܠܗܟܘܕ	ܝܠܘܗ¹	ܗܘܕ ܝܒܚܟܕ
ܟܘܗܕ ܗܘܐ¹ ܗܕܗ	ܗܚܘܟ : ܟܗܘܚܕ	: ܟܗܘܣ ܗܢ	ܠܚ ܗܘܣܚܚ
: ܟܚܘܚܕ ܗܘܗ	ܟܣܚܚ ܠܘܚ ܠܚ	ܟܣܝܚܚܟܘ	ܚܚܣܚܪ ܠܚ
ܗܘܚ ܟܠ ܟܠܟ 15	: ܟܗܘܕ ܗܚܚ	ܟܠܗܟ	ܗܚ : ܚܣܣܚ 7
ܟܘܪܝܚܚܕ	ܟܘܗܚܘ ܟܗܒܚ	ܗܘܚܚ	ܗܘܕ ܝܠܚ ܠܚ ܗܕ
ܗܘܐ ܚܣܗܘ	ܘܠܗܘܣܚ	: ܗܘܕܗ	: ܟܚܕ ܪܚܟ

¹ Cod. ܗܕܗ

— Cf. *Studia Sinaitica* VI. p. 2. †—† Cf. *Studia Sinaitica* VI. p. 114.

ROMANS V. 4ᵇ—15ᵃ.

4ᵇ ἡ δὲ δοκιμὴ ἐλπίδα· 5 ἡ δὲ ἐλπὶς οὐ καταισχύνει, ὅτι ἡ ἀγάπη τοῦ Θεοῦ ἐκκέχυται ἐν ταῖς καρδίαις ἡμῶν διὰ Πνεύματος Ἁγίου τοῦ δοθέντος ἡμῖν.

Κεφάλαιον Εἰς τὴν παρασκευὴν τῆς Ἁγίας Ἑβδομάδος.

6 ¹ἔτι γὰρ¹ Χριστὸς ὄντων ἡμῶν ἀσθενῶν ἔτι κατὰ καιρὸν ὑπὲρ ἀσεβῶν ἀπέθανεν. 7 μόλις γὰρ ὑπὲρ δικαίου τις ἀποθανεῖται· ὑπὲρ γὰρ τοῦ ἀγαθοῦ τάχα τις καὶ¹ τολμᾷ ἀποθανεῖν· 8 συνίστησιν δὲ τὴν ἑαυτοῦ ἀγάπην εἰς ἡμᾶς ὁ Θεὸς ὅτι ἔτι ἁμαρτωλῶν ὄντων ἡμῶν Χριστὸς ὑπὲρ ἡμῶν ἀπέθανεν. 9 πολλῷ οὖν μᾶλλον δικαιωθέντες νῦν ἐν τῷ αἵματι αὐτοῦ σωθησόμεθα δι᾽ αὐτοῦ ἀπὸ τῆς ὀργῆς. 10 εἰ γὰρ¹ ἐχθροὶ ὄντες ² κατηλλάγημεν τῷ Θεῷ διὰ τοῦ θανάτου τοῦ Υἱοῦ αὐτοῦ, πολλῷ μᾶλλον ³ καταλλαγέντες σωθησόμεθα ἐν τῇ ζωῇ αὐτοῦ· 11 οὐ μόνον δέ¹, ἀλλὰ καὶ καυχώμενοι² ἐν τῷ Θεῷ διὰ τοῦ Κυρίου ἡμῶν Ἰησοῦ Χριστοῦ, δι᾽ οὗ νῦν³ τὴν καταλλαγὴν ἐλάβομεν. 12 Διὰ τοῦτο ὥσπερ δι᾽ ἑνὸς ἀνθρώπου ἡ ἁμαρτία εἰς τὸν κόσμον εἰσῆλθεν, καὶ διὰ τῆς ἁμαρτίας ὁ θάνατος, καὶ οὕτως εἰς πάντας ἀνθρώπους ὁ θάνατος διῆλθεν, ἐφ᾽ ᾧ πάντες ἥμαρτον· 13 ἄχρι γὰρ νόμου ἁμαρτία ἦν ἐν κόσμῳ, ἁμαρτία δὲ οὐκ ἐλλογεῖται μὴ ὄντος νόμου· 14 ἀλλὰ ἐβασίλευσεν ὁ θάνατος ἀπὸ Ἀδὰμ μέχρι Μωϋσέως καὶ ἐπὶ τοὺς μὴ ἁμαρτήσαντας ἐπὶ τῷ ὁμοιώματι τῆς παραβάσεως Ἀδάμ, ὅς ἐστιν τύπος τοῦ μέλλοντος. 15 Ἀλλ᾽ οὐχ ὡς τὸ παράπτωμα, οὕτως καὶ

6¹⁻¹ Cod. εἰ γὰρ (cf. Β εἴγε). 7¹ om. καὶ.☙ 10¹ δὲ.☙ 10² + πάλαι.☙

10³ + νῦν.☙ 11¹ γὰρ.☙ 11² om. καυχώμενοι.☙ 11³ om. νῦν.☙

Climacus II.

ROMANS VI. 14[b]—VII. 2.

f. 1 b

f. 1 a

ROMANS VI. 14ᵇ—VII. 2.

14ᵇ ἀλλὰ ὑπὸ χάριν. 15 Τί οὖν; ἁμαρτήσωμεν, ὅτι οὐκ ἐσμὲν ὑπὸ νόμον
ἀλλὰ ὑπὸ χάριν; μὴ γένοιτο [1]. 16 οὐκ οἴδατε ὅτι ᾧ παριστάνετε ἑαυτοὺς
δούλους εἰς ὑπακοήν, δοῦλοί ἐστε ᾧ ὑπακούετε, ἤτοι ἁμαρτίας εἰς θάνατον
ἢ ὑπακοῆς εἰς δικαιοσύνην; 17 χάρις δὲ τῷ Θεῷ ὅτι ἦτε δοῦλοι τῆς ἁμαρτίας,
ὑπηκούσατε δὲ ἐκ καρδίας [1] εἰς ὃν παρεδόθητε τύπον διδαχῆς, 18 ἐλευθερωθέντες
δὲ[1] ἀπὸ τῆς ἁμαρτίας ἐδουλώθητε τῇ δικαιοσύνῃ. 19 ἀνθρώπινον λέγω διὰ
τὴν ἀσθένειαν τῆς σαρκὸς ὑμῶν. ὥσπερ γὰρ[1] παρεστήσατε τὰ μέλη ὑμῶν
δοῦλα τῇ ἀκαθαρσίᾳ καὶ τῇ ἀνομίᾳ [2]εἰς τὴν ἀνομίαν[2], οὕτως νῦν παραστή-
σατε τὰ μέλη ὑμῶν δοῦλα τῇ δικαιοσύνῃ εἰς ἁγιασμόν. 20 ὅτε γὰρ δοῦλοι
ἦτε τῆς ἁμαρτίας, ἐλεύθεροι ἦτε τῇ δικαιοσύνῃ. 21 τίνα οὖν καρπὸν εἴχετε
τότε; ἐφ᾽ οἷς νῦν ἐπαισχύνεσθε· τὸ γὰρ τέλος ἐκείνων θάνατος. 22 νυνὶ δὲ
ἐλευθερωθέντες ἀπὸ τῆς ἁμαρτίας δουλωθέντες[1] δὲ τῷ Θεῷ, ἔχετε [2] τὸν καρπὸν
ὑμῶν εἰς ἁγιασμόν, τὸ δὲ τέλος ζωὴν αἰώνιον. 23 τὰ γὰρ ὀψώνια τῆς ἁμαρτίας
θάνατος, τὸ δὲ χάρισμα τοῦ Θεοῦ ζωὴ αἰώνιος [1]ἐν Χριστῷ Ἰησοῦ τῷ Κυρίῳ
ἡμῶν[1]. VII. 1 *Ἢ ἀγνοεῖτε, ἀδελφοί, γινώσκουσιν γὰρ νόμον λαλῶ, ὅτι ὁ
νόμος κυριεύει τοῦ ἀνθρώπου[1] ἐφ᾽ ὅσον χρόνον ζῇ; 2 ἡ γὰρ ὕπανδρος γυνὴ
τῷ ζῶντι ἀνδρὶ[1]

15[1] Cod. + ἡμῖν.🐚 17[1] + ὑμῶν.🐚 18[1] οὖν (cum ℵ C). 19[1] om. γὰρ (cum Pesh.).
19[2-2] om. εἰς τὴν ἀνομίαν (cum B Pesh.). 22[1] δοῦλοι γενόμενοι (cf. D₂ F₂ *Latine* Pesh.).
22[2] + μᾶλλον.🐚 23[1-1] ἐν τῷ Κυρίῳ ἡμῶν Ἰησοῦ Χριστῷ.🐚 VII. 1[1] ἀνδρὸς (cum Pesh.).
2[1] + αὐτῆς (cum Pesh.).

Climacus II.

ROMANS VII. 2[b]—11.

f. 126b

f. 126a

ܡܘܠܝܐ	ܐܬܝܐ ܡܬܩܛܠܕܗ	ܟܒ ܐܟܘ ܒܕ	ܣܪ ܡܘܣܐ :
ܚܕܘܚܕ	ܡܘܣܕ	ܐܩܬܩ	ܘܡ ܐܣܟܝܐ
ܐܣܕܘܐ :	ܡܩܡ ܡܕܘ	ܐܣܘܚܣܠ	ܠܝܣܘܚܣ :
ܕ ܐܬܠܚܘ	ܣܒܣܒ ܐܘܝ	ܣܚܕܘܚ ܟܕܚܐ	ܚܐܕ ܕܕ ܐܚ
ܚܕ ܐܬܘܣܐ ܠܘܚ	ܗܘܘܕ ܐܬܘܣܕ :[1]	: ܐܣܝܟܣܕ	ܐܠܠܕ ܐܕܚܝ
ܣܚ ܚܠ ܚܒܠ	ܗܬܘܘܚܣ. ܐܠܘ[1]	ܗܬܚܕܬܘܩ	ܘܘܣܚܣ ܣܕ
ܐܣܘܚܣ	: ܚܕܘܚ	ܚܒܠ ܘܣܠ	3 : ܗܕܚܕ[3] ܘܣ
ܐܬܠܘܡ ܐܬܠܚܘ	ܥܟ ܐܟ ܘܟ ܥܠ7	ܡܚ ܡܕ ܚܣܕ	ܠܒ ܟܘ ܥܟ
ܡܘ ܗ ܐܢܐ ܟ9	: ܡܬܚܐ	ܐܚܒܕ : ܐܒܝܚܚ	ܐܕܚܕ ܐܒܕܚܕ
ܣܚ ܚܒܠ ܣܪ	ܐܣܘܚܣܕ	ܐܠܟܠܟ ܡܬܚ	ܣܪ ܐܢܢܟܚ ܘܡ
: ܡܕܚ ܐܣܘܚܣ	ܘܡ : ܐܠܘܡ	ܡܘܗ ܚܠ ܒܕ5	ܟܥ ܐܟܚܒܥ
ܐܝܕܐ ܕܚ ܒܕ	ܐܠܟ : ܡܝ ܣܟܠ	: ܐܝܣܚܚ	ܐܚܕܠ ܡܘܚ ܕ
ܐܣܠܘܡܐ ܐܣܡܚ	ܐܠ ܐܬܠܘܡ	ܐܣܝܚܚ	ܕ ܟܥ : ܚܘܣ
ܕ ܐܟܝܣ ܐܬܟܣ	ܘܚܕ ܡܘܣ	ܐܬܠܚܩܘ	ܗܕܚ ܚܒܥ
: ܣܕܝܚܕ :	ܐܠܠܚܒ ܐܠ ܟܟ	ܣܚܕܚ ܡܠܝܚ	ܡܬܣ ܚܣܚ
ܠ ܐܣܝܚܣܘ 10	: ܐܣܘܚܣ	ܐܣܘܚܣ	ܡܚ ܐܟ ܡܘ ܡܣ
ܡܘ ܣܒܣܚ	ܕ ܐܣܬܘܣܬ ܕܕ	ܘܘܡ ܡܠܣܚܒܕ	ܐܠܒ ܣܘܣܣܠ
ܡܬܠ ܐܘܡ ܡܘܗܕ	ܚܒܣ ܡܘܡ ܐܠ	ܡܚܕܟܟ	ܐܢܐܚܟ ܐܘܡ
: ܗܠܘܚܠ	ܐܘܣ ܐܣܘܚܣ ܟ ܟܟ	ܐܚܚܕ ܚܒܕܠ	ܒܚܕܚܒ ܟ
ܕܣܘܚ ܚܕ ܟܟ11	ܟܠ ܐܚܕܕ	: ܐܬܘܚܠ ܡܬܚ	: ܣܘܚ ܐܚܠ
ܚܕܘܚܕ	8 ܟܠܚ 8: ܐܕܬܚܕ	ܡܠܠܚܒ ܐܟ ܗܕ6	4 ܟ ܐ ܡܘ
ܡܘܠܝܐ	ܘܕ ܣܚܣ ܕ	ܐܣܘܚܣ ܣܚ	ܩܘܐ ܡܘܩ

ROMANS VII. 2ᵇ—11.

2ᵇ δέδεται νόμῳ [1]· ἐὰν δὲ ἀποθάνῃ ὁ ἀνήρ [2], κατήργηται ἀπὸ τοῦ νόμου τοῦ ἀνδρός [3]. 3 ἄρα οὖν ζῶντος τοῦ ἀνδρὸς [1] μοιχαλὶς χρηματίσει ἐὰν γένηται ἀνδρὶ ἑτέρῳ· ἐὰν δὲ ἀποθάνῃ ὁ ἀνήρ [2], ἐλευθέρα ἐστὶν ἀπὸ τοῦ νόμου [3], τοῦ μὴ εἶναι αὐτὴν μοιχαλίδα γενομένην ἀνδρὶ ἑτέρῳ. 4 ὥστε, ἀδελφοί μου, καὶ ὑμεῖς [1] ἐθανατώθητε τῷ νόμῳ διὰ τοῦ σώματος τοῦ Χριστοῦ, εἰς τὸ γενέσθαι ὑμᾶς ἑτέρῳ, [2] τῷ ἐκ νεκρῶν ἐγερθέντι, ἵνα καρποφορήσωμεν τῷ Θεῷ. 5 ὅτε γὰρ ἦμεν ἐν τῇ σαρκί, τὰ παθήματα τῶν ἁμαρτιῶν τὰ διὰ τοῦ νόμου ἐνηργεῖτο ἐν τοῖς μέλεσιν ἡμῶν εἰς τὸ καρποφορῆσαι τῷ θανάτῳ· 6 νυνὶ δὲ κατηργήθημεν ἀπὸ τοῦ νόμου, ἀποθανόντες ἐν ᾧ κατειχόμεθα, ὥστε δουλεύειν ἡμᾶς ἐν καινότητι πνεύματος καὶ οὐ παλαιότητι γράμματος. 7 Τί οὖν ἐροῦμεν; [1] ὁ νόμος ἁμαρτία; μὴ γένοιτο [2]· ἀλλὰ τὴν ἁμαρτίαν οὐκ ἔγνων εἰ μὴ διὰ νόμου· τήν [3]τε γὰρ[3] ἐπιθυμίαν οὐκ ᾔδειν εἰ μὴ ὁ νόμος ἔλεγεν Οὐκ ἐπιθυμήσεις· 8 ἀφορμὴν δὲ λαβοῦσα ἡ ἁμαρτία διὰ τῆς ἐντολῆς κατειργάσατο ἐν ἐμοὶ πᾶσαν ἐπιθυμίαν· χωρὶς γὰρ νόμου ἁμαρτία νεκρά. 9 ἐγὼ δὲ ἔζων χωρὶς νόμου ποτέ· ἐλθούσης δὲ τῆς ἐντολῆς ἡ ἁμαρτία ἀνέζησεν, ἐγὼ δὲ ἀπέθανον, 10 καὶ εὑρέθη μοι ἡ ἐντολὴ ἡ εἰς ζωήν, αὕτη εἰς θάνατον· 11 ἡ[1] γὰρ ἁμαρτία ἀφορμὴν λαβοῦσα διὰ

2[1] Cod. + αὐτοῦ. ᴫ 2[2] + αὐτῆς (cum Pesh.). 2[3] + αὐτῆς (cum Pesh.). 3[1] + αὐτῆς (cum Pesh.). 3[2] + αὐτῆς (cum Pesh.). 3[3] + αὐτοῦ (cf. cod. 17 + τοῦ ἀνδρός). 4[1] + οὕτως. ᴫ 4[2] + τῷ Κυρίῳ ἡμῶν. ᴫ 7[1] + ὅτι (cum 17, 46, 48 etc.). 7[2] + οὕτως. ᴫ 7[3]⁻[3] δὲ (F₂ G om. τε). 11[1] ἤ. ᴫ

IIO

Climacus II.

ROMANS VIII. 9b—21a.

f. 45 a

f. 45 b

— Cf. *Studia Sinaitica* VI. p. 4.

ROMANS VIII. 9ᵇ—21ᵃ.

9ᵇ Χριστοῦ οὐκ ἔχει, οὗτος οὐκ ἔστιν αὐτοῦ. 10 εἰ δὲ Χριστὸς ἐν ὑμῖν, τὸ μὲν σῶμα νεκρὸν διὰ ἁμαρτίαν, τὸ δὲ πνεῦμα ζωὴ διὰ δικαιοσύνην. 11 εἰ δὲ τὸ Πνεῦμα τοῦ ἐγείραντος τὸν Ἰησοῦν [1] ἐκ νεκρῶν οἰκεῖ ἐν ὑμῖν, ὁ ἐγείρας ἐκ νεκρῶν [2]Χριστὸν Ἰησοῦν[2] ζωοποιήσει καὶ τὰ θνητὰ σώματα ὑμῶν διὰ τοῦ ἐνοικοῦντος αὐτοῦ Πνεύματος ἐν ὑμῖν. 12 Ἄρα οὖν, ἀδελφοί, ὀφειλέται ἐσμέν, οὐ τῇ σαρκὶ τοῦ κατὰ σάρκα ζῆν. 13 εἰ γὰρ κατὰ σάρκα ζῆτε, μέλλετε ἀποθνήσκειν· εἰ δὲ πνεύματι τὰς πράξεις τοῦ σώματος θανατοῦτε, ζήσεσθε. 14 ὅσοι γὰρ Πνεύματι Θεοῦ ἄγονται, οὗτοι υἱοί εἰσιν Θεοῦ. 15 οὐ γὰρ ἐλάβετε πνεῦμα δουλείας πάλιν εἰς φόβον, ἀλλὰ ἐλάβετε πνεῦμα υἱοθεσίας, ἐν ᾧ κράζομεν Ἀββᾶ ὁ Πατήρ [1]. 16 αὐτὸ τὸ Πνεῦμα συνμαρτυρεῖ τῷ πνεύματι ἡμῶν ὅτι ἐσμὲν τέκνα Θεοῦ. 17 εἰ δὲ τέκνα, καὶ κληρονόμοι· κληρονόμοι μὲν Θεοῦ, συνκληρονόμοι δὲ Χριστοῦ, εἴπερ συνπάσχομεν ἵνα καὶ συνδοξασθῶμεν. 18 Λογίζομαι γὰρ ὅτι οὐκ ἄξια τὰ παθήματα τοῦ νῦν καιροῦ πρὸς τὴν μέλλουσαν δόξαν ἀποκαλυφθῆναι εἰς ἡμᾶς. 19 ἡ γὰρ ἀποκαραδοκία τῆς κτίσεως τὴν ἀποκάλυψιν τῶν υἱῶν τοῦ Θεοῦ ἀπεκδέχεται. 20 τῇ γὰρ ματαιότητι ἡ κτίσις ὑπετάγη, οὐχ ἑκοῦσα, ἀλλὰ διὰ τὸν ὑποτάξαντα [1], ἐφ᾽ ἐλπίδι 21 διότι καὶ αὐτὴ ἡ κτίσις

11[1] Cod. + τὸν Χριστὸν (cum Pesh.). 11[2-2] Ἰησοῦν τὸν Χριστὸν (cum Pesh.; cf. C). 15[1] + ἡμῶν (cum Pesh.). 20[1] + αὐτὴν (cum Pesh.).

Climacus II.

ROMANS IX. 30ᵇ—X. 9.

f. 40 a

f. 40 b

[Syriac text in four columns, transcribed right-to-left]

ܪܘܡܝܐ ܕܗܘܬ: ܘܩܡܘ ܗܘ ܐܢ ܐܠܐ ܪܗܛ ܕܥܡܗ

ܐܠܐ ܡܢ ܐܡܢ 7 ܚܫܚ ܠܘܩܕܡܝܐ ܚܕ ܗܘ ܘܠܐ ܐܡܢ ܘܗܝ

ܐܠ: ܐܘܕܬܐ ܘܣܩܘܗ ܐܘܬܐܒܠ ܕܝܢ ܐܡܪܝܢ: ܐܡܪ

ܣܘܡܣ ܗܘ ܐܠܐܟܠ ܕܗܘܐ ܠܝ ܣܥܘܕܬܐ: ܥܡ ܗܝ ܗܘ ܗܝ

ܡܢ ܐܢܫܐ ܕܐ ܠܐ ܐܟܒܕܕܘ: ܡܢܗ ܕܡܘܣܡܝܢ ܣܘܡܣܐ:

ܐܬܟܬ ܡ: 4 ܐܠܥ ܡܪܡ ܠܙ ܡܪܚ ܠܐ ܗܕ 31 ܐܣܪܐܝܠ ܕܝܢ

8 ܐܠܐ ܐܡ ܗܘ ܣܘܡܗܘܣ ܕܗܘܬ

ܐܒܕܬܐ ܕܒܪ ܐܡ: ܠܗܘܢ ܐܢܫܐ ܗܘܣܟܡܐ

ܠܝ ܗܘ ܐܢܫܝܢ ܡܢ ܠܗܘܕ ܦܣܩ ܡܥܠܝܘ ܐܡܪܝܢ:

ܥܒܕܝܐ ܐܬܐܠܗ: ܡܘܣܡܝܢ: X. 1 ܣܘܣܐ ܐܢܫܟ ܣܘܣܐ ܠܣܘܡܣܐ

ܠܐ: ܘܡܥܠܝ 5 ܚܕ ܒܪ ܐܥܡ ܡܢ ܕܠܚ ܐܡܘܗܝ ܠܐ

ܐܡ ܘܗܘ ܐܬܠܬܐ ܕܡ ܐܡܢ ܩܛܠܬ 32 ܠܟܠ ܡܛܠ 32

ܐܒܘܬܗܡܐ ܣܘܡܗܐ: ܘܡܚܬ ܠܟܘܬ ܠܟܠ ܠܚܕܐ

ܗܟܡ ܗܟܕ ܕܚܕܐܬ ܐܠܟܡ ܠܟ ܘܣܝܡܗ ܡܢ ܐܠܟ

9 ܡܚܙܝܢ: ܐܘܗ ܗܡ ܡܟ ܠܡ: ܠܣܬܡ ܗܘܣܡܘܗܠ ܐܬܐ ܕܗܘ ܐܟܟ

ܐܒܘܕ ܕܒܥܝܐ 6 ܕܗ ܕܝ ܐܡܢ 2 ܕܩܒܠܐ ܐܟܟ ܕܗܡܝ ܚܘܬܒܐ ܕܗܡ

ܣܘܣܘ ܐܠ ܐܡ ܗܘ ܣܘܣܐܬ ܐܡܬ ܠܚ ܕܗܝܣ ܣܘܣܗܘܣ

ܣܘܡܗ ܐܡ ܐܒܕ: ܣܘܡܗܘ ܐܠܟܐ ܕܒܣ ܠܘܗܢ ܐܬܠܘܬ ܠܚ

ܘܡܗ ܐ ܠܐ ܕܒܥܝܬ ܡܢ ܥܠܝܗ ܐܠܐ ܠܐ ܗܕܐ ܘܚܒ

ܡܢ ܡܢ ܣܥܘܕܬܐ ܗܘ ܟܠ 3 ܣܘܡܝܢ ܠܚ ܠܐ ܕܗܘܡܢ ܣܡ ܝܗ ܕܗܝܘ 33

ROMANS IX. 30ᵇ—X. 9.

30ᵇ διώκοντα δικαιοσύνην κατελαβεν δικαιοσύνην, δικαιοσύνην δὲ τὴν ἐκ πίστεως· 31 Ἰσραὴλ δὲ διώκων νόμον δικαιοσύνης εἰς νόμον [1] οὐκ ἔφθασεν. 32 διὰ τί; ὅτι[1] οὐκ ἐκ πίστεως ἀλλ' ὡς ἐξ ἔργων [2]· προσέκοψαν [3] τῷ λίθῳ τοῦ προσκόμματος, 33 καθὼς γέγραπται

Ἰδοὺ τίθημι ἐν Σιὼν λίθον προσκόμματος καὶ πέτραν σκανδάλου,
καὶ ὁ πιστεύων ἐπ' αὐτῷ οὐ καταισχυνθήσεται.

Ἀρχὴ Κεφαλαίου.

X. 1 Ἀδελφοί, ἡ μὲν εὐδοκία τῆς ἐμῆς καρδίας καὶ ἡ δέησις [1] πρὸς τὸν Θεὸν ὑπὲρ αὐτῶν εἰς σωτηρίαν. 2 μαρτυρῶ γὰρ αὐτοῖς ὅτι ζῆλον Θεοῦ ἔχουσιν, ἀλλ' οὐ κατ' ἐπίγνωσιν· 3 ἀγνοοῦντες γὰρ τὴν τοῦ Θεοῦ δικαιοσύνην, καὶ τὴν ἰδίαν [1] ζητοῦντες στῆσαι, τῇ δικαιοσύνῃ τοῦ Θεοῦ οὐχ ὑπετάγησαν. 4 τέλος γὰρ νόμου Χριστὸς εἰς δικαιοσύνην παντὶ τῷ πιστεύοντι. 5 Μωϋσῆς γὰρ γράφει ὅτι τὴν δικαιοσύνην τὴν ἐκ νόμου ὁ ποιήσας ἄνθρωπος ζήσεται ἐν αὐτῇ. 6 ἡ δὲ ἐκ πίστεως δικαιοσύνη οὕτως λέγει Μὴ εἴπῃς ἐν τῇ καρδίᾳ σου Τίς ἀναβήσεται εἰς τὸν οὐρανόν; τοῦτ' ἔστιν Χριστὸν καταγαγεῖν· 7 ἢ Τίς καταβήσεται εἰς τὴν ἄβυσσον; τοῦτ' ἔστιν Χριστὸν ἐκ νεκρῶν ἀναγαγεῖν. 8 ἀλλὰ τί λέγει [1]; Ἐγγύς σου τὸ ῥῆμά ἐστιν, ἐν τῷ στόματί σου καὶ ἐν τῇ καρδίᾳ σου· τοῦτ' ἔστιν τὸ ῥῆμα τῆς πίστεως ὃ κηρύσσομεν. 9 ὅτι ἐὰν ὁμολογήσῃς ἐν τῷ στόματί σου [1]Κύριον Ἰησοῦν[1], καὶ πιστεύσῃς ἐν τῇ καρδίᾳ σου ὅτι ὁ Θεὸς αὐτὸν ἤγειρεν ἐκ νεκρῶν,

31[1] Cod. + δικαιοσύνης (cum Pesh.). 32[1] διότι (cum Pesh.). 32[2] + τοῦ νόμου (cum D₂ Pesh.). 32[3] + γὰρ (cum F₂ *latine* Pesh.). X. 1[1] + μου (cum Pesh.). 3[1] + δικαιοσύνην (cum F₂G Pesh. etc.) 8[1] + ἡ γραφή (cum D₂ F₂). 9[1‒1] ὅτι Κύριος Ἰησοῦς (cum B).

Climacus II.

ROMANS XV. 11ᵇ—21.

f. 16 b		f. 16 a

ROMANS XV. 11[b]—21.

11[b] αὐτὸν πάντες οἱ λαοί. 12 καὶ πάλιν Ἡσαΐας λέγει
Ἔσται ἡ ῥίζα τοῦ Ἰεσσαί,
καὶ ὁ ἀνιστάμενος ἄρχειν ἐθνῶν·
[1] ἐπ' αὐτῷ ἔθνη ἐλπιοῦσιν.
13 Ὁ δὲ Θεὸς τῆς ἐλπίδος πληρώσαι ὑμᾶς πάσης χαρᾶς καὶ εἰρήνης [1]ἐν τῷ
πιστεύειν[1], εἰς τὸ περισσεύειν ὑμᾶς ἐν τῇ ἐλπίδι ἐν δυνάμει Πνεύματος Ἁγίου.
14 Πέπεισμαι δέ, ἀδελφοί μου, καὶ αὐτὸς ἐγὼ περὶ ὑμῶν, ὅτι καὶ αὐτοὶ
μεστοί ἐστε ἀγαθωσύνης, [1] πεπληρωμένοι πάσης τῆς γνώσεως, δυνάμενοι καὶ
ἀλλήλους νουθετεῖν. 15 τολμηροτέρως δὲ ἔγραψα ὑμῖν [1] ἀπὸ μέρους, ὡς ἐπανα-
μιμνήσκων ὑμᾶς διὰ τὴν χάριν τὴν δοθεῖσάν μοι ἀπὸ τοῦ Θεοῦ 16 εἰς τὸ
εἶναί με λειτουργὸν [1]Χριστοῦ Ἰησοῦ[1] [2]εἰς τὰ ἔθνη, ἱερουργοῦντα[2] τὸ εὐαγγέλιον
τοῦ Θεοῦ, ἵνα γένηται ἡ προσφορὰ τῶν ἐθνῶν εὐπρόσδεκτος, [3] ἡγιασμένη ἐν
Πνεύματι Ἁγίῳ. 17 ἔχω οὖν τὴν καύχησιν ἐν [1]Χριστῷ Ἰησοῦ[1] τὰ[2] πρὸς τὸν
Θεόν· 18 οὐ γὰρ τολμήσω τι λαλεῖν ὧν οὐ κατειργάσατο Χριστὸς δι' ἐμοῦ
εἰς ὑπακοὴν ἐθνῶν, λόγῳ καὶ ἔργῳ, 19 ἐν δυνάμει σημείων καὶ τεράτων, ἐν
δυνάμει Πνεύματος Ἁγίου· ὥστε με ἀπὸ Ἰερουσαλὴμ καὶ κύκλῳ μέχρι τοῦ
Ἰλλυρικοῦ πεπληρωκέναι τὸ εὐαγγέλιον τοῦ Χριστοῦ[1]. 20 οὕτως δὲ φιλοτι-
μούμενον εὐαγγελίζεσθαι οὐχ ὅπου ὠνομάσθη Χριστός, ἵνα μὴ ἐπ' ἀλλότριον
θεμέλιον οἰκοδομῶ, 21 ἀλλὰ καθὼς γέγραπται
Ὄψονται οἷς οὐκ ἀνηγγέλη[1] περὶ αὐτοῦ,
καὶ οἳ οὐκ ἀκηκόασιν συνήσουσιν.

12[1] Cod. + καὶ (cum Pesh.). 13[1—1] om. ἐν τῷ πιστεύειν (cum D₂F₂ *graece*). 14[1] + καὶ
(cum D₂F₂ Pesh.). 15[1] + ἀδελφοί μου (cum Pesh.; cf. D₂F₂). 16[1—1] Ἰησοῦ Χριστοῦ (cum
Pesh.). 16[2—2] trans. ἱερουργοῦντα εἰς τὰ ἔθνη. 16[3] + καὶ (cum Pesh.). 17[1—1] Ἰησοῦ
Χριστῷ (cum Pesh.). 17[2] om. τὰ (cum Pesh.). 19[1] Θεοῦ. 21[1] lit. ἀπεκαλύφθη.

Climacus II.

I Corinthians I. 6ᵇ—17.

f. 21 b | | f. 21 a

I CORINTHIANS I. 6^b—17.

ἐβεβαιώθη [1] ἐν ὑμῖν, 7 ὥστε ὑμᾶς μὴ ὑστερεῖσθαι ἐν μηδενὶ χαρίσματι, ἀπεκδεχομένους τὴν ἀποκάλυψιν τοῦ Κυρίου ἡμῶν Ἰησοῦ Χριστοῦ· 8 ὃς καὶ βεβαιώσει ὑμᾶς ἕως τέλους ἀνεγκλήτους [1]ἐν τῇ ἡμέρᾳ[1] τοῦ Κυρίου ἡμῶν Ἰησοῦ Χριστοῦ. 9 πιστὸς ὁ Θεός, δι' οὗ ἐκλήθητε εἰς κοινωνίαν τοῦ Υἱοῦ αὐτοῦ Ἰησοῦ Χριστοῦ τοῦ Κυρίου ἡμῶν.

10 Παρακαλῶ δὲ ὑμᾶς, ἀδελφοί, διὰ τοῦ ὀνόματος τοῦ Κυρίου ἡμῶν Ἰησοῦ Χριστοῦ, ἵνα τὸ αὐτὸ λέγητε πάντες, καὶ μὴ ᾖ ἐν ὑμῖν σχίσματα, ἦτε δὲ κατηρτισμένοι ἐν τῷ αὐτῷ νοῒ καὶ ἐν τῇ αὐτῇ γνώμῃ. 11 ἐδηλώθη γάρ μοι περὶ ὑμῶν, ἀδελφοί μου, ὑπὸ τῶν Χλόης, ὅτι ἔριδες ἐν ὑμῖν εἰσιν. 12 λέγω δὲ τοῦτο, ὅτι ἕκαστος ὑμῶν λέγει Ἐγὼ μέν εἰμι Παύλου, Ἐγὼ δὲ Ἀπολλώ, Ἐγὼ δὲ Κηφᾶ, Ἐγὼ δὲ Χριστοῦ. 13 [1]μεμέρισται ὁ Χριστός; μὴ Παῦλος ἐσταυρώθη ὑπὲρ ὑμῶν, ἢ εἰς τὸ ὄνομα Παύλου ἐβαπτίσθητε; 14 εὐχαριστῶ[1] ὅτι οὐδένα ὑμῶν ἐβάπτισα εἰ μὴ Κρίσπον καὶ Γάϊον· 15 ἵνα μή τις εἴπῃ ὅτι εἰς τὸ ἐμὸν ὄνομα ἐβαπτίσθητε. 16 ἐβάπτισα δὲ καὶ τὸν Στεφανᾶ οἶκον· λοιπὸν οὐκ οἶδα εἴ τινα ἄλλον ἐβάπτισα. 17 οὐ γὰρ ἀπέστειλέν με Χριστὸς βαπτίζειν ἀλλὰ εὐαγγελίζεσθαι, οὐκ ἐν σοφίᾳ λόγου, ἵνα μὴ κενωθῇ ὁ σταυρὸς τοῦ Χριστοῦ.

6¹ Cod. + δὲ.❦ 8^{1—1} εἰς τὴν ἡμέραν vel τῇ ἡμέρᾳ.❦ 13¹ + μὴ (cum D₂F₂ Pesh.).
14¹ + τῷ Θεῷ μου (cum A Pesh.; cf. D₂F₂).

Climacus II.

I Corinthians III. 17ᵇ—IV. 6.

f. 11a f. 11b

iv. 1 ... 17ᵇ ...

21 ...

18 ...

5 ... 5 ...

2 ... 2 ... 22 ...

3 ... 3 ... 19 ...

23 ...

4 ... 20 ...

6 ...

I Corinthians III. 17ᵇ—IV. 6.

17ᵇ ὁ γὰρ ναὸς τοῦ Θεοῦ ἅγιός ἐστιν, οἵτινές ἐστε ὑμεῖς. 18 Μηδεὶς ἑαυτὸν ἐξαπατάτω· ¹εἴ τις¹ δοκεῖ σοφὸς εἶναι ἐν ὑμῖν ἐν τῷ αἰῶνι τούτῳ, μωρὸς γενέσθω, ἵνα γένηται σοφός. 19 ἡ γὰρ σοφία τοῦ κόσμου τούτου μωρία παρὰ τῷ Θεῷ ἐστιν. γέγραπται γάρ Ὁ δρασσόμενος τοὺς σοφοὺς ἐν τῇ πανουργίᾳ αὐτῶν· 20 καὶ πάλιν Κύριος γινώσκει τοὺς διαλογισμοὺς τῶν σοφῶν, ὅτι εἰσὶν μάταιοι. 21 ὥστε μηδεὶς καυχάσθω ἐν ἀνθρώποις· πάντα γὰρ ὑμῶν ἐστιν, 22 εἴτε Παῦλος εἴτε Ἀπολλὼς εἴτε Κηφᾶς, εἴτε κόσμος εἴτε ζωὴ εἴτε θάνατος, εἴτε ἐνεστῶτα εἴτε μέλλοντα, πάντα ὑμῶν, 23 ὑμεῖς δὲ Χριστοῦ, Χριστὸς δὲ Θεοῦ. IV. 1 Οὕτως ἡμᾶς λογιζέσθω ἄνθρωπος ὡς ὑπηρέτας Χριστοῦ καὶ οἰκονόμους μυστηρίων Θεοῦ. 2 ὧδε λοιπὸν¹ ζητεῖται ἐν τοῖς οἰκονόμοις ἵνα πιστός τις εὑρεθῇ. 3 ἐμοὶ δὲ εἰς ἐλάχιστόν ἐστιν ἵνα ὑφ᾽ ὑμῶν ἀνακριθῶ ἢ ὑπὸ ¹ἀνθρωπίνης ἡμέρας¹· ἀλλ᾽ οὐδὲ ἐμαυτὸν ἀνακρίνω· 4 οὐδὲν γὰρ ἐμαυτῷ σύνοιδα, ἀλλ᾽ οὐκ ἐν τούτῳ δεδικαίωμαι· ὁ δὲ ἀνακρίνων με Κύριός ἐστιν. 5 ὥστε μὴ πρὸ καιροῦ τι κρίνετε, ἕως ἂν ἔλθῃ ὁ Κύριος, ὃς καὶ φωτίσει τὰ κρυπτὰ τοῦ σκότους καὶ φανερώσει τὰς βουλὰς τῶν καρδιῶν· καὶ τότε ὁ ἔπαινος γενήσεται ἑκάστῳ ἀπὸ τοῦ Θεοῦ. 6 Ταῦτα δέ, ἀδελφοί, μετεσχημάτισα

III. 18¹⁻¹ Cod. ὅστις (cum Pesh.). IV. 2¹ οὖν (cf. Pesh.). 3¹⁻¹ ἀνθρωπότητος (cf. Pesh.).

Climacus II.

I Corinthians IV. 6b—15.

f. 10a f. 10b

I Corinthians IV 6ᵇ—15.

6ᵇ εἰς ἐμαυτὸν καὶ Ἀπολλὼν δι' ὑμᾶς, ἵνα ἐν ἡμῖν μάθητε τό Μὴ ὑπὲρ ἃ γέγραπται[1], ἵνα μὴ εἷς ὑπὲρ τοῦ ἑνὸς φυσιοῦσθε[2] κατὰ τοῦ ἑτέρου[3]. 7 τίς γάρ σε διακρίνει; τί δὲ ἔχεις ὃ οὐκ ἔλαβες; εἰ δὲ καὶ ἔλαβες, τί καυχᾶσαι ὡς μὴ λαβών; 8 ἤδη κεκορεσμένοι ἐστέ[1]· ἤδη[2] ἐπλουτήσατε· [3]χωρὶς ἡμῶν[3] ἐβασιλεύσατε· καὶ ὄφελόν γε ἐβασιλεύσατε, ἵνα καὶ ἡμεῖς ὑμῖν συνβασιλεύσωμεν. 9 δοκῶ γάρ, ὁ Θεὸς ἡμᾶς τοὺς ἀποστόλους[1] ἐσχάτους ἀπέδειξεν ὡς ἐπιθανατίους, ὅτι θέατρον ἐγενήθημεν τῷ κόσμῳ καὶ ἀγγέλοις καὶ ἀνθρώποις. 10 ἡμεῖς μωροὶ διὰ Χριστόν, ὑμεῖς δὲ φρόνιμοι ἐν Χριστῷ· ἡμεῖς ἀσθενεῖς, ὑμεῖς δὲ ἰσχυροί· ὑμεῖς ἔνδοξοι, ἡμεῖς δὲ ἄτιμοι. 11[1] ἄχρι τῆς ἄρτι ὥρας καὶ πεινῶμεν καὶ διψῶμεν καὶ γυμνιτεύομεν καὶ κολαφιζόμεθα καὶ ἀστατοῦμεν 12[1] καὶ κοπιῶμεν ἐργαζόμενοι ταῖς ἰδίαις χερσίν· λοιδορούμενοι εὐλογοῦμεν, διωκόμενοι ἀνεχόμεθα, 13 δυσφημούμενοι παρακαλοῦμεν[1]· ὡς περικαθάρματα τοῦ κόσμου ἐγενήθημεν, πάντων περίψημα ἕως ἄρτι. 14 Οὐκ[1] ἐντρέπων ὑμᾶς γράφω ταῦτα, ἀλλ' ὡς τέκνα μου ἀγαπητὰ νουθετῶν. 15 ἐὰν γὰρ μυρίους παιδαγωγοὺς ἔχητε ἐν Χριστῷ, ἀλλ' οὐ πολλοὺς πατέρας· ἐν γὰρ [1]Χριστῷ Ἰησοῦ[1] διὰ τοῦ εὐαγγελίου ἐγὼ

6[1] Cod. + φρονεῖν (cum אᶜC; cf. D₂ L P Pesh. etc.). 6[2] φυσιοῦται (cum D₂ *latine* F₂ *latine*). 6[3] ἑταίρου (cum Pesh.). 8[1] + χωρὶς ἡμῶν.✆ 8[2] καὶ.✆ 8[3—3] om. χωρὶς ἡμῶν (cum A). 9[1] + ὡς.✆ 11[1] + καὶ.✆ 12[1] + ἡμεῖς.✆ 13[1] + ἀπ' αὐτῶν (cum Pesh.). 14[1] Οὐχ ὡς (cum Pesh.). 15[1—1] Ἰησοῦ Χριστῷ (cum Pesh.).

Climacus II.

I CORINTHIANS XIII. 4—XIV. 4.

xiv.	f. 19 b		f. 19 a
ܪܚܡܐ ܘܠܐܦܘܬܐ 1	ܗܘܐ ܡܠܠܬ ܟܝ ܡܛܠ	ܐܠܗܐ ܐܝܟ ܗܘ	ܐܠܗܘܬܐ ܚܘܘܬܐ 4
ܡܢܗ : ܘܚܙܐ	ܗܕ : ܬܪܥܝܬܝ	ܡܕܥܠܐ : *	ܐܘܘܐ
ܕܐܝܬܘܗܝ ܗܢ	ܗܢ ܘܡܚܘܕܬܐ	8 ܐܠܐ ܐܝܟ	ܘܚܘܣܡܐ :
ܗܢ ܛܠܝ	ܚܒܪ ܟܠܗ	ܠܚܠܡ : ܘܐܝܟ	ܚܣܡܐ ܠܐ ܐܝܟ :
ܘܡܕܡ	ܛܠܝܘܬܐ :	ܟܝ ܘܚܘܐ	ܐܝܟ ܘܐܠܟܝܗ ܠܐ :
2 ܡܢܬܕܘܡ : ܡܕܡ 2	12 ܚܙ ܟܥ ܡܚܣ	ܡܝܢ ܟܝ : ܛܠܡ	ܐܝܟ ܘܚܣܘܢܐ ܠܐ :
ܚܙ ܕܡܛܠܠ	ܟܝ ܗܘ ܗܕܐ	ܐܚܕܐ ܟܝ ܣܝܢ	5 ܐܝܟ ܘܛܠܝܗܐ ܠܐ :
ܕܡܝܬܥܠ : ܠܐ	ܘܚܕܪܐ ܚܒܣܚ	: ܐܝܟܠ :	ܚܒܐ ܠܐ ܚܒܐ
ܗܘ ܣܚܒܠ	ܚܘܦܪ ܟܝ ܚܕ	9 ܚܙ ܣܘܠܡ ܕܡ	ܘܡܕܗ :
ܐܝܟ ܘܛܠܠ	: ܚܘܦܪ ܚܚܘܛ	ܡܚܬܡ ܟܝܡ	ܐܝܟ ܘܛܘܦܐ :
ܐܝܟ : ܘܟܠܠ	ܘܚܒܚ ܟܝܟ ܗܘ	ܣܘܠܡ ܗܘ	ܐܝܟ ܘܛܚܘܪ
ܚܒܕ ܠܐ ܕܙ :	ܚܡ : ܘܣܘܠܡ ܕܡ	ܟܝܡ ܘܡܬܢܬܡ :	ܚܒܚܕ ܠܚ :
ܗܢ ܘܘܣܚܒ	ܚܒܚ ܟܝܟ ܗܢ	10 ܘܗܕܐ ܗܢ ܚܕ ܐܕܐ	ܚܠ ܐܝܟ ܣܚܘܠ ܚܠ 6
ܘܡܛܠܠ ܗܘ	ܘܟܚܘܕܪ ܡܘܕܚܐ	ܐܠܥܘܠܬܐ	ܠܛܠܚܒ :
3 ܗܕ ܘܡܕܡ 3 ܐܘܡ :	: ܟܚܘܚܘܪ :	ܗܢ ܡܛܚ	ܗܢ ܣܚܘܠ ܗܢ
ܐܬܒܟܚܕ	13 ܘܡܬܚܘܬܝ ܗܘ ܗܕܐ	: ܛܠܚܠ ܣܘܠܡ	ܣܚܒ ܚܠ :
ܠܚܒܣ ܗܘ	ܘܡܚܘܕܘܝ ܐܝܟ	11 ܗܢ ܚܘܐ ܐܠܠܛ	7 ܗܢ ܐܝܟܠ
ܚܒܛܠܠ ܚܒܕܝ	ܘܚܚܘܪ	ܐܝܟ ܟܝܡ	: ܚܚܘܡܘܪ
ܘܕܚܚܘܫܢ	ܘܟܚܚܘ ܡܚܝ	ܟܝ ܗܘ ܚܘܐ	ܐܝܟܠ ܗܢ
: ܘܚܘܟܘܪ :	ܘܠܛܛܒ ܘܚܚ ܐܝܟ	ܘܚܘܠܠ : ܟܝܡ	: ܚܚܘܡܚܚ :
ܕܡܛܠܠ ܗܕ 4	ܗܢ ܕܡ ܘܠܡ ܗܢ	ܐܠܠܛ ܟܝ ܚܘܐ	ܗܢ ܐܝܟܠ
ܚܠܛܥܡ ܛܘܚܪ	: ܟܚܘܣܚ ܗܢ	: ܚܘܘܪ :	: ܚܚܘܡܚ :

— Cod. Dam.

I Corinthians XIII. 4—XIV. 4.

4 Ἡ ἀγάπη μακροθυμεῖ, ¹ χρηστεύεται, ²ἡ ἀγάπη οὐ ζηλοῖ, οὐ περπερεύεται², οὐ φυσιοῦται, 5 οὐκ ἀσχημονεῖ, οὐ ζητεῖ τὰ ἑαυτῆς, οὐ παροξύνεται, οὐ λογίζεται τὸ κακόν, 6 οὐ χαίρει ἐπὶ τῇ ἀδικίᾳ, συνχαίρει δὲ τῇ ἀληθείᾳ· 7 πάντα στέγει, πάντα πιστεύει, πάντα ἐλπίζει, πάντα ὑπομένει. 8 Ἡ ἀγάπη οὐδέποτε πίπτει· εἴτε δὲ¹ προφητεῖαι, καταργηθήσονται· εἴτε γλῶσσαι, παύσονται· εἴτε γνῶσις, καταργηθήσεται. 9 ἐκ μέρους γὰρ γινώσκομεν καὶ ἐκ μέρους προφητεύομεν· 10 ὅταν δὲ ἔλθῃ τὸ τέλειον, τὸ ἐκ μέρους καταργηθήσεται. 11 ὅτε ἤμην νήπιος, ἐλάλουν ὡς νήπιος, ἐφρόνουν ὡς νήπιος, ἐλογιζόμην ὡς νήπιος· ὅτε ¹ γέγονα ἀνήρ, κατήργηκα τὰ ²τοῦ νηπίου² 12 βλέπομεν γὰρ ἄρτι ¹ δι᾽ ἐσόπτρου ἐν αἰνίγματι, τότε δὲ πρόσωπον πρὸς πρόσωπον· ἄρτι γινώσκω ἐκ μέρους, τότε δὲ ἐπιγνώσομαι καθὼς καὶ ἐπεγνώσθην. 13 νυνὶ δὲ μένει ¹ πίστις, ² ἐλπίς, ² ἀγάπη, τὰ τρία ταῦτα· μείζων δὲ τούτων ἡ ἀγάπη. XIV. 1 Διώκετε τὴν ἀγάπην, ζηλοῦτε δὲ τὰ πνευματικά, μᾶλλον δὲ ἵνα προφητεύητε. 2 ὁ γὰρ λαλῶν γλώσσῃ¹ οὐκ ἀνθρώποις λαλεῖ ἀλλὰ Θεῷ· οὐδεὶς γὰρ ἀκούει, πνεύματι δὲ λαλεῖ μυστήρια· 3 ὁ δὲ προφητεύων ἀνθρώποις λαλεῖ οἰκοδομὴν καὶ παράκλησιν καὶ παραμυθίαν. 4 ὁ λαλῶν γλώσσῃ¹ ἑαυτὸν

XIII. 4¹ Cod. + καὶ (cum Pesh.). 4²⁻² ἡ ἀγάπη οὐ ζηλοῖ, οὐ περπερεύεται (cum B D₂ al. ; cf. ℵA Pesh.). 8¹ om. δὲ (cum D₂). 11¹ + δὲ.☜ 11²⁻² τῆς νηπιότητος (cum Pesh.). 12¹ + ὡς (cum D₂ Pesh.). 13¹ + ταῦτα (cum Pesh.). 13² + καὶ bis (cum Pesh.). XIV. 2¹ γλώσσαις (cum D₂). 4¹ γλώσσαις (cum D₂ graece).

Climacus II.

I Corinthians XIV. 4ᵇ—14.

	f. 13 a		f. 13 b
ܒܕܝܢ ܣܠܡ	8 ܐܠ ܟܠܗ	ܐܠܟ ܐܠܟ	ܗܘ ܡܚܒܟܐ ܀
ܐܠܗܐ ܗܘܐ	ܗܠܟ ܚܙܝ	ܠܚܘ ܐܠܝܟܐܗ	ܐܠܝܬܟܐܗ ܕܗ ܀ ܗ
ܐܠܟ ܠܚܡ	ܡܢ ܡܬܠܐ	ܠܠܚܡ ܐܠܟ	ܐܠܟܬܘܣܚ ܗܘ
ܠܪ ܕܡܬܠܠܐ	ܕܬܬܟܬܡ ܡܢ	ܝܟܘܟܠܚܡ ܠܚܘ	5 ܝܟ ⁵ ܀ ܐܟܚܡ
ܗܘ ܀ ܕܒܘܟܒ	9 ܐܟܕܢܠ ܀ ܡܗ	ܗܒܟܕ ܟܟ ܐܠܟ ܀	ܘܚܠܘܟܗܕ ܗܝ ܐܠܟ
ܠܪ ܕܡܬܠܠܐ	ܐܘܩ ܐܟܕ	ܐܠܟ ܗܒܬܚ ܀ ܟܠܟ	ܡܠܠܚܡ
12 ܕܒܘܟܒ ܀ ܡܗ	ܐܠܝܘܠܟ ܟܝ	ܡܠܟܟ ܐܠܟ ܀	ܗܠܘ ܀ ܡܠܝܚܠ
ܐܠܟ ܐܘܩ	ܡܠܗܟ ܡܩܟܟܐ ܀	ܡܠܗ ܗܝ ܒܙܚ 7	ܐܘܗܗ ܀ ܗܕ ܗܘܢ
ܕܒܕܠܗ ܐܟܕܠ	ܟܐ ܬܬܘܝܟܠܐ	ܟܗܘܘ ܟܗܠܬ	ܗܕ ܀ ܡܝܚܬܘܟܡ
܀ ܣܘܩܕܗ ܡܠܣ	ܗܟܬܘܡ ܡܝܗ	ܟܗ ܒܥܠ	ܗܟܠܗ ܗܘ ܗܕ
ܐܠܝܟܒܠܚ	ܐܠܠܬܡܕ ܟܟ ܀	܀ ܗ ܀ ܡܗ ܡܩܘܡ	ܐܠܝܬܟܐܗ ܗܕ
ܐܟܚܘܟܗ	ܒܟܘ ܐܘܩ ܗܡܗ ܚܟ ܪ	܀ ܟܝܚܟܒܟܐ ܟܟܐ	ܡܠܬܠܠܐ ܀ ܗܡܗ
ܒܥܝ ܗܘܘ ܚܡܟ	ܐܟܐܠ ܟܝ ܡܗ ܀	ܐܒܝܣܐ ܐܠܟܟ	ܐܠܟ ܀ ܡܠܝܚܠ
ܗܘܟܗ	10 ܡܠܠܚܡ ܀ ܝܒܘܩ	ܗܒܘܟܟ ܟܝ ܀ ܐܒܒܣܥ	ܟ ܗܘܐ ܗܝ ܡܗ
ܡܘܬܒܕܟܗ ܀	ܟܝ ܗܒܗ ܀	ܗܒܬܠ ܟܟ ܗܝ	܀ ܒܟܡܘܘܗ ܗܕ
13 ܗܕ ܗܒܕܠ	ܟܝܪܐܕ ܐܟܡܗܕ	ܟܒܝܚܠܗܠ	ܗܒܕܠ
ܕܡܬܠܠܐ ܗܘ	ܡ ܡܟܚܠ ܡܩܘܒ	ܗܟܬܘܟ ܗܡܗ	ܐܟܚܘܟܗ
ܡܥܠܗ ܗܘܐ	ܐܟܠܚܒ ܡܠܥܠ	ܐܒܕܘܟܐ ܟܟ	ܟܣܠܡ ܕܒܣܘ ܀
ܗܘ ܐܠܝܟܗ	ܐܡܠܚ ܕܘܐܒ	܀ ܐܒܟܒܟ	6 ܐܟܟܫ ܗܘ ܗܒ
܀ ܡܘܠܚܘܟܗ	ܟܗ ܡܗ ܗܝ ܡܗ	ܟܟ ܐܠܟ	ܟܝ ܕܐܘܗܠ
14 ܐܟܠ ܟܠ ܪ ܡܗܘܬ	11 ܡܗܒܥܠ ܟܝ	ܐܒܟܟܗܕ	ܠܘܬܐܘ
ܟܒ ܐܠܟ ܡܝܠܟ ܟܠܒ	ܩܘ ܐܡܪܐ ܟܐ ܟܝܐ	܀ ܟܟܘܬܗܒ	ܡܥܠܝܚ ܡܬܠܠܐ

I Corinthians XIV. 4ᵇ—14.

4ᵇ οἰκοδομεῖ· ὁ δὲ προφητεύων ἐκκλησίαν οἰκοδομεῖ. 5 θέλω δὲ πάντας ὑμᾶς λαλεῖν γλώσσαις, μᾶλλον δὲ ἵνα προφητεύητε· μείζων δὲ ὁ προφητεύων ἢ ὁ λαλῶν γλώσσαις, ἐκτὸς εἰ μὴ διερμηνεύῃ, ἵνα ἡ ἐκκλησία οἰκοδομὴν λάβῃ. 6 νῦν δέ, ἀδελφοί, ἐὰν ἔλθω πρὸς ὑμᾶς γλώσσαις λαλῶν, τί ὑμᾶς ὠφελήσω, ἐὰν μὴ ὑμῖν λαλήσω ἢ[1] ἐν ἀποκαλύψει ἢ ἐν γνώσει ἢ ἐν προφητείᾳ ἢ[2] διδαχῇ; 7 ὅμως τὰ ἄψυχα φωνὴν διδόντα, εἴτε αὐλὸς εἴτε κιθάρα, ἐὰν διαστολὴν τοῖς φθόγγοις μὴ δῷ, πῶς γνωσθήσεται τὸ αὐλούμενον ἢ τὸ κιθαριζόμενον; 8 καὶ γὰρ ἐὰν ἄδηλον σάλπιγξ φωνὴν δῷ, τίς παρασκευάσεται εἰς πόλεμον; 9 οὕτως καὶ ὑμεῖς διὰ τῆς γλώσσης ἐὰν μὴ εὔσημον λόγον δῶτε, πῶς γνωσθήσεται τὸ λαλούμενον; ἔσεσθε γὰρ εἰς ἀέρα λαλοῦντες. 10 τοσαῦτα εἰ τύχοι γένη φωνῶν εἰσιν ἐν κόσμῳ, καὶ οὐδὲν ἄφωνον· 11 [1]ἐὰν οὖν μὴ εἰδῶ τὴν δύναμιν τῆς φωνῆς, ἔσομαι τῷ λαλοῦντι [2]βάρβαρος καὶ ὁ λαλῶν [3]ἐν ἐμοὶ[3] βάρβαρος. 12 οὕτως καὶ ὑμεῖς, ἐπεὶ ζηλωταί ἐστε πνευμάτων[1], πρὸς τὴν οἰκοδομὴν τῆς ἐκκλησίας ζητεῖτε ἵνα περισσεύητε. 13 Διὸ ὁ λαλῶν γλώσσῃ προσευχέσθω ἵνα διερμηνεύῃ. 14 ἐὰν γὰρ προσεύχωμαι γλώσσῃ,

6[1] Cod. om. ἢ (cum ℵ D₂ *latine* etc.). 6[2] + ἐν (cum ℵᶜ A B D₂ *latine* F₂ *latine* etc.). 11[1] + οὕτως.𝔖𝔞 11[2] + μοι (cf. Pesh.). 11[3-3] μοι (cum D₂ F₂ Pesh.). 12[1] πνευματικῶν (cum P etc.; cf. Pesh.).

Climacus II.

I Corinthians XIV. 24ᵇ—37.

	f. 15 b		f. 15 a
ܟܠܐ ܡܬܚܫܒ	ܡܢܐ ܐܠܟܘܢ	ܕܬܬܚܕ	ܘܢܣܓܘܕ ܢܦ
ܐܝܬ ܘܩܘܡ	ܡܐ ܕܟܝܠ	ܡܐ ܥܠ ܠܟ 27	ܐܠܟܐ
ܐܘܕܝܢܗܕܒ	ܐܝܟܠ ܚܠܡ 31	ܠܠܟܐ ܒܥܢ	ܐܘܢ ܘܒܘܬܐ ܐܠ 25
ܐܚܪܢ 35 : ܐܢܬܘܢ 35	ܚܕ ܚܕ ܣܕ	ܣܕ ܐܟܐ ܢܣܡ	ܕܒܗ ܡܬܚܫܒ
ܕܗܢ ܚܠܡܝ	ܚܪܢܘܗܝ 1	ܣܟܠ ܐܠܟܐ :	ܕܘܒܝܢ : ܘܢܣܓ
ܘܢܩܘܡ ܚܫܟܐ	ܘܗܢ ܚܢܘܬܚܡ 2	ܣܕ ܣܕ ܠܘܚܕ	ܗܘ ܢܦܠ ܥܠ
ܕܠܘܗܝ : ܚܚܝܟܐ	ܠܚܕܠ ܕܚܟܠܐ	ܠܚܕܚܡ :	ܘܣܘܡܣܒ ܣܦܝܩ
ܠܝܚܕܢܘܗܝ	ܣܗܢ ܡܠܚܡ :	ܐܢܬ ܘܕ	ܠܐܠܟܐ :
ܗܢ ܚܡ ܥܟܠ :	ܐܚܟܠܘܗܕ	ܡܢ ܕܚܪ̈ܢ 28 : ܐܢܬ 28	ܐܠܟܐ ܕܚܟܐ
ܗܘ ܐܠܟ ܣܣܢ	ܚܣܘܚܣܡ :	ܐܘ ܐܠ ܗܝ	ܐܘܡܣܦ
ܠܟܐ ܐܚܪܘܬ ܠܠܚ	ܐܣܘܣܐ 32	ܗܘ : ܐܚܚܣܡ	ܗܘܝ ܗܘ :
ܚܚܝܚܬ :	ܘܕܬܬܟ ܠܕܬܬܟ	ܣܗ ܚܚܝܚܐ ܗܡ	ܠ ܐܝܟ ܗܘ 26
ܐܬܚ ܐܚܚ 36	ܕܬܘܚܚܕ :	ܠܚܡ ܗܢ ܣܠܡܢ	ܐܚܢܟ ܣܕ
ܢܦܨܡ ܕܬܘܗ	ܐܠܟܐ ܕܝ ܠܥܠ 33	ܣܡ ܣܕܚܢ	ܣܟܚܘܗܕ ܘܐܟ :
ܐܟ ܐܠܟܐ : ܐܟ	ܚܚܘ̈ܬܚܡ	ܠܠܚܕ ܐܠܟܠܐ :	ܢܚ ܐܚܚ ܠܘܚ
ܠܘܘܚܕ	ܕܠܟܐ ܕܥܠܛܪ :	ܐܘܝܡ ܕܝ ܢܚܡ 29	ܗܠܘ ܚܚܝܣ :
ܚܠܣܘܕ ܕܘܠܐܒ :	ܠܚܘܕ ܢܟܐ ܕܚܘܕ ܗܡܝ	ܐܟ ܐܠܠܟܐ	ܡܢ ܗܠܐ ܘܚܠܘܚܡ :
ܐܟ ܕܢܠ ܥܠ 37	ܚܢܣܘܗܕ	ܡܠܠܚ ܗܢ ܗܡ :	ܐܟ ܗܠܐ ܚܘܠܟܡ :
ܣܚܕ ܕܗܡ	ܕܢܓܟܐ 34 : ܐܚܚܢܐܣܗܕ 34	ܘܢܘܢܣ	ܡܢ ܗܠܐ ܠܥܡ :
ܠܚܐ ܐܟ ܕܘܗܕܢ	ܚܢܬܘܚܚܢ ܗܡ	ܗܡ ܚܣܘܡ :	ܡܢ ܗܠܐ
ܚܕ ܚܟܐ	ܚܕ ܠܟ : ܣܚܣܡ :	ܠܣܘܦܢ ܗܝ ܥܠ 30	ܐܠܟܐ : ܐܚܘܒܢܝ
ܕܐܟܐ ܚܘܕ	ܥܠܝܟ ܠܗܡ ܕܚܠܠܡ :	ܢܚܬ ܐܠ ܣܡ	ܣܗ ܐܚܢܟ ܠܚ

¹ sic ² Cod. ܚܚܘܚܣ

I Corinthians XIV. 24ᵇ—37.

24ᵇ [1] ἀνακρίνεται ὑπὸ πάντων, 25 τὰ κρυπτὰ τῆς καρδίας αὐτοῦ φανερὰ γίνεται, καὶ οὕτως πεσὼν ἐπὶ πρόσωπον [1] προσκυνήσει[2] τῷ Θεῷ, ἀπαγγέλλων ὅτι Ὄντως ὁ Θεὸς ἐν ὑμῖν ἐστιν. 26 Τί οὖν ἐστιν, ἀδελφοί; ὅταν συνέρχησθε, ἕκαστος ψαλμὸν ἔχει, διδαχὴν ἔχει, ἀποκάλυψιν ἔχει, γλῶσσαν ἔχει, ἑρμηνείαν ἔχει· πάντα πρὸς οἰκοδομὴν γινέσθω. 27 εἴτε γλώσσῃ τις λαλεῖ, κατὰ δύο ἢ τὸ πλεῖστον τρεῖς, καὶ ἀνὰ μέρος, καὶ εἷς διερμηνευέτω· 28 ἐὰν δὲ μὴ ᾖ διερμηνευτής, σιγάτω ἐν ἐκκλησίᾳ, ἑαυτῷ δὲ λαλείτω καὶ τῷ Θεῷ. 29 προφῆται δὲ δύο ἢ τρεῖς λαλείτωσαν, καὶ οἱ ἄλλοι διακρινέτωσαν· 30 ἐὰν δὲ ἄλλῳ ἀποκαλυφθῇ καθημένῳ, ὁ πρῶτος σιγάτω. 31 δύνασθε γὰρ καθ᾽ ἕνα πάντες [1] προφητεύειν, ἵνα πάντες μανθάνωσιν καὶ πάντες παρακαλῶνται. 32 καὶ πνεύματα προφητῶν προφήταις ὑποτάσσεται· 33 οὐ γάρ ἐστιν ἀκαταστασίας ὁ Θεὸς [1]ἀλλὰ εἰρήνης. Ὡς ἐν πάσαις ταῖς ἐκκλησίαις τῶν ἁγίων, 34 αἱ γυναῖκες[1] ἐν ταῖς ἐκκλησίαις σιγάτωσαν· οὐ γὰρ ἐπιτρέπεται αὐταῖς λαλεῖν, ἀλλὰ ὑποτασσέσθωσαν, καθὼς καὶ ὁ νόμος λέγει. 35 εἰ δέ τι μαθεῖν θέλουσιν, ἐν οἴκῳ τοὺς ἰδίους ἄνδρας ἐπερωτάτωσαν· αἰσχρὸν γάρ ἐστιν γυναικὶ λαλεῖν ἐν ἐκκλησίᾳ. 36 Ἢ ἀφ᾽ ὑμῶν ὁ λόγος τοῦ Θεοῦ ἐξῆλθεν, ἢ εἰς ὑμᾶς μόνους κατήντησεν; 37 Εἴ τις δοκεῖ προφήτης εἶναι ἢ πνευματικός, ἐπιγινωσκέτω ἃ γράφω

24[1] Cod. + καὶ (cum Pesh.). 25[1] + αὐτοῦ (cum Pesh.). 25[2] καὶ ὁμολογήσει.

31[1] + ὑμῶν (cf. Pesh.). 33[1]—34[1] ἀλλὰ εἰρήνης, ὡς ἐν πάσαις ταῖς ἐκκλησίαις τῶν ἁγίων.

Αἱ γυναῖκες κ.τ.λ. (cum ℵ A B Pesh.).

Climacus II.

I CORINTHIANS XIV. 37ᵇ—XV. 10.

f. 22 b

f. 22 a

ܐܠܗܐ ܠܚܠܘܡܗ

ܐܝܟ ܩܝܡ

ܗܘܡܐ ܐܝܬܝܟܘܢ

ܗܩܘܩܗܡ : ܠܗܘܢ

ܐܢܫ 8 : ܐܣܬܠܝ 8

ܐܟܠܚܬܩܗ:

ܘܩܘ ܗܘܡ

ܗܘ ܐܝܬܝ : ܐܚܪܢ

38

ܗܢ ܚܠܘܩܘܢ

ܐܚܪܩܬܗܐ 4

ܗܘܡ : ܐܟܠܡܘܬܗ

ܐܬܝ ܗܢ

ܐܝܟ ܗܠܣܝܡ ܗܡܝ

ܐܟܘܡܐܠ ܐܡܘܪܘ

ܐܟܠ ܗܘܡ

ܐܠܗ ܐܝܟ

ܣܚܬܝܐ

ܗܘܡ ܐܟܠܬܠܠ

2 ܗܘܡ 2 : ܣܚܡܟܬ

ܚܩܢ ܠܐ ܩܚܪ:

ܐܟܘܣ ܠܪ:

ܐܟܠܚܬܩܗ:

ܗܚܕܐܚܗܡ

39 ܗܘܡܐ ܐܟ

9 ܗܡ ܐܟ ܕܗ

5 ܗܟܠܚܬ ܐܚ

ܣܡܬ ܐܟܗܘܩ:

ܟܢܪ ܥܢܗ

ܥܩܘܩܗ

ܐܟܝܣ : ܐܣܘܡܣ

ܐܠܚܕܠ ܗܡ

ܗܚܘܚܩ ܗܘܡ:

ܗܡ : ܐܢܫܠܗ

ܐܟܗܚܡܗܬ:

ܐܠܟ ܐܡܪ

ܗܠܠܗܛܗ

ܠܐ ܡܣܥܠܚ

ܐܘܗ ܐܝܟܬܠܗ

6 ܚܬܘܚܐ ܗܡ

ܚܬܡܘܩ

ܐܚܪܩܗ

ܐܝܟܡܪܘܗ

ܐܟܗ ܚܪܩܐ ܠܚܠ

ܐܟ : ܗܘܡܬ

ܗܘܡܐ ܗܠܢܝ :

40 ܗܢ ܐܠܚܗ

ܐܠܚܕܠ : ܥܠܝ

ܣܚܝܒ ܗܡ

ܐܝܬ ܐܟܗܘܩ

ܐܝܟ ܐܣܬܚ

ܗܬܗܐܚܗܕ

ܗܡ ܐܟܟ ܡܝܢ

: ܗܘܡ ܣܚܬܝ

ܡܗܘܐܟܗ ܗܡ

ܣܚܬܘܗ

ܐܡܚܗ ܐܝܟ : ܗܡ

ܐܟܠܡ ܗܢ ܗܡ ܠܗܟܠ

: ܐܟܠܗܬܐ

ܘܗܣܟܘܗܡ

: ܗܘܡܚܬܘ

ܗܚܚܬܗ:

10 ܗܣܘܡܚܝ ܗܢ

ܗܚ ܣܚܡܩܣ

3 ܗܩܠ ܗܬܡܚܕܗ

ܐܟ ܗܠܘܟܐ

ܡܫܠܟ : ܗܚܗ

ܐܚܕܩܗ ܗܢ ܐܟ

* XV. 1

ܐܟ ܗܬܗܚܩ ܐܟ

: ܐܟܐܟ ܗܠܘܟܐ :

ܗܘ ܗܠܚܩ ܗܢ

ܐܟܘܩܟ ܗܟ

ܐܣܟܢ ܗܢ ܗܘܡ ܠܚܘܡ

ܗܢ ܐܡܣܘܩ

7 : ܗܚܗ 7

ܗܟܠܚܬ

ܗܘܡ ܗܟܘܬ

ܠܦܬܝ ܐܟܗ ܗܘܡܗ

ܒܟܬ ܐܝܟ ܗܬܚܕܗܬ

ܚܬܘܚܐ

ܐܝܟܣܝܚܕܗ ܐܝܟ ܚܗܬ

ܗܘܡ ܗܡ ܠܚܘܡ

* : ܡܣܬ

: ܗܘܣܗܚܠ

ܐܟܣܚ ܗܢ

: ܗܡܩܠܗܕ

ܗܡ ܐܟܗܘܗܣ

— Cf. *Studia Sinaitica* VI. p. 123.

I Corinthians XIV. 37ᵇ—XV. 10.

37ᵇ ὑμῖν ὅτι Κυρίου ἐστὶν ἐντολή· 38 εἰ δέ τις ἀγνοεῖ, ἀγνοεῖται. 39 Ὥστε, ἀδελφοί μου, ζηλοῦτε τὸ προφητεύειν, καὶ τὸ λαλεῖν μὴ κωλύετε γλώσσαις· 40 πάντα δὲ εὐσχημόνως καὶ κατὰ τάξιν γινέσθω.

XV. 1 Γνωρίζω δὲ ὑμῖν, ἀδελφοί, τὸ εὐαγγέλιον ὃ εὐηγγελισάμην ὑμῖν, ὃ καὶ παρελάβετε, ἐν ᾧ καὶ¹ ἑστήκατε, 2 δι᾽ οὗ καὶ¹ σώζεσθε, τίνι λόγῳ εὐηγγελισάμην ὑμῖν εἰ κατέχετε, ἐκτὸς εἰ μὴ εἰκῇ ἐπιστεύσατε. 3 παρέδωκα γὰρ ὑμῖν ἐν πρώτοις, ὃ καὶ παρέλαβον, ὅτι Χριστὸς ἀπέθανεν ὑπὲρ τῶν ἁμαρτιῶν ἡμῶν κατὰ τὰς γραφάς, 4 καὶ ὅτι ἐτάφη, καὶ ὅτι ἐγήγερται τῇ ἡμέρᾳ τῇ τρίτῃ ¹ κατὰ τὰς γραφάς, 5 καὶ ὅτι ὤφθη Κηφᾷ, εἶτα τοῖς δώδεκα· 6 ἔπειτα ὤφθη ἐπάνω πεντακοσίοις ἀδελφοῖς ἐφάπαξ, ἐξ ὧν οἱ πλείονες μένουσιν ἕως ἄρτι, τινὲς δὲ ¹ ἐκοιμήθησαν· 7 ἔπειτα ὤφθη Ἰακώβῳ, εἶτα τοῖς ἀποστόλοις πᾶσιν· 8 ἔσχατον δὲ πάντων ὡσπερεὶ τῷ ἐκτρώματι ὤφθη κἀμοί. 9 Ἐγὼ γάρ εἰμι ὁ ἐλάχιστος τῶν ἀποστόλων, ὃς οὐκ εἰμὶ ἱκανὸς καλεῖσθαι ἀπόστολος, διότι ἐδίωξα τὴν ἐκκλησίαν τοῦ Θεοῦ· 10 χάριτι δὲ Θεοῦ εἰμι ὅ εἰμι, καὶ ἡ χάρις αὐτοῦ ἡ εἰς ἐμὲ οὐ κενὴ ἐγενήθη,

XV. 1¹ Cod. om. καὶ. 🔲 2¹ om. καὶ. 🔲 4¹ + καθὼς (cf. Pesh.). 6¹ + ἐξ αὐτῶν (cum Pesh.).

Climacus II.

I CORINTHIANS XV. 24^b—37.

Wait — use plain form:

I CORINTHIANS XV. 24[b]—37.

f. 8 a f. 8 b

ܠܐ ܥܠܡܐ ܀

(Syriac text in four columns, f. 8a and f. 8b, with verse numbers 25, 26, 27, 28, 29, 30, 31, 32, 33, 34, 35, 36, 37)

¹ Cod. ܐܝܕܗ̈

I Corinthians XV. 24^b—37.

24^b ὅταν παραδιδοῖ [1] τὴν βασιλείαν [2]τῷ Θεῷ καὶ Πατρί[2], ὅταν καταργήσῃ πᾶσαν ἀρχὴν καὶ πᾶσαν ἐξουσίαν καὶ δύναμιν. 25 δεῖ γὰρ αὐτὸν βασιλεύειν ἄχρι οὗ θῇ πάντας τοὺς ἐχθροὺς [1] ὑπὸ τοὺς πόδας αὐτοῦ. 26 ἔσχατος ἐχθρὸς καταργεῖται ὁ θάνατος· 27 πάντα γὰρ ὑπέταξεν ὑπὸ τοὺς πόδας αὐτοῦ. ὅταν δὲ εἴπῃ ὅτι[1] πάντα ὑποτέτακται, δῆλον ὅτι ἐκτὸς τοῦ ὑποτάξαντος αὐτῷ τὰ πάντα. 28 ὅταν δὲ ὑποταγῇ αὐτῷ τὰ πάντα, τότε καὶ[1] αὐτὸς ὁ Υἱὸς ὑποταγήσεται τῷ ὑποτάξαντι αὐτῷ τὰ πάντα, ἵνα ᾖ ὁ Θεὸς πάντα ἐν πᾶσιν. 29 Ἐπεὶ τί ποιήσουσιν οἱ βαπτιζόμενοι ὑπὲρ τῶν νεκρῶν; εἰ ὅλως νεκροὶ οὐκ ἐγείρονται, τί καὶ βαπτίζονται ὑπὲρ αὐτῶν[1]; 30 τί καὶ ἡμεῖς κινδυνεύομεν πᾶσαν ὥραν; 31 καθ᾽ ἡμέραν ἀποθνήσκω, νὴ τὴν ὑμετέραν καύχησιν, ἀδελφοί, ἣν ἔχω ἐν [1]Χριστῷ Ἰησοῦ τῷ Κυρίῳ ἡμῶν[1]. 32 εἰ κατὰ ἄνθρωπον ἐθηριο-μάχησα[1] ἐν Ἐφέσῳ, τί μοι τὸ ὄφελος; εἰ νεκροὶ οὐκ ἐγείρονται, φάγωμεν καὶ πίωμεν, αὔριον γὰρ ἀποθνήσκομεν. 33 μὴ πλανᾶσθε· φθείρουσιν ἤθη χρηστὰ ὁμιλίαι κακαί. 34 ἐκνήψατε δικαίως καὶ μὴ ἁμαρτάνετε· ἀγνωσίαν γὰρ Θεοῦ τινες ἔχουσιν· πρὸς ἐντροπὴν ὑμῖν λαλῶ.

35 Ἀλλὰ ἐρεῖ τις Πῶς ἐγείρονται οἱ νεκροί; ποίῳ δὲ σώματι ἔρχονται; 36 ἄφρων, σὺ ὃ σπείρεις, οὐ ζωοποιεῖται ἐὰν μὴ ἀποθάνῃ· 37 καὶ ὃ σπείρεις, οὗ[1] τὸ σῶμα τὸ γενησόμενον σπείρεις, ἀλλὰ γυμνὸν κόκκον εἰ τύχοι σίτου ἤ τινος τῶν λοιπῶν[2]·

24[1] Cod. + αὐτῷ.🕮 24[2-2] τοῦ Θεοῦ καὶ Πατρός.🕮 25[1] + αὐτοῦ (cum A F₂ Pesh. *al.*). 27[1] om. ὅτι (cum B D₂ *latine*). 28[1] om. καὶ (cum B D₂ Pesh. *al.*). 29[1] τῶν νεκρῶν (cum D₂^c Pesh. *al.*). 31[1-1] τῷ Κυρίῳ ἡμῶν Ἰησοῦ Χριστῷ (cum Pesh.). 32[1] κατέβην εἰς τὰ θηρία.🕮 37[1] om. οὗ.🕮 37[2] + σπερμάτων.🕮

Climacus II.

I CORINTHIANS XV. 38—49.

f. 18 b f. 18 a

ܘܡܝܬܐ ܕܪܥܐ | ܐܢܬ ܕܙܪܥ: | ܝܗܒܠܗ | ܐܠܗܐ ܗܘ 38
ܠܗܘܢ ܗܘܘ: | ܗܘ ܕܙܪܥܬ | ܐܠܐ ܓܫܡܐ: | ܠܟܠ ܚܕ
ܡܛܠ ܕܠܐ ܠܟ 46 | ܡܟܝܠ ܘܠܟܠ | ܗܘ ܕܝܢ | ܓܫܡܗ
ܐܠܐ ܐܝܕܗܘ | ܐܝܟ ܕܨܒܐ: | ܐܝܬܘܗܝ ܠܗܘܢ | ܐܝܟ ܕܠܗ ܨܒܐ:
ܡܢ ܪܘܚܢܝܐ: | 43 ܗܘ ܕܙܪܥܬ | ܕܙܪܥ ܕܝܠܗ | ܡܢ ܗܕ ܠܘܚܕ
ܚܠܦ ܪܘܚܢܝܐ: | ܡܟܝܠ ܒܠܠܬܐ | ܙܪܥܐ ܡܬܒܕܩ: | ܐܝܬܝܗܘܢ
ܘܝܠܕܐ ܕܬܪܝܢ 47 | ܘܐܟܒܣ: | ܕܝܢ ܕܡܠܐ ܗܝ | ܓܫܡܗ
ܐܢܫܐ ܡܢ | ܗܘ ܕܙܪܥܬ | ܐܝܟ ܕܢܐܐ 41 | ܐܝܟ 39
ܫܡܝܐ: | ܡܟܝܠ ܒܚܝܠܐ | ܦܐܪܘܬܐ | ܠܘܬ ܟܠ
ܕܡܝܢ ܐܝܟ ܗܘ | 44 ܘܝܠܕܐ 44 | ܐܬܝܗܒܬ: | ܗܘ ܗܘ
ܗܘ ܡܛܠ | ܕܝܢ ܗܘ ܗܘ | ܘܐܢܫܐ | ܐܠܐ ܐܚܪܢܐ:
ܕܝܢ ܗܘ ܡܢ | ܡܟܝܠ ܦܓܪܢܐ | ܦܐܪܘܬܐ | ܗܘ ܕܢܐ
ܘܝܠܕܐ ܕܬܪܝܢ 48 | 48 | ܕܝܢ ܗܘ | ܕܐܢܫ: | ܘܐܚܪܢܐ
ܐܢܫܐ ܐܚܪܢܐ | ܐܝܟ: ܐܝܬ | ܐܦ ܪܘܚܢܐ | ܕܢܐ ܕܝܢ ܗܘ
ܐܝܟ ܗܘ ܕܬܪܝܢ: | ܐܦ ܗܟܝܠ | ܦܐܪܘܬܐ | ܗܘ ܕܟܘܟܒܐ
ܘܐܝܟ ܗܘ ܕܝܢ | ܐܟܒܣ | ܕܟܘܟܒܐ: | ܟܘܟܒ ܡܢ: ܐܝܟ
ܘܐܢܫܐ ܐܚܪܢܐ | ܐܝܟ ܕܗܘ | ܐܦ ܒܩܝܡܬܐ | ܗܘ ܕܢܐ
ܗܕ ܡܛܠ ܡܢ 49 | 45 ܐܝܟ: 45 | ܕܡܝܬܐ ܡܢ | ܐܚܪܢܐ:
ܠܐܪܥܐ: | ܘܐܦ ܐܚܕ | ܡܬܬܙܝܥܐ | ܕܢܐ ܗܘ
ܘܐܝܟܢܐ | ܐܬܟܬܒ | ܕܡܝܘܬܐ: | ܘܗܘ ܕܡܝܢ:
ܕܠܒܫܢ ܗܘ | ܐܟܒܣ ܟܘܟܒܐ | ܕܡܝܬܐ 42 ܐܝܟ ܘܐܦ | ܘܡܝܬܐ 40
ܐܚܪܢܐ | ܐܪܕ ܠܩܘܒܠ ܣܘܪ: | ܐܬܒܛܠܘ | ܘܐܪܥܢܝ

I Corinthians XV. 38—49.

38 ὁ δὲ Θεὸς δίδωσιν αὐτῷ σῶμα[1] καθὼς ἠθέλησεν, καὶ ἑκάστῳ τῶν σπερμάτων ἴδιον σῶμα. 39 οὐ πᾶσα σὰρξ ἡ αὐτὴ σάρξ, ἀλλὰ ἄλλη μὲν ἀνθρώπων, ἄλλη δὲ σὰρξ κτηνῶν, ἄλλη δὲ σὰρξ πτηνῶν, ἄλλη δὲ ἰχθύων. 40 καὶ σώματα ἐπουράνια, καὶ σώματα ἐπίγεια· ἀλλὰ ἑτέρα μὲν ἡ τῶν ἐπουρανίων δόξα, ἑτέρα δὲ ἡ τῶν ἐπιγείων. 41 ἄλλη δόξα ἡλίου, καὶ ἄλλη δόξα σελήνης, καὶ ἄλλη δόξα ἀστέρων· ἀστὴρ γὰρ ἀστέρος διαφέρει ἐν δόξῃ. 42 οὕτως καὶ ἡ ἀνάστασις τῶν νεκρῶν. σπείρεται ἐν φθορᾷ, ἐγείρεται ἐν ἀφθαρσίᾳ· 43 σπείρεται ἐν ἀτιμίᾳ, ἐγείρεται ἐν δόξῃ· σπείρεται ἐν ἀσθενείᾳ, ἐγείρεται ἐν δυνάμει· 44 σπείρεται σῶμα ψυχικόν, ἐγείρεται[1] σῶμα πνευματικόν. Εἰ ἔστιν σῶμα ψυχικόν, ἔστιν καὶ[2] πνευματικόν. 45 οὕτως καὶ γέγραπται Ἐγένετο ὁ πρῶτος ἄνθρωπος Ἀδὰμ εἰς ψυχὴν ζῶσαν·[1] ὁ ἔσχατος Ἀδὰμ εἰς πνεῦμα ζωοποιοῦν. 46 ἀλλ' οὐ πρῶτον τὸ πνευματικὸν ἀλλὰ τὸ ψυχικόν, ἔπειτα τὸ πνευματικόν. 47 ὁ πρῶτος ἄνθρωπος ἐκ γῆς χοϊκός, ὁ δεύτερος ἄνθρωπος[1] ἐξ οὐρανοῦ. 48 οἷος ὁ χοϊκός, [1]τοιοῦτοι καὶ[1] οἱ χοϊκοί, καὶ οἷος ὁ ἐπουράνιος, [2]τοιοῦτοι καὶ[2] οἱ ἐπουράνιοι· 49 καὶ καθὼς ἐφορέσαμεν τὴν εἰκόνα τοῦ χοϊκοῦ,

38[1] Cod. τὸ σῶμα αὐτοῦ.℠ 44[1] + δὲ.℠ 44[2] + σῶμα (cum Pesh. al.). 45[1] + καὶ (cum Pesh.). 47[1] + ὁ Κύριος (cum ℵ[c] A Pesh. al.). 48[1—1] om. τοιοῦτοι καὶ.℠ 48[2—2] om. τοιοῦτοι καὶ.℠

134

Climacus II.

I Corinthians XVI. 16ᵇ—II Corinthians I. 3.

f. 20 b · · · f. 20 a

(Syriac text in three columns)

II Cor. i. 1—3.

I Corinthians XVI. 16ᵇ—24.

16ᵇ ὑποτάσσησθε τοῖς τοιούτοις καὶ παντὶ τῷ συνεργοῦντι[1] καὶ κοπιῶντι. 17 χαίρω δὲ ἐπὶ τῇ παρουσίᾳ Στεφανᾶ καὶ Φορτουνάτου καὶ Ἀχαϊκοῦ, ὅτι τὸ ὑμέτερον ὑστέρημα οὗτοι ἀνεπλήρωσαν· 18 ἀνέπαυσαν γὰρ τὸ ἐμὸν πνεῦμα καὶ τὸ [1] ὑμῶν. ἐπιγινώσκετε οὖν τοὺς τοιούτους.

19 Ἀσπάζονται ὑμᾶς αἱ ἐκκλησίαι τῆς Ἀσίας. ἀσπάζεται[1] ὑμᾶς ἐν Κυρίῳ πολλὰ Ἀκύλας καὶ Πρίσκα σὺν τῇ κατ' οἶκον αὐτῶν ἐκκλησίᾳ. 20 ἀσπάζονται ὑμᾶς οἱ ἀδελφοὶ πάντες. Ἀσπάσασθε ἀλλήλους ἐν φιλήματι ἁγίῳ. 21 Ὁ ἀσπασμὸς τῇ ἐμῇ χειρὶ Παύλου. 22 εἴ τις οὐ φιλεῖ τὸν Κύριον, ἤτω ἀνάθεμα. μαρὰν ἀθά. 23 ἡ χάρις τοῦ Κυρίου [1] Ἰησοῦ μεθ' ὑμῶν. 24 ἡ ἀγάπη μου μετὰ πάντων ὑμῶν ἐν [1]Χριστῷ Ἰησοῦ[1].[2]

II Corinthians I. 1—3.

1 Παῦλος ἀπόστολος [1]Χριστοῦ Ἰησοῦ[1] διὰ θελήματος Θεοῦ καὶ Τιμόθεος ὁ ἀδελφὸς [2] τῇ ἐκκλησίᾳ τοῦ Θεοῦ τῇ οὔσῃ ἐν Κορίνθῳ σὺν τοῖς ἁγίοις πᾶσιν τοῖς οὖσιν ἐν ὅλῃ τῇ Ἀχαΐᾳ· 2 χάρις ὑμῖν καὶ εἰρήνη ἀπὸ Θεοῦ Πατρὸς ἡμῶν καὶ Κυρίου [1] Ἰησοῦ Χριστοῦ.

3 Εὐλογητὸς ὁ Θεὸς καὶ Πατὴρ τοῦ Κυρίου ἡμῶν Ἰησοῦ Χριστοῦ, ὁ Πατὴρ τῶν οἰκτιρμῶν καὶ Θεὸς πάσης παρακλήσεως,

I Cor. XVI. 16[1] Cod. ἐργοῦντι (cum D₂ *latine*). 18[1] + πνεῦμα.🖝 19[1] ἀσπάζονται (cum B D₂ *latine* F₂ Pesh.). 23[1] + ἡμῶν (cum A Pesh. *al.*). 24[1—1] Ἰησοῦ Χριστῷ.🖝 24[2] + ἀμήν (cum A D₂ Pesh.). II Cor. I. 1[1—1] Ἰησοῦ Χριστοῦ (cum A D₂ Pesh. *al.*). 1[2] + ἡμῶν.🖝 2[1] + ἡμῶν (cum Pesh.).

Climacus II.

II Corinthians I. 23—II. 11.

f. 17 b		f. 17 a

II Corinthians I. 23—II. 11.

23 Ἐγὼ δὲ μάρτυρα τὸν Θεὸν ἐπικαλοῦμαι ἐπὶ τὴν ἐμὴν ψυχήν, ὅτι φειδόμενος ὑμῶν οὐκέτι¹ ἦλθον εἰς Κόρινθον. 24 οὐχ ὅτι κυριεύομεν ὑμῶν τῆς πίστεως, ἀλλὰ συνεργοί ἐσμεν τῆς χαρᾶς ὑμῶν· τῇ γὰρ πίστει ἑστήκατε.: II. 1 ἔκρινα δὲ¹ ἐμαυτῷ τοῦτο, τὸ μὴ πάλιν ἐν λύπῃ πρὸς ὑμᾶς ἐλθεῖν. 2 εἰ γὰρ ἐγὼ λυπῶ ὑμᾶς, καὶ τίς ὁ εὐφραίνων με εἰ μὴ ὁ λυπούμενος ἐξ ἐμοῦ; 3 καὶ ἔγραψα τοῦτο αὐτὸ ἵνα μὴ ἐλθὼν λύπην σχῶ ἀφ' ὧν ἔδει με χαίρειν, πεποιθὼς ἐπὶ πάντας ὑμᾶς ὅτι ἡ ἐμὴ χαρὰ πάντων ὑμῶν ἐστιν. 4 ἐκ γὰρ πολλῆς θλίψεως καὶ συνοχῆς καρδίας ἔγραψα ὑμῖν διὰ πολλῶν δακρύων, οὐχ ἵνα λυπηθῆτε, ἀλλὰ τὴν ἀγάπην ἵνα γνῶτε ἣν ἔχω περισσοτέρως εἰς ὑμᾶς. 5 Εἰ δέ τις λελύπηκεν, οὐκ ἐμὲ λελύπηκεν, ἀλλὰ ἀπὸ μέρους, ἵνα μὴ ἐπιβαρῶ, πάντας ὑμᾶς. 6 ἱκανὸν τῷ τοιούτῳ ἡ ἐπιτιμία αὕτη ἡ ὑπὸ τῶν πλειόνων, 7 ὥστε τοὐναντίον¹ μᾶλλον ὑμᾶς χαρίσασθαι² καὶ παρακαλέσαι³, μή πως τῇ περισσοτέρᾳ λύπῃ καταποθῇ ὁ τοιοῦτος. 8 διὸ παρακαλῶ ὑμᾶς κυρῶσαι εἰς αὐτὸν ἀγάπην· 9 εἰς τοῦτο γὰρ καὶ ἔγραψα, ἵνα γνῶ τὴν δοκιμὴν ὑμῶν, εἰ εἰς πάντα ὑπήκοοί ἐστε. 10 ᾧ δέ τι χαρίζεσθε, κἀγώ· καὶ γὰρ ἐγὼ ὃ κεχάρισμαι, ¹εἴ τι¹ κεχάρισμαι, δι' ὑμᾶς ἐν προσώπῳ Χριστοῦ, 11 ἵνα μὴ πλεονεκτηθῶμεν ὑπὸ τοῦ Σατανᾶ· οὐ γὰρ αὐτοῦ τὰ νοήματα ἀγνοοῦμεν.

I. 23¹ Cod. οὐκ (cum D₂ *latine* F₂ Pesh. *al.*).　　II. 1¹ γὰρ (cum ℵᶜ B *al.*).　　7¹ om. τοὐναντίον.𝔖　　7² + αὐτῷ (cum Pesh.).　　7³ + αὐτὸν (cum Pesh.).　　10¹⁻¹ om. εἴ τι.𝔖

Climacus II.

II CORINTHIANS IV. 18ᶜ—V. 12.

f. 3 b		f. 3 a

II Corinthians IV 18ᶜ—V. 12.

18ᶜ βλεπόμενα αἰώνια.

✠ Ἀρχὴ Κεφαλαίου.

V. 1 οἴδαμεν γὰρ ὅτι ἐὰν ἡ ἐπίγειος ἡμῶν οἰκία τοῦ σκήνους καταλυθῇ, οἰκο-
δομὴν ἐκ Θεοῦ ἔχομεν, οἰκίαν¹ ἀχειροποίητον αἰώνιον ἐν τοῖς οὐρανοῖς. 2 καὶ
γὰρ ἐν τούτῳ στενάζομεν, τὸ οἰκητήριον ἡμῶν¹ τὸ ἐξ οὐρανοῦ ἐπενδύσασθαι
ἐπιποθοῦντες, 3 εἴ γε καὶ ἐνδυσάμενοι οὐ γυμνοὶ εὑρεθησόμεθα. 4 καὶ γὰρ
οἱ ὄντες ἐν τῷ σκήνει στενάζομεν βαρούμενοι, ἐφ' ᾧ οὐ θέλομεν ἐκδύσασθαι
ἀλλ' ἐπενδύσασθαι, ἵνα καταποθῇ τὸ θνητὸν ὑπὸ τῆς ζωῆς. 5 ὁ δὲ¹ κατεργα-
σάμενος ἡμᾶς εἰς αὐτὸ τοῦτο Θεός, ὁ δοὺς ἡμῖν τὸν ἀρραβῶνα τοῦ Πνεύματος.
6 Θαρροῦντες οὖν πάντοτε καὶ εἰδότες ὅτι ἐνδημοῦντες ἐν τῷ σώματι ἐκδη-
μοῦμεν ἀπὸ τοῦ Κυρίου· 7 διὰ πίστεως γὰρ περιπατοῦμεν, οὐ διὰ εἴδους·
8 θαρροῦμεν δὲ καὶ εὐδοκοῦμεν μᾶλλον ἐκδημῆσαι ἐκ τοῦ σώματος καὶ ἐν-
δημῆσαι πρὸς τὸν Κύριον. 9 διὸ καὶ φιλοτιμούμεθα, εἴτε ἐνδημοῦντες¹ εἴτε
ἐκδημοῦντες, εὐάρεστοι αὐτῷ εἶναι. 10 τοὺς γὰρ πάντας ἡμᾶς φανερωθῆναι
δεῖ ἔμπροσθεν τοῦ βήματος τοῦ Χριστοῦ, ἵνα κομίσηται ἕκαστος τὰ διὰ τοῦ
σώματος πρὸς ἃ ἔπραξεν, εἴτε ἀγαθὸν εἴτε φαῦλον.

11 Εἰδότες οὖν τὸν φόβον τοῦ Κυρίου ἀνθρώπους¹ πείθομεν, Θεῷ δὲ
πεφανερώμεθα· ἐλπίζω δὲ καὶ ἐν ταῖς συνειδήσεσιν ὑμῶν πεφανερῶσθαι. 12 οὐ
πάλιν ἑαυτοὺς συνιστάνομεν ὑμῖν, ἀλλὰ ἀφορμὴν διδόντες ὑμῖν καυχήματος
ὑπὲρ ἡμῶν, ἵνα ἔχητε πρὸς τοὺς ἐν προσώπῳ

V. 1¹ Cod. δέ.🖾 2¹ + ἔτι.🖾 5¹ om. δέ.🖾 9¹ + ἐν τῷ σώματι.🖾 11¹ + μέν.🖾

Climacus II.

II Corinthians VI. 3ᵇ—16.

f. 6 b

f. 6 a

(Syriac text in four columns, read right-to-left)

— Cf. *Studia Sinaitica* VI. pp. 44, 45.

II Corinthians VI. 3ᵇ—16.

3ᵇ προσκοπήν, ἵνα μὴ μωμηθῇ ἡ διακονία[1], 4 ἀλλ' ἐν παντὶ συνιστάνοντες ἑαυτοὺς ὡς Θεοῦ διάκονοι, ἐν ὑπομονῇ πολλῇ, ἐν θλίψεσιν, ἐν ἀνάγκαις, ἐν στενοχωρίαις, 5 ἐν πληγαῖς, ἐν φυλακαῖς,[1] ἐν ἀκαταστασίαις, ἐν κόποις, ἐν ἀγρυπνίαις, ἐν νηστείαις, 6 ἐν ἁγνότητι, ἐν γνώσει, ἐν μακροθυμίᾳ, ἐν χρηστότητι, ἐν Πνεύματι Ἁγίῳ, ἐν ἀγάπῃ ἀνυποκρίτῳ, 7 ἐν λόγῳ ἀληθείας, ἐν δυνάμει Θεοῦ· διὰ τῶν ὅπλων τῆς δικαιοσύνης τῶν δεξιῶν καὶ ἀριστερῶν, 8 διὰ δόξης καὶ ἀτιμίας, διὰ δυσφημίας καὶ εὐφημίας· ὡς πλάνοι καὶ ἀληθεῖς, 9 ὡς ἀγνοούμενοι καὶ ἐπιγινωσκόμενοι, ὡς ἀποθνῄσκοντες καὶ ἰδοὺ[1] ζῶμεν, ὡς παιδευόμενοι καὶ μὴ θανατούμενοι, 10 ὡς λυπούμενοι ἀεὶ δὲ χαίροντες, ὡς πτωχοὶ πολλοὺς δὲ πλουτίζοντες, ὡς μηδὲν ἔχοντες καὶ πάντα κατέχοντες.

11 Τὸ στόμα ἡμῶν ἀνέῳγεν πρὸς ὑμᾶς, Κορίνθιοι, ἡ καρδία ἡμῶν πεπλάτυνται· 12 οὐ στενοχωρεῖσθε ἐν ἡμῖν, στενοχωρεῖσθε δὲ ἐν τοῖς σπλάγχνοις ὑμῶν· 13 τὴν δὲ αὐτὴν ἀντιμισθίαν, ὡς τέκνοις λέγω, πλατύνθητε καὶ ὑμεῖς. 14 Μὴ γίνεσθε ἑτεροζυγοῦντες ἀπίστοις· τίς γὰρ μετοχὴ δικαιοσύνῃ καὶ ἀνομίᾳ, ἢ τίς κοινωνία φωτὶ πρὸς σκότος ; 15 τίς δὲ συμφώνησις Χριστοῦ πρὸς Βελίαρ, ἢ τίς μερὶς πιστῷ μετὰ ἀπίστου ; 16 τίς δὲ συνκατάθεσις ναῷ Θεοῦ μετὰ[1] εἰδώλων ; ἡμεῖς γὰρ ναὸς Θεοῦ ἐσμεν ζῶντος

3[1] Cod. + ἡμῶν (cum Pesh.). 5[1] + δὲ καὶ.⬛ 9[1] om. ἰδοὺ (cf. F₂). 16[1] + τοῦ τῶν (cum Pesh.).

Climacus II.

II Corinthians VI. 16ᵇ—VII. 8.

	f. 2 b		f. 2 a
ܘܗܘ ܠܟܘ	ܟܢܫܬܐ ܕܐܝܬ ܘ	ܘܠܗܘܢ ܙܪܥ ܡܫ	ܐܟܢܐ ܕܩܝܘ
ܐܠܗܐ ܘ 6	ܢܠܚܬܝܢ	ܐܠܝܬ : ܐܠܐ	ܘ: ܡܘܗܝ ܗܘܝ
ܠܘܬܗ ܗܡܘ	ܘܐܬܦܩܬܘ	vii. ܘܐܠܡ ܗܘܐ 1	ܗܡܘ ܘܢܩܚܕܐ
ܣܝ ܟܢܢܫܬܟܠ	ܘܐܦܩܬܘ :	ܐܘܬ ܐܬܩܝܬܘ	ܘܡܘܠܐ : ܘܡܗ
ܐܠܐ ܐܠܐ	ܠܝ ܡܕܘ 4	ܐܟܢܚܝܢ ܠܝ :	ܗܠܐ ܐܠܐ ܠܗܘܢ
ܘܗܒܘܬܘܗܝ	ܐܝܣܡܥܢ	ܗܕܟܐ ܗܙܡ	ܘܐܠܘ: ܘܐܟ.
ܘܝܒܠܝܥܘ :	ܡܕܘ : ܘܒܗܠܬ	ܗܠܐ ܗܡ ܡܢ	ܗܡܘ ܡܕ ܠܕ ܘܗܡ :
ܘܚܠܝܢܐ ܢܕ ܐܠܝ 7	ܐܬܚܒܩܐ ܠܝ	ܘܩܘܩܟܐ	ܕܒܗܝܕ ܒܗܠܢ 17
ܘܗܒܘܬܘܗܝ	ܘܝܚܠܕܒ ܠܐ :	ܘܗܩܡܙ	ܗܡ ܡܘܩܘܗ
ܐܠܟ ܐܘܩܦ	ܐܟܠܟ ܠܟܠܐ	ܘܗܪ.	ܗܝܬܘܢ ܣܝ
ܐܟܢܘܦܝܢܢ	ܐܟܢܘܩܚܟܐ	ܘܩܠܥ.	ܘܦܗܗܪܙܥ
ܘܐܬܝܢ	ܐ ܗܕܒܘܬ ܐ	ܘܩܒܝܣܘ	ܐܟܢ ܗܙܟܐ :
ܘܒܠܚܢܒ ܠܝ	ܠܝܚܘܡܒܐ ܠܝ	ܘܘܚܒܡ	ܠܐ ܐܟܟܒܚܠܘ
ܐܝܬ ܘܗܒܐ ܐܟܢܝܐ	ܒܝ ܘܣܝ :	ܐ ܐܠܘ:	ܘܩܘܗܕܒܒ :
ܠܝ ܘܝܒܠܚ	ܘܗܒܝܣ ܩܝܚܝܩܒ 5	ܘܠܚ ܘܣܣܡ 2	ܘܐܟܢ ܒܒܗܘ
ܘܝܒܠܚܘ	ܐܟܢܘܩܚܒܠ	ܐܟܢܟ ܠܟ	ܘܡܕܟܒ ܘܥܬܐ 18
ܘܘܚܘܦܟܢ	ܣܝܥ ܠܟ ܐܟܢ	ܒܥܝܠ ܟܟܐܒܠܝ	ܘܗܡ ܐܠܚ
ܘܝܒܣܘܒܕ	ܐܟܟ ܠܟ ܣܝ	ܘܒܥܘܝ ܐܟܟ ܠܟܐ:	ܐܟܥ: ܘܗܒܝܬܘ
ܘܝܒܠܝܚ :	ܘܠܚܗܙܒ ܘܐܟ :	ܡܛ ܡܢ ܐ ܐܟܢܐ	ܠܝ ܗܡܘ
ܘܝܕܟܘܝܢ ܘܝܠܚ	ܘܝܒܚܒܘܒܐ ܐܟܠ	ܐܬܒ ܣܝܘܣ 3	ܘܣܝܒ ܠܟܠ
ܣ ܘܘܐܬ 8 ܐܟܢܘ 8	ܣܝ ܘܒܐܠܝܘܕ :	ܘܒܪܐ ܐܟܟ ܐ :	ܘܒܪܐ ܐܟܢܐ
ܘܠܘܪܚܝ ܟ	ܐܟܢܘܝܣ ܘܝܠܚ	ܘܒܪܐܠ ܘܐܟ ܠܕ	ܘܝܒܢܝܚ ܘܗܒܠ :

II Corinthians VI. 16ᵇ—VII. 8.

16ᵇ καθὼς εἶπεν ὁ Θεὸς ὅτι[1]

 Ἐνοικήσω ἐν αὐτοῖς καὶ ἐνπεριπατήσω,

 καὶ ἔσομαι αὐτῶν Θεός, καὶ αὐτοὶ ἔσονταί μου λαός.

17 διὸ ἐξέλθατε ἐκ μέσου αὐτῶν

 καὶ ἀφορίσθητε, λέγει Κύριος,

 καὶ ἀκαθάρτου μὴ ἅπτεσθε·

 κἀγὼ εἰσδέξομαι ὑμᾶς,

18 καὶ ἔσομαι ὑμῖν εἰς Πατέρα,

 καὶ ὑμεῖς ἔσεσθέ μοι εἰς υἱοὺς καὶ θυγατέρας, λέγει Κύριος Παντοκράτωρ.

Ἀρχὴ Κεφαλαίου.

VII. 1 Ταύτας οὖν ἔχοντες τὰς ἐπαγγελίας, ἀγαπητοί, καθαρίσωμεν ἑαυτοὺς ἀπὸ παντὸς μολυσμοῦ σαρκὸς καὶ πνεύματος, ἐπιτελοῦντες ἁγιωσύνην ἐν φόβῳ[1] Θεοῦ. 2 Χωρήσατε ἡμᾶς· οὐδένα ἠδικήσαμεν, οὐδένα ἐφθείραμεν, οὐδένα ἐπλεονεκτήσαμεν. 3 πρὸς κατάκρισιν οὐ λέγω· προείρηκα γὰρ ὅτι ἐν ταῖς καρδίαις ἡμῶν ἐστε εἰς τὸ συναποθανεῖν καὶ συνζῆν. 4 πολλή μοι παρρησία πρὸς ὑμᾶς, πολλή μοι καύχησις ὑπὲρ ὑμῶν· πεπλήρωμαι τῇ παρακλήσει, ὑπερπερισσεύομαι τῇ χαρᾷ ἐπὶ πάσῃ τῇ θλίψει ἡμῶν. 5 Καὶ γὰρ ἐλθόντων ἡμῶν εἰς Μακεδονίαν οὐδεμίαν ἔσχηκεν ἄνεσιν ἡ σὰρξ ἡμῶν, ἀλλ᾽ ἐν παντὶ θλιβόμενοι· ἔξωθεν μάχαι, ἔσωθεν φόβοι. 6 ἀλλ᾽ ὁ παρακαλῶν τοὺς ταπεινοὺς παρεκάλεσεν ἡμᾶς ὁ Θεὸς ἐν τῇ παρουσίᾳ Τίτου· 7 οὐ μόνον δὲ ἐν τῇ παρουσίᾳ αὐτοῦ, ἀλλὰ καὶ ἐν τῇ παρακλήσει ᾗ παρεκλήθη ἐφ᾽ ὑμῖν, ἀναγγέλλων ἡμῖν τὴν ὑμῶν ἐπιπόθησιν, τὸν ὑμῶν ὀδυρμόν, τὸν ὑμῶν ζῆλον ὑπὲρ ἐμοῦ[1], ὥστε με μᾶλλον χαρῆναι. 8 ὅτι εἰ καὶ ἐλύπησα

16[1] Cod. om. ὅτι. 🐟 VII. 1[1] Πνεύματι. 🐟 7[1] ἡμῶν. 🐟

Climacus II.

GALATIANS I. 1—10.

f. 123b f. 123a

ܪܚܡ ܕܗܘܡܬ ܠܚܠܬܢܝ ܩܘܗܡ 2 ܠܕܗܝ ܐܣܬܟ ܥܠܬܐ ܐܪܪܬܐ

ܣܝܩ ܘܗܩ ܡܕܝ ܠܬܢܝܟ ܟܪܚܡ ܗܕܝܪ: ܗܐ ܬܪܬܝܢ

9 ܩܗܡ : ܐܣ 9 6 ܗܕܗ ܟܪܟ ܟܡ ܗ ܠܢܝܣܬܐ : ܪܡܘܗܝܕ

ܡܢ ܢܙܕܟܐ ܚܢܩܘܗܟ :ܟܠܠܝܕ ܐܕܬܬܬܐ ܢ

ܗܘܕ ܐܩܘܗ ¹ܡܗܡܠ ܐܕ 3 ܠܗܘܡ ܟܡܠ ܡܗܘ ܣܠܚ ܢܡ

ܟܠܐ ܗܕܗ ܚܗܩܕܗܙܗ ܡܢ ܐܟܠܥܘ ܘܗܙܢܪܕܬܬ

ܢܡ ܐܟܗܪ ܐܪܙܗܡ ܗ ܡܢ :ܟܐܠܟ ܐܠܐ :ܡܣܐܩ ܡܠܩܘ

ܪܡܩܗܕܝ ܘܗܩ ܢ ܡܗ ܘܗ

ܘܗܩ ܡܗܬܕܠܩܘ :ܐܪܣܡ ܡܘܗ · · · · · ·

ܪܚܡ ܢܡ ܐܗܠ :ܐܣܣܗܕ 4 ܘܡܗܕ ܪܗܡ ܐܪܪܬܐ ܢܠܢܕ

ܢܘܠܚܡܕ ܗܘܡܩ ܢܘܣܠ ܠܗ ܐܪܪܗܢܠ :ܪܠܠܚ

:ܪܡܩ ܪܠܩ 7 ܟܡ ܢܘܣ ܗܠܗ ܗܪܗ: ܡܗܬܠ Galatians i. 1.

ܚܢܝܣܠ ܐܕ ܗܗ 10 ܡܗ ܟܡܥܢ ܐܠܟ :ܠܡܩܬܗܕ ܘܐܠܘܩ ܐܠܝܟ

ܪܩܢ ܟܪܐ ܩܘ ܡܚܚܕܚܕ ܠܗܕܠ :ܚܢܣܕ ܢܡ ܠܗ

:ܐܠܡܠ ܠܟ ܟܐ ܡܗܟܗ ܘܗܩܡܗ ܡܢ ܡܠܥܗܕ ܕܚܗܩ ܠܗܘ

ܐܩܪ ܟܟ ܪܩܗܩܗܕܡܗ ܚܟܠܐ ܟܠܚ ܢ ܪܠܚܕ

ܚܢܝܣܠ ܡܗܘܡܩ ܡܗ :ܡܩܡܗܕ ܐܗܕܚܕ ܟܠܐ

ܟܠܐ ܠܠܐ:ܕܝܪܟܐ :ܐܣܣܗܕ ܡܗܘܗܣܝ ܡܗܘܗ

ܚܢܝܣܠ ܗܗ ܕܘܚ 8 ܟܠܐ ܟܠ ܩܗܘܩ ܟܡܐ ܐܠܗܡ :ܐܣܣܗܕ

ܡܗܣ ܐܟܠܐ ܡܢ ܟܠܚܕ ܟܟ ܡܗܘܩܘ ܐܟܐ ܐܠܗܟ

ܢ ܐܠܟ :ܗܩܘ ܪܡܘܝ ܐܣܗܩ 5 ܢܗܡ ܗܠܗ ܠܗܡ ܐܘܗܣܪ ܢ ܗܕܡܘ

ܡܗܗܚ ܡܢ ܡܗ ܠܗܕ ܩܘܗܡܠ ܟܕܗܣܟܬܐ :ܐܬܬܚܕ ܢܡ ܡܗ ܢ

<hr/>

[1] Cf. Lev. viii. 24 *supra*; Matt. xxi. 33, xxiii. 15 *supra*.

Τετέλεσται ἡ Ἐπιστολὴ ἡ δευτέρα πρὸς τοὺς Κορινθίους, ἐγράφη δὲ ἀπὸ Φιλίππου καὶ ἐστάλη διὰ Τίτου καὶ Λούκα.

Ἐπιστολὴ πρὸς Γαλάτας.

GALATIANS I. 1—10.

1 Παῦλος ἀπόστολος, οὐκ ἀπ’ ἀνθρώπων οὐδὲ δι’ ἀνθρώπου ἀλλὰ διὰ Ἰησοῦ Χριστοῦ καὶ Θεοῦ Πατρὸς τοῦ ἐγείραντος αὐτὸν ἐκ νεκρῶν, 2 καὶ οἱ σὺν ἐμοὶ πάντες ἀδελφοί, ταῖς ἐκκλησίαις τῆς Γαλατίας· 3 χάρις[1] ὑμῖν καὶ εἰρήνη ἀπὸ Θεοῦ Πατρὸς ἡμῶν[2] καὶ Κυρίου [3] Ἰησοῦ Χριστοῦ, 4 τοῦ δόντος ἑαυτὸν ὑπὲρ τῶν ἁμαρτιῶν ἡμῶν, ὅπως ἐξέληται ἡμᾶς ἐκ τοῦ αἰῶνος τοῦ ἐνεστῶτος πονηροῦ κατὰ τὸ θέλημα τοῦ Θεοῦ καὶ Πατρὸς ἡμῶν, 5 ᾧ ἡ δόξα εἰς τοὺς αἰῶνας τῶν αἰώνων ἀμήν.

6 Θαυμάζω ὅτι οὕτως ταχέως μετατίθεσθε [1] ἀπὸ τοῦ καλέσαντος ὑμᾶς ἐν χάριτι Χριστοῦ εἰς ἕτερον εὐαγγέλιον, 7 ὃ οὐκ ἔστιν ἄλλο· εἰ μή τινές εἰσιν οἱ ταράσσοντες ὑμᾶς καὶ θέλοντες μεταστρέψαι τὸ εὐαγγέλιον τοῦ Χριστοῦ. 8 ἀλλὰ καὶ ἐὰν ἡμεῖς ἢ ἄγγελος ἐξ οὐρανοῦ εὐαγγελίσηται ὑμῖν παρ’ ὃ εὐηγγελισάμεθα ὑμῖν, ἀνάθεμα ἔστω. 9 ὡς προειρήκαμεν, καὶ ἄρτι πάλιν λέγω, [1]εἴ τις[1] ὑμᾶς εὐαγγελίζεται παρ’ ὃ παρελάβετε, ἀνάθεμα ἔστω.

10 Ἄρτι γὰρ ἀνθρώπους πείθω ἢ τὸν Θεόν; ἢ ζητῶ ἀνθρώποις ἀρέσκειν; εἰ [1] ἔτι ἀνθρώποις ἤρεσκον,

3[1] Cod. ἀγάπη.🕮 3[2] om. ἡμῶν (cum B D₂ F₂ Pesh. al). 3[3] + ἡμῶν (cum B D₂ F₂ Pesh. al).
6[1] + ἐν τῷ νόῳ.🕮 9[1—1] ὅστις.🕮 10[1] + γὰρ (cum E K L P).

Climacus II.

GALATIANS I. 10ᵇ—23.

f. 130 b

f. 130 a



GALATIANS I. 10ᵇ—23.

10ᵇ Χριστοῦ δοῦλος οὐκ ἂν ἤμην. 11 γνωρίζω γὰρ¹ ὑμῖν, ἀδελφοί, τὸ εὐαγγέλιον τὸ εὐαγγελισθὲν ὑπ' ἐμοῦ ὅτι οὐκ ἔστιν ²κατὰ ἄνθρωπον²· 12 οὐδὲ γὰρ ἐγὼ παρὰ ἀνθρώπου παρέλαβον αὐτὸ οὔτε ἐδιδάχθην, ἀλλὰ δι' ἀποκαλύψεως Ἰησοῦ Χριστοῦ. 13 Ἠκούσατε γὰρ τὴν ἐμὴν ἀναστροφήν ποτε ἐν τῷ Ἰουδαϊσμῷ, ὅτι καθ' ὑπερβολὴν ἐδίωκον τὴν ἐκκλησίαν τοῦ Θεοῦ καὶ ἐπόρθουν αὐτήν, 14 καὶ προέκοπτον ἐν τῷ Ἰουδαϊσμῷ ὑπὲρ πολλοὺς συνηλικιώτας ἐν τῷ γένει μου, ¹ περισσοτέρως ζηλωτὴς ὑπάρχων τῶν πατρικῶν μου παραδόσεων. 15 Ὅτε δὲ¹ εὐδόκησεν ² ὁ ἀφορίσας με ἐκ κοιλίας μητρός μου καὶ καλέσας διὰ τῆς χάριτος αὐτοῦ 16 ἀποκαλύψαι τὸν Ὑιὸν αὐτοῦ ἐν ἐμοί, ἵνα εὐαγγελίζωμαι αὐτὸν ἐν τοῖς ἔθνεσιν, εὐθέως οὐ προσανεθέμην σαρκὶ καὶ αἵματι, 17 οὐδὲ ἀνῆλθον εἰς Ἱεροσόλυμα πρὸς τοὺς πρὸ ἐμοῦ ἀποστόλους, ἀλλὰ ἀπῆλθον εἰς Ἀραβίαν, καὶ πάλιν ὑπέστρεψα εἰς Δαμασκόν. 18 Ἔπειτα μετὰ τρία ἔτη ἀνῆλθον εἰς Ἱεροσόλυμα ἱστορῆσαι¹ Κηφᾶν, καὶ ἐπέμεινα πρὸς αὐτὸν ἡμέρας δεκαπέντε· 19 ¹ ἕτερον δὲ τῶν ἀποστόλων οὐκ εἶδον, εἰ μὴ Ἰάκωβον τὸν ἀδελφὸν τοῦ Κυρίου. 20 ἃ δὲ γράφω ὑμῖν, ἰδοὺ ἐνώπιον τοῦ Θεοῦ ὅτι οὐ ψεύδομαι. 21 ἔπειτα ἦλθον εἰς τὰ κλίματα τῆς Συρίας καὶ τῆς Κιλικίας. 22 ἤμην δὲ ἀγνοούμενος τῷ προσώπῳ ταῖς ἐκκλησίαις τῆς Ἰουδαίας ταῖς ἐν Χριστῷ. 23 μόνον δὲ ἀκούοντες ἦσαν ὅτι Ὁ διώκων ἡμᾶς ποτε νῦν εὐαγγελίζεται τὴν πίστιν ἣν ποτε

11¹ Cod. δὲ (cum א A Pesh. al.). 11²⁻² παρ' ἀνθρώπου (cum Pesh.). 14¹ + καὶ (cum Pesh.). 15¹ om. δὲ 🖎 15² + ὁ Θεὸς (cum א A D₂ al.). 18¹ ἰδεῖν (cum D₂ latine F₂ latine Pesh.). 19¹ + καὶ. 🖎

Climacus II.

GALATIANS III. 20—IV. 2.

f. 39 b f. 39 a

GALATIANS III. 20—IV. 2.

20 ὁ δὲ μεσίτης ἑνὸς[1] οὐκ ἔστιν, ὁ δὲ Θεὸς εἷς ἐστιν. 21 ὁ οὖν νόμος κατὰ τῶν ἐπαγγελιῶν τοῦ Θεοῦ; μὴ γένοιτο[1]. εἰ γὰρ ἐδόθη νόμος ὁ δυνάμενος ζωοποιῆσαι, ὄντως ἐκ νόμου ἂν ἦν ἡ δικαιοσύνη· 22 ἀλλὰ συνέκλεισεν ἡ γραφὴ τὰ πάντα ὑπὸ ἁμαρτίαν ἵνα ἡ ἐπαγγελία ἐκ πίστεως Ἰησοῦ Χριστοῦ δοθῇ τοῖς πιστεύουσιν.

23 Πρὸ τοῦ δὲ ἐλθεῖν τὴν πίστιν ὑπὸ νόμον [1]ἐφρουρούμεθα συνκλειόμενοι[1] εἰς τὴν μέλλουσαν πίστιν ἀποκαλυφθῆναι[2].

Τῇ τετάρτῃ τοῦ Κυρίου.

24 ὥστε ὁ νόμος παιδαγωγὸς ἡμῶν[1] γέγονεν εἰς [2]Χριστόν, ἵνα ἐκ πίστεως δικαιωθῶμεν· 25 ἐλθούσης δὲ τῆς πίστεως οὐκέτι ὑπὸ παιδαγωγόν ἐσμεν. 26 Πάντες γὰρ υἱοὶ Θεοῦ ἐστε διὰ τῆς πίστεως ἐν [1]Χριστῷ Ἰησοῦ[1]· 27 ὅσοι γὰρ[1] εἰς Χριστὸν ἐβαπτίσθητε, Χριστὸν ἐνεδύσασθε. 28 οὐκ ἔνι Ἰουδαῖος οὐδὲ Ἕλλην[1], οὐκ ἔνι δοῦλος οὐδὲ ἐλεύθερος, οὐκ ἔνι ἄρσεν καὶ θῆλυ· πάντες γὰρ ὑμεῖς εἷς ἐστε ἐν [2]Χριστῷ Ἰησοῦ[2]. 29 εἰ δὲ ὑμεῖς Χριστοῦ, ἄρα τοῦ Ἀβραὰμ σπέρμα[1] ἐστέ, κατ᾽ ἐπαγγελίαν κληρονόμοι.

Τῇ τρίτῃ ἡμέρᾳ τῆς θεοφανείας.

IV. 1 Λέγω δέ, ἐφ᾽ ὅσον χρόνον ὁ κληρονόμος νήπιός ἐστιν, οὐδὲν διαφέρει δούλου κύριος πάντων ὤν, 2 ἀλλὰ ὑπὸ ἐπιτρόπους ἐστὶν καὶ οἰκονόμους

III. 20[1] Cod. εἷς sic.🖎 21[1] + οὕτως.🖎 23[1-1] συνεκλείσμεθα φρουρούμενοι.🖎 23[2] + ἐν ἡμῖν.🖎 24[1] ἡμῖν (cum Pesh.). 24[2] + Ἰησοῦν (cf. D₂F₂). 26[1-1] Ἰησοῦ Χριστῷ (cf. Pesh.). 27[1] δὲ.🖎 28[1] Σύρος (cum Pesh.). 28[2-2] Ἰησοῦ Χριστῷ (cum Pesh.). 29[1] σπέρματος.🖎

Climacus II.

GALATIANS IV. 15^b—28.

ܢܬܦܠܚܘܢ܂	ܐܢܬܘܢ ܡܢ ܗܘ ܕܩܪܐ	19 ܒܢܝ ܕܒܟܘܢ	ܐܢܐ ܕܝܢ
ܗܘ ܗܟܢ ܐܝܬܝܟܘܢ	23 ܐܠܐ ܗܘ ܕ ܡܢ	ܐܢܐ ܗܘܝܬ	ܗܘ ܚܠܦܝ
ܠܚܪܬܐ	ܐܝܟܢܐ ܕܡܢ	ܚܒܠܐ ܕܒܟܘܢ	ܕܐܠܦ ܗܘܐ
ܗܘ ܩܢܐ ܠܝ	ܐܢܬܬܐ ܚܐܪܬܐ	ܥܕܡܐ ܕܢܬܬܨܝܪ	ܘܢܩܦܐ ܠܟܘܢ
26 ܚܪܘܬܐ	ܗܘܐ ܒܡܠܐ	ܡܫܝܚܐ ܒܟܘܢ܂	ܢܗܦܟ ܠܘܬܟܘܢ܂
ܡܬ ܐܝܢ ܗܟܝܢ	ܒܝܢܝܢ ܗܘ ܗܘܐ	20 ܨܒܐ ܗܘܝܬ ܕܝܢ	ܡܟܝܠ ܠܐ܂
ܗܟܢ ܡܢ ܗܘܝ	ܗܠܝܢ ܐܝܟ ܡܢ	ܕܥܡܟܘܢ	16 ܗܘܐ ܕܒܟܘܢ
ܐܝܬܝܗ ܕܟܠܢ܂	24 ܗܠܝܢ ܕܝܢ	ܐܗܘܐ ܗܫܐ	ܐܬܒܚܫܘܢ
27 ܕܟܬܝܒ ܓܝܪ	ܐܝܬܝܗ ܕܡܠܬܐ	ܐܝܟܢܐ	ܡܢ ܒܠܠܐ
ܕܬܚܕܝܢ	ܬܪܬܝܢ ܩܝܡܢ܂	ܕܐܫܚܠܦ ܗܘܐ	ܠܗܘܢ ܡܛܠܟܘܢ܂
ܗܟܝܠ ܥܩܪܬܐ	ܚܕ ܡܢ ܛܘܪܐ	21 ܐܡܪܘܢ ܠܝ	17 ܡܬܝܢ ܡܢܗ
ܗܝ ܕܠܐ ܝܠܕܐ	ܕܣܝܢܝ ܝܠܕ	ܠܗܘܢ ܕܡܬ	ܠܗܘܢ ܠܐ ܐܟܘܬ
ܘܐܬܦܨܚܝ	ܠܥܒܕܘܬܐ܂	ܘܗܘܝܬܘܢ	ܐܠܐ ܡܫܬܒܚܝܢ
ܘܓܥܝ ܒܩܠܐ	ܗܢܐ ܕܝܢ ܐܝܟ	ܠܢܡܘܣܐ܂	ܗܘܐ ܕܗܘ
ܗܝ ܕܠܐ ܚܒܠܐ܂	ܕܡܚܐܕ ܠܚܕܐ	ܐܝܟ ܐܢܬ	ܕܗܘܝ ܟܘܠ
ܕܣܓܝܘ ܒܢܝܗ	ܡܠܕ ܗܘ ܗܝ	ܡܢ ܘܗܘ	ܗܘܝܢ ܡܬܝܢ܂
ܕܚܪܒܬܐ	25 ܕܠܓܡ ܗܝ ܕܝܢ	ܠܡܫܡܥܝܢ܂	18 ܫܦܝܪ ܗܝ ܕܝܢ
ܝܬܝܪ ܡܢ ܒܢܝܐ	ܗܘ ܛܘܪܐ	22 ܕܟܬܝܒ ܓܝܪ	ܕܒܟܘܢ ܬܬܚܣܢܘܢ
ܕܒܥܠܬܐ܂	ܕܣܝܢܝ	ܕܐܒܪܗܡ	ܒܛܒܬܐ ܚܕ܂
28 ܐܢܬܘܢ ܕܝܢ ܐܚܝ	ܕܒܐܪܒܝܐ܂	ܬܪܝܢ ܩܘܡ	ܒܟܠ ܙܒܢܐ
ܐܝܟ ܐܝܣܚܩ	ܗܘ ܕܝܢ ܗܠܝܢ	ܗܘܐ ܠܗ܂	ܘܠܐ ܗܘܐ
ܒܢܝܐ ܗܘܝܬܘܢ	ܘܕܐܬܐ ܡܠܝܬܐ	ܐܚܪܢܐ ܡܢ ܒܪ	ܒܠܚܘܕ

GALATIANS IV. 15ᵇ—28.

15ᵇ μαρτυρῶ γὰρ ὑμῖν ὅτι εἰ δυνατὸν ¹τοὺς ὀφθαλμοὺς¹ ὑμῶν ἐξορύξαντες ἐδώκατέ μοι. 16 ὥστε ἐχθρὸς ὑμῶν γέγονα ἀληθεύων ὑμῖν; 17 ζηλοῦσιν ὑμᾶς οὐ καλῶς, ἀλλὰ ἐκκλεῖσαι ὑμᾶς θέλουσιν, ἵνα αὐτοὺς ζηλοῦτε. 18 καλὸν δὲ ζηλοῦσθαι ἐν καλῷ πάντοτε, καὶ μὴ μόνον ἐν τῷ παρεῖναί με πρὸς ὑμᾶς, 19 τέκνα μου, οὓς πάλιν ὠδίνω μέχρις οὗ μορφωθῇ Χριστὸς ἐν ὑμῖν· 20 ἤθελον δὲ παρεῖναι πρὸς ὑμᾶς ἄρτι καὶ ἀλλάξαι τὴν φωνήν μου, ὅτι ἀποροῦμαι¹ ἐν ὑμῖν.

21 Λέγετέ μοι, οἱ ὑπὸ νόμον θέλοντες εἶναι, τὸν νόμον οὐκ ἀκούετε¹; 22 γέγραπται γὰρ ὅτι Ἀβραὰμ δύο υἱοὺς ἔσχεν, ἕνα ἐκ τῆς παιδίσκης καὶ ἕνα ἐκ τῆς ἐλευθέρας. 23 ἀλλ' ὁ μὲν ἐκ τῆς παιδίσκης κατὰ σάρκα γεγέννηται, ὁ δὲ ἐκ τῆς ἐλευθέρας διὰ τῆς ἐπαγγελίας. 24 ἅτινά ἐστιν ἀλληγορούμενα· αὗται γάρ εἰσιν δύο διαθῆκαι, μία μὲν¹ ἀπὸ ὄρους Σινᾶ, εἰς δουλείαν γεννῶσα², ἥτις ἐστὶν Ἄγαρ. 25 τὸ δὲ Ἄγαρ Σινᾶ ὄρος ἐστὶν ἐν τῇ Ἀραβίᾳ· συνστοιχεῖ δὲ τῇ νῦν Ἱερουσαλήμ, δουλεύει γὰρ¹ μετὰ τῶν τέκνων αὐτῆς. 26 ἡ δὲ ἄνω Ἱερουσαλὴμ ἐλευθέρα ἐστίν, ἥτις ἐστὶν μήτηρ¹ ἡμῶν· 27 γέγραπται γάρ

Εὐφράνθητι, στεῖρα ἡ οὐ τίκτουσα,
ῥῆξον καὶ βόησον, ἡ οὐκ ὠδίνουσα·
ὅτι πολλὰ τὰ τέκνα τῆς ἐρήμου μᾶλλον ἢ¹ τῆς ἐχούσης τὸν ἄνδρα.
28 ὑμεῖς δέ, ἀδελφοί, κατὰ Ἰσαὰκ ἐπαγγελίας τέκνα ἐστέ.

15¹⁻¹ Cod. τὸν ὀφθαλμόν.🖾 20¹ ταλαιπωροῦμαι.🖾 21¹ ἀναγινώσκετε (cum D₂F₂).
24¹ om. μὲν (cum Pesh.). 24² γεννηθεῖσα.🖾 25¹ om. γὰρ (cum F₂ latine Pesh.).
26¹ + πάντων (cum ℵᶜ A al.). 27¹ + γὰρ.🖾

Climacus II.

GALATIANS IV. 29—V. 12.

	f. 128 b		f. 128 a
ܦܘܚܡ ܡܣܒܪ 9	ܢܦܠܬܘܢ ܡܢ	ܡܠܝ ܢܙܕ	ܐܟ ܡܢ ܐܠܟ ܕܟ 29
ܕܚܠܬܐ ܟܠܘܟ	ܛܝܒܘܬܐ:	ܐܢܫܐ	ܡܢ ܕܗܘ
ܕܣܝܕܐ:	ܐܢܫܐ ܕܕܚ ܟܥ 5	ܐܠ ܠܘܢ ܘܠܐ	ܕܠܕ ܟܐܘܗܕ
10 ܣܝ ܗܕ ܐܠܟ	ܗܘܣܒ ܡܢ	ܗܙܘ ܡܣܘ	ܟܐܘܡܟܕܒ
ܐܢܬܘ ܥܠܚ	ܗܘܡ ܕܗܕ	ܕܕܗܘܚ	ܩܗܕ ܟܘܗ
ܣܘ ܣܘܡܠܕ	ܡܣܡܚ ܟܥ:	ܕܕܚܩ ܡܢ ܟܡܠ	ܟܘܗ ܕܠܘ
ܘܗܕܣܬܕܐ ܠܐ	ܕܚ ܣܡܡܣ 6	2 ܡܣ ܟܐ ܐܟ	:ܐܢܘܕܕ
ܕܚܘܕܗ ܗܕ ܗ	ܠܐ ܐܢܫܐ	ܕܪܐ ܘܠܩ	ܗ ܟܐܘܗ ܟܗ 30
ܘܚܠܛ ܘܗܕܥ	ܕܕܕܘܕܐ ܠܟ	ܕܗ ܗܘܠ	ܐܕܚ ܕܚܗ ܟܐ:
ܠܘܚ ܘܣܒܕ	ܘܠܘ ܘܚܠܡ	ܕܕܥܠܕܘ	ܟܕܕ ܟܘܣ ܟܕܕ ܟ
ܣܘ ܗ ܟܣ:	ܐ ܐܬ ܕܕ ܟ	ܠܘ ܚܠܘܡ ܟ	ܠ ܕ ܘܙܘܠܕ:
11 ܟܐܘ ܗ ܕ ܟ ܟ:	ܘܡܣܕܕ ܟ	ܘܚܕ ܠܘ ܟܕܕ ܠ:	ܗܕ ܙܕ ܕܚܕ ܕܚ
ܟ ܕ ܕ ܘ ܕ	ܟ ܒ ܚ ܕ ܕ	ܕ ܟ ܕ ܟ ܣܒܕ 3	ܟ ܕ ܕ
ܐܟ ܗܕ ܕ ܟ	ܟ ܠ ܚ ܕ:	ܗ ܣ ܒ ܟ ܗܘ	ܚܪ ܕ ܕ
ܟ ܠ ܚ ܐ ܘ ܚ	ܐܟܕ ܡܣ ܗܘܢ 7	ܣܘ ܒ ܟ ܕ	ܘ ܕ ܠ ܟ:
ܟ ܕ ܕ ܟ	ܘ ܚ ܠ ܟ: ܡܢ	ܣ ܥ ܘ ܚ ܕ ܠ	31 ܕ ܠ ܒ ܕ ܠ
: ܗ ܘ ܕ ܟ	ܠ ܘ ܚ ܠ	ܟ ܣ ܘ ܣ	ܟ ܢ ܫ ܟ: ܠܛ
ܕ ܠ ܟ ܐ ܠ ܕ	ܣ ܘ ܡ ܚ	4 ܐ ܟ ܕ ܠ ܠ ܕ ܟ ܡܢ	ܟ ܡ ܚ ܢ ܕ
ܘ ܣ ܘ ܠ ܚ	: ܟ ܕ ܘ ܥ ܠ ܕ	ܟ ܕ ܣ ܟ ܗ	ܕ ܟ ܒ ܕ ܟ
12 ܗ ܕ ܠ ܟ: ܘ ܠ ܗ 12	ܟ ܟ ܘ ܚ ܟ ܐ 8	ܕ ܗ ܣ ܚ ܒ ܣ ܟ	: ܟ ܐ ܘ ܕ ܕ ܟ
ܟ ܚ ܦ ܘ ܣ	ܗ ܡ ܢ ܠ ܟ	ܘ ܚ ܠ ܕ ܕ ܟ ܐ	ܟ ܐ ܕ ܘ ܕ ܕ:
ܡ ܠ ܡ ܕ ܚ ܕ ܚ ܣ ܡ	ܟ ܘ ܕ ܚ ܗ ܕ ܢ	ܡ ܕ ܠ ܒ ܕ ܡ ܢ ܗ ܘ ܢ	ܟ ܘ ܪ ܕ ܚ V. 1
: ܘ ܚ ܣ			

GALATIANS IV. 29—V 12.

29 ἀλλ᾽ ὥσπερ τότε ὁ κατὰ σάρκα γεννηθεὶς ἐδίωκεν τὸν κατὰ Πνεῦμα, οὕτως καὶ νῦν. 30 ἀλλὰ τί λέγει ἡ γραφή; Ἔκβαλε τὴν παιδίσκην καὶ τὸν υἱὸν αὐτῆς· οὐ γὰρ μὴ κληρονομήσει ὁ υἱὸς τῆς παιδίσκης μετὰ τοῦ υἱοῦ τῆς ἐλευθέρας. 31 διό,[1] ἀδελφοί, οὐκ ἐσμὲν παιδίσκης τέκνα ἀλλὰ τῆς ἐλευθέρας.

V. 1 Τῇ ἐλευθερίᾳ ἡμᾶς Χριστὸς ἠλευθέρωσεν· στήκετε οὖν καὶ μὴ πάλιν ζυγῷ δουλείας ἐνέχεσθε.

2 Ἴδε ἐγὼ Παῦλος λέγω ὑμῖν ὅτι ἐὰν περιτέμνησθε Χριστὸς ὑμᾶς οὐδὲν ὠφελήσει. 3 μαρτύρομαι δὲ πάλιν[1] παντὶ ἀνθρώπῳ περιτεμνομένῳ ὅτι ὀφειλέτης ἐστὶν ὅλον τὸν νόμον ποιῆσαι. 4 κατηργήθητε ἀπὸ Χριστοῦ οἵτινες ἐν νόμῳ δικαιοῦσθε, τῆς χάριτος ἐξεπέσατε. 5 ἡμεῖς γὰρ Πνεύματι ἐκ πίστεως ἐλπίδα δικαιοσύνης ἀπεκδεχόμεθα. 6 ἐν γὰρ [1]Χριστῷ Ἰησοῦ[1] οὔτε περιτομή τι ἰσχύει οὔτε ἀκροβυστία, ἀλλὰ πίστις δι᾽ ἀγάπης ἐνεργουμένη. 7 Ἐτρέχετε καλῶς· τίς ὑμᾶς ἐνέκοψεν ἀληθείᾳ μὴ πείθεσθαι; 8 ἡ πεισμονὴ[1] οὐκ ἐκ τοῦ καλοῦντος ὑμᾶς. 9 μικρὰ ζύμη ὅλον τὸ φύραμα ζυμοῖ. 10 ἐγὼ[1] πέποιθα εἰς ὑμᾶς ἐν Κυρίῳ ὅτι οὐδὲν ἄλλο φρονήσετε· ὁ δὲ ταράσσων ὑμᾶς βαστάσει τὸ κρίμα[2], ὅστις ἐὰν ᾖ. 11 Ἐγὼ δέ, ἀδελφοί, εἰ περιτομὴν ἔτι κηρύσσω, τί ἔτι διώκομαι; ἄρα κατήργηται τὸ σκάνδαλον τοῦ σταυροῦ. 12 Ὄφελον καὶ ἀποκόψονται οἱ ἀναστατοῦντες ὑμᾶς.

31¹ Cod. + γὰρ.☙ V. 3¹ om. πάλιν (cum D₂ F₂ *graece*). 6¹⁻¹ Ἰησοῦ Χριστῷ.☙

8¹ + ὑμῶν (cum Pesh. *al.*). 10¹ + δὲ (cum F₂ *al.*). 10² + ὑμῶν.☙

Climacus II.

GALATIANS V. 24—VI. 12.

f. 46 b

f. 46 a

[Syriac text in four columns]

GALATIANS V. 24—VI. 12.

24 οἱ δὲ τοῦ ¹ ²Χριστοῦ Ἰησοῦ² τὴν σάρκα ἐσταύρωσαν σὺν τοῖς παθήμασιν καὶ ταῖς ἐπιθυμίαις ³. 25 Εἰ ζῶμεν Πνεύματι, Πνεύματι καὶ στοιχῶμεν. 26 μὴ γινώμεθα κενόδοξοι, ἀλλήλους προκαλούμενοι, ¹ ἀλλήλοις φθονοῦντες. VI. 1 Ἀδελφοί, ἐὰν καὶ προλημφθῇ ἄνθρωπος ¹ ἔν τινι παραπτώματι, ὑμεῖς οἱ πνευματικοὶ καταρτίζετε τὸν τοιοῦτον ἐν πνεύματι πραΰτητος, σκοπῶν² σεαυτόν, μὴ καὶ σὺ πειρασθῇς. 2 Ἀλλήλων τὰ βάρη βαστάζετε, καὶ οὕτως ἀναπληρώσατε¹ τὸν νόμον τοῦ Χριστοῦ. 3 εἰ γὰρ δοκεῖ τις εἶναί τι μηδὲν ὤν, φρεναπατᾷ ἑαυτόν. 4 τὸ δὲ ἔργον ἑαυτοῦ δοκιμαζέτω ἕκαστος, καὶ τότε εἰς ἑαυτὸν μόνον τὸ καύχημα ἕξει καὶ οὐκ εἰς τὸν ἕτερον¹· 5 ἕκαστος γὰρ τὸ ἴδιον φορτίον βαστάσει. 6 Κοινωνείτω δὲ ὁ κατηχούμενος τὸν λόγον τῷ κατηχοῦντι ¹ ἐν πᾶσιν ἀγαθοῖς. 7 Μὴ πλανᾶσθε, Θεὸς οὐ μυκτηρίζεται. ὃ γὰρ ἐὰν σπείρῃ ἄνθρωπος, τοῦτο καὶ¹ θερίσει· 8 ὅτι ὁ σπείρων εἰς τὴν σάρκα ἑαυτοῦ ἐκ τῆς σαρκὸς ¹ θερίσει² φθοράν, ὁ δὲ σπείρων εἰς τὸ Πνεῦμα ἐκ τοῦ Πνεύματος θερίσει³ ζωὴν αἰώνιον. 9 τὸ δὲ καλὸν ποιοῦντες μὴ ἐνκακῶμεν· καιρῷ γὰρ ἰδίῳ θερίσομεν μὴ ἐκλυόμενοι. 10 Ἄρα οὖν ὡς καιρὸν ἔχωμεν, ἐργαζώμεθα τὸ ἀγαθὸν πρὸς πάντας, μάλιστα δὲ πρὸς τοὺς οἰκείους τῆς πίστεως.

11 Ἴδετε πηλίκοις ὑμῖν γράμμασιν ἔγραψα τῇ ἐμῇ χειρί. 12 Ὅσοι θέλουσιν εὐπροσωπῆσαι

24¹ Cod. + Κυρίου (cum אּ). (cum Pesh.). 26¹ + καὶ (cum Pesh.). 2¹ ἀναπληρώσετε (cum B Pesh.). (cum Pesh.). 8¹ + αὐτοῦ (cum D₂ F₂ graece al.).

24²⁻² Ἰησοῦ Χριστοῦ (cum plur.). VI. 1¹ + ἐξ ὑμῶν (cum Pesh. al.). 4¹ ἕτερον αὐτοῦ. 6¹ + αὐτῷ (cum Pesh.). 8² θερίζει (cum Pesh.).

24³ + αὐτῆς 1² σκόπει. 7¹ om. καὶ 8³ θερίζει.

Climacus II.

EPHESIANS I. 18ᵇ—II. 8.

f. 63a f. 63b

(Syriac text in four columns, with verse numbers 5, 6, 7, 8 in the first column; 3, 4 in the second column; 22, 23, ii. 1, 2 in the third column; 19, 20, 21, 22, 23 in the third/fourth columns; 19, 20, 21 in the fourth column)

Cf. *Studia Sinaitica* VI. pp. 7, 8.

EPHESIANS I. 18ᵇ—II. 8.

18ᵇ τῆς δόξης τῆς κληρονομίας αὐτοῦ ἐν τοῖς ἁγίοις, 19 καὶ τί τὸ
ὑπερβάλλον μέγεθος τῆς δυνάμεως αὐτοῦ εἰς ἡμᾶς¹ τοὺς πιστεύοντας κατὰ
τὴν ἐνέργειαν τοῦ κράτους τῆς ἰσχύος αὐτοῦ, 20 ἣν ἐνήργηκεν ἐν τῷ Χριστῷ
ἐγείρας αὐτὸν ἐκ νεκρῶν, καὶ καθίσας ¹ ἐν δεξιᾷ αὐτοῦ ἐν τοῖς ἐπουρανίοις
21 ὑπεράνω πάσης ἀρχῆς καὶ ἐξουσίας καὶ δυνάμεως καὶ κυριότητος καὶ¹
παντὸς ὀνόματος ὀνομαζομένου οὐ μόνον ἐν τῷ αἰῶνι τούτῳ ἀλλὰ καὶ ἐν τῷ
μέλλοντι· 22 καὶ πάντα ὑπέταξεν ὑπὸ τοὺς πόδας αὐτοῦ, καὶ αὐτὸν ἔδωκεν
κεφαλὴν ὑπὲρ ¹πάντα τῇ ἐκκλησίᾳ¹, 23 ἥτις ἐστὶν τὸ σῶμα αὐτοῦ, τὸ πλήρωμα
τοῦ τὰ πάντα ἐν πᾶσιν πληρουμένου. II. 1 καὶ ὑμᾶς ὄντας νεκροὺς τοῖς
παραπτώμασιν ¹καὶ ταῖς ἁμαρτίαις¹ ὑμῶν, 2 ἐν αἷς ποτε περιεπατήσατε κατὰ
¹τὸν αἰῶνα τοῦ κόσμου¹ τούτου, ² κατὰ τὸν ἄρχοντα τῆς ἐξουσίας τοῦ ἀέρος,
τοῦ πνεύματος τοῦ νῦν ἐνεργοῦντος ἐν τοῖς υἱοῖς ³τῆς ἀπειθείας³· 3 ἐν οἷς καὶ
ἡμεῖς πάντες ἀνεστράφημέν ποτε ἐν ταῖς ἐπιθυμίαις τῆς σαρκὸς ἡμῶν, ποι-
οῦντες τὰ θελήματα τῆς σαρκὸς καὶ τῶν διανοιῶν, καὶ ἤμεθα τέκνα φύσει
ὀργῆς ὡς καὶ οἱ λοιποί· 4 ὁ δὲ Θεὸς πλούσιος ὢν ἐν ἐλέει, διὰ τὴν πολλὴν
ἀγάπην αὐτοῦ ἣν ἠγάπησεν ἡμᾶς, 5 καὶ ὄντας ἡμᾶς νεκροὺς τοῖς παραπτώ-
μασιν ¹ συνεζωοποίησεν ² τῷ Χριστῷ,—χάριτί ³ ἐστε σεσωσμένοι,—6 καὶ συνή-
γειρεν ¹ καὶ συνεκάθισεν ² ἐν τοῖς ἐπουρανίοις ἐν ³Χριστῷ Ἰησοῦ³, 7 ἵνα ἐνδείξηται
ἐν τοῖς αἰῶσιν τοῖς ἐπερχομένοις τὸ ὑπερβάλλον πλοῦτος τῆς χάριτος αὐτοῖ
ἐν χρηστότητι ἐφ' ἡμᾶς ἐν ¹Χριστῷ Ἰησοῦ¹. 8 τῇ γὰρ χάριτί ἐστε σεσωσμένοι
διὰ πίστεως·

19¹ Cod. ὑμᾶς (cum D₂ F₂ *graece al.*). 20¹ + αὐτὸν (cum ℵ A Pesh. *al.*). 21¹ + ὑπεράνω
(cum Pesh.). 22¹⁻¹ πάσης τῆς ἐκκλησίας (cum F₂ *latine*). II. 1¹⁻¹ om. καὶ ταῖς ἁμαρτίαις.▨
2¹⁻¹ τὸν κόσμον τοῦ αἰῶνος (cf. Pesh.). 2² + καὶ (cum Pesh.). 2³⁻³ τοῖς μὴ πειθομένοις.▨
5¹ + ἡμῶν (cum Pesh. *al.*). 5² + ἡμᾶς (cum D₂ *latine* F₂ Pesh. *al.*). 5³ + γὰρ.▨ 6¹ + ἡμᾶς
(cum Pesh.). 6² + ἡμᾶς (cum Pesh.). 6³⁻³ Ἰησοῦ Χριστῷ (cum Pesh.). 7¹⁻¹ Ἰησοῦ
Χριστῷ (cum Pesh.).

Climacus II.

EPHESIANS IV. 14^b—27.

f. 56a — f. 56b

The text of these columns is in Syriac, arranged with the following verse numbers marked: 17, 24, 20, 25, 21, 26, 22, 27, 23, 18, 19, 15, 16, 16, 19.

— Cf. Cod. MS.

EPHESIANS IV. 14ᵇ—27.

14ᵇ ἐν τῇ κυβίᾳ τῶν ἀνθρώπων, ἐν πανουργίᾳ πρὸς τὴν μεθοδίαν τῆς πλάνης, 15 ἀληθεύοντες δὲ ἐν ἀγάπῃ αὐξήσωμεν εἰς αὐτὸν τὰ πάντα, ὅς ἐστιν ἡ κεφαλή, Χριστός, 16 ἐξ οὗ πᾶν τὸ σῶμα συναρμολογούμενον καὶ συνβιβαζόμενον διὰ πάσης ἁφῆς τῆς ἐπιχορηγίας κατ᾽ ἐνέργειαν ἐν μέτρῳ ἑνὸς ἑκάστου μέρους τὴν αὔξησιν τοῦ σώματος ποιεῖται εἰς οἰκοδομὴν ἑαυτοῦ ἐν ἀγάπῃ.

17 Τοῦτο οὖν λέγω καὶ μαρτύρομαι ἐν Κυρίῳ, μηκέτι ὑμᾶς περιπατεῖν καθὼς καὶ τὰ ἔθνη περιπατεῖ ἐν ματαιότητι τοῦ νοὸς αὐτῶν, 18 ¹ ἐσκοτωμένοι τῇ διανοίᾳ ² ὄντες, ἀπηλλοτριωμένοι τῆς ζωῆς τοῦ Θεοῦ, διὰ τὴν ἄγνοιαν τὴν οὖσαν ἐν αὐτοῖς, διὰ τὴν πώρωσιν τῆς καρδίας αὐτῶν, 19 οἵτινες ἀπηλγηκότες ἑαυτοὺς παρέδωκαν τῇ ἀσελγείᾳ εἰς ἐργασίαν ἀκαθαρσίας πάσης ἐν πλεονεξίᾳ. 20 ὑμεῖς δὲ οὐχ οὕτως ἐμάθετε τὸν Χριστόν, 21 εἴ γε¹ αὐτὸν ἠκούσατε καὶ ἐν αὐτῷ ἐδιδάχθητε καθώς ἐστιν ἀλήθεια ἐν τῷ Ἰησοῦ, 22 ¹ἀποθέσθαι ὑμᾶς¹ κατὰ τὴν προτέραν ἀναστροφὴν τὸν παλαιὸν ἄνθρωπον τὸν φθειρόμενον κατὰ τὰς ἐπιθυμίας τῆς ἀπάτης, 23 ἀνανεοῦσθαι¹ δὲ τῷ πνεύματι τοῦ νοὸς ὑμῶν 24 καὶ ἐνδύσασθαι¹ τὸν καινὸν ἄνθρωπον τὸν κατὰ Θεὸν κτισθέντα ἐν δικαιοσύνῃ καὶ ὁσιότητι τῆς ἀληθείας.

25 Διὸ ἀποθέμενοι τὸ ψεῦδος λαλεῖτε ἀλήθειαν ἕκαστος μετὰ τοῦ πλησίον αὐτοῦ, ὅτι ἐσμὲν ἀλλήλων μέλη. 26 ὀργίζεσθε καὶ¹ μὴ ἁμαρτάνετε· ὁ ἥλιος μὴ ἐπιδυέτω ἐπὶ παροργισμῷ ὑμῶν, 27 μηδὲ δίδοτε τόπον τῷ διαβόλῳ.

18¹ Cod. + καὶ (cum Pesh.). 18² + αὐτῶν (cum Pesh.). 21¹ δὲ.🖎 22¹⁻¹ ἀπόθεσθε (cum plur.). 23¹ ἀνανεοῦσθε (cum D₂ *latine* F₂ *latine*). 24¹ ἐνδύσασθε (cum B F₂ *latine* D₂ *latine*). 26¹ ἀλλά.🖎

Climacus II.

Ephesians V. 8—24.

f. 59 a f. 59 b

EPHESIANS V. 8—24.

8 ἦτε γάρ ποτε σκότος, νῦν δὲ φῶς ἐν Κυρίῳ· ὡς τέκνα φωτὸς περιπατεῖτε,—9 ὁ γὰρ καρπὸς τοῦ φωτὸς ἐν πάσῃ ἀγαθωσύνῃ καὶ δικαιοσύνῃ καὶ ἀληθείᾳ,—10 δοκιμάζοντες τί ἐστιν εὐάρεστον τῷ Κυρίῳ, 11 καὶ μὴ συνκοινωνεῖτε τοῖς ἔργοις τοῖς ἀκάρποις τοῦ σκότους, μᾶλλον δὲ καὶ ἐλέγχετε, 12 τὰ γὰρ κρυφῇ γινόμενα ὑπ' αὐτῶν αἰσχρόν ἐστιν καὶ λέγειν· 13 τὰ δὲ πάντα ἐλεγχόμενα ὑπὸ τοῦ φωτὸς φανεροῦται· πᾶν γὰρ[1] τὸ φανερούμενον φῶς ἐστιν. 14 διὸ λέγει

Ἔγειρε, ὁ καθεύδων,
καὶ ἀνάστα ἐκ τῶν νεκρῶν,
καὶ ἐπιφαύσει σοι ὁ Χριστός.

15 Βλέπετε οὖν [1]ἀκριβῶς πῶς περιπατεῖτε[1], μὴ ὡς ἄσοφοι ἀλλ' ὡς σοφοί, 16 ἐξαγοραζόμενοι τὸν καιρόν, ὅτι αἱ ἡμέραι πονηραί εἰσιν. 17 διὰ τοῦτο μὴ γίνεσθε ἄφρονες, ἀλλὰ συνίετε τί τὸ θέλημα τοῦ Κυρίου. 18 καὶ μὴ μεθύσκεσθε οἴνῳ, ἐν ᾧ ἐστιν ἀσωτία, ἀλλὰ[1] πληροῦσθε ἐν Πνεύματι[2], 19 λαλοῦντες ἑαυτοῖς ψαλμοῖς καὶ ὕμνοις καὶ ᾠδαῖς πνευματικαῖς, [1]ᾄδοντες καὶ ψάλλοντες[1] τῇ καρδίᾳ ὑμῶν τῷ Κυρίῳ, 20 εὐχαριστοῦντες πάντοτε ὑπὲρ πάντων ἐν ὀνόματι τοῦ Κυρίου ἡμῶν Ἰησοῦ Χριστοῦ [1]τῷ Θεῷ καὶ Πατρί[1], 21 ὑποτασσόμενοι ἀλλήλοις ἐν φόβῳ Χριστοῦ. 22 Αἱ γυναῖκες τοῖς ἰδίοις ἀνδράσιν [1]ὡς τῷ Κυρίῳ, 23 ὅτι ἀνήρ ἐστιν κεφαλὴ τῆς γυναικὸς ὡς καὶ ὁ Χριστὸς κεφαλὴ τῆς ἐκκλησίας, [1]αὐτὸς σωτὴρ τοῦ σώματος. 24 ἀλλὰ ὡς ἡ ἐκκλησία ὑποτάσσεται τῷ Χριστῷ, οὕτως καὶ αἱ γυναῖκες τοῖς ἀνδράσιν

13[1] Cod. om. γάρ.☜ 15[1–1] πῶς ἀκριβῶς περιπατεῖτε (cum A D₂ graece F₂ Pesh. al.).
18[1] + μᾶλλον (cum 10, 37 al.). 18[2] + Ἁγίῳ.☜ 19[1–1] om. ᾄδοντες καὶ ψάλλοντες.☜
20[1–1] τῷ Πατρὶ καὶ Θεῷ (cum D₂ graece F₂ graece al.). 22[1] + ὑποτασσέσθωσαν (cum ℵ A Pesh. al.;
D₂ F₂ ὑποτάσσεσθαι). 23[1] + καὶ (cum Pesh. al.).

Climacus II.

PHILIPPIANS II. 12ᵇ—26.

f. 60 a f. 60 b

PHILIPPIANS II. 12ᵇ—26.

12ᵇ καὶ τρόμου τὴν ἑαυτῶν σωτηρίαν κατεργάζεσθε· 13 Θεὸς γάρ ἐστιν ὁ ἐνεργῶν ἐν ὑμῖν¹ καὶ τὸ θέλειν καὶ τὸ ἐνεργεῖν ὑπὲρ τῆς εὐδοκίας. 14 πάντα ποιεῖτε χωρὶς γογγυσμῶν καὶ διαλογισμῶν, 15 ἵνα γένησθε ἄμεμπτοι καὶ ἀκέραιοι, τέκνα Θεοῦ ἄμωμα μέσον γενεᾶς σκολιᾶς καὶ διεστραμμένης, ἐν οἷς φαίνεσθε ὡς φωστῆρες ἐν κόσμῳ, 16 λόγον ζωῆς ἐπέχοντες, εἰς καύχημα ἐμοὶ εἰς ἡμέραν Χριστοῦ, ὅτι οὐκ εἰς κενὸν ἔδραμον οὐδὲ εἰς κενὸν ἐκοπίασα. 17 Ἀλλὰ εἰ καὶ σπένδομαι ἐπὶ τῇ θυσίᾳ καὶ λειτουργίᾳ τῆς πίστεως ὑμῶν, χαίρω καὶ συνχαίρω πᾶσιν ὑμῖν· 18 τὸ δὲ αὐτὸ καὶ ὑμεῖς χαίρετε καὶ συνχαίρετέ μοι.

19 Ἐλπίζω δὲ ἐν Κυρίῳ Ἰησοῦ Τιμόθεον ταχέως πέμψαι ὑμῖν, ἵνα κἀγὼ εὐψυχῶ γνοὺς τὰ περὶ ὑμῶν. 20 οὐδένα γὰρ ἔχω ἰσόψυχον, ὅστις γνησίως τὰ περὶ ὑμῶν μεριμνήσει· 21 οἱ πάντες γὰρ τὰ ἑαυτῶν ζητοῦσιν, οὐ τὰ ¹Χριστοῦ Ἰησοῦ¹. 22 τὴν δὲ δοκιμὴν αὐτοῦ γινώσκετε, ὅτι ὡς πατρὶ τέκνον σὺν ἐμοὶ ἐδούλευσεν εἰς τὸ εὐαγγέλιον. 23 Τοῦτον μὲν οὖν ἐλπίζω πέμψαι ¹ ὡς ἂν ἀφίδω τὰ περὶ ἐμὲ ἐξαυτῆς· 24 πέποιθα δὲ ἐν Κυρίῳ ὅτι καὶ αὐτὸς ταχέως ἐλεύσομαι. 25 ἀναγκαῖον¹ δὲ ἡγησάμην Ἐπαφρόδιτον τὸν ἀδελφὸν καὶ συνεργὸν καὶ συνστρατιώτην μου, ὑμῶν² δε ἀπόστολον καὶ λειτουργὸν τῆς χρείας μου, πέμψαι πρὸς ὑμᾶς, 26 ἐπειδὴ ἐπιποθῶν ἦν πάντας ὑμᾶς ¹

13¹ Cod. ἡμῖν. 🖼 21¹⁻¹ Ἰησοῦ Χριστοῦ (cum ℵ A D₂ F₂ Pesh. *al.*). 23¹ + ὑμῖν (cum Pesh.).
25¹ πρέπον, lit. καλῶς. 🖼 25² ὑμῖν. 🖼 26¹ + ἰδεῖν (cum ℵ A D₂ Pesh. *al.*).

Climacus II.

COLOSSIANS IV. 6ᵇ—17ᵃ.

[Four columns of Syriac (Estrangela/Serto) text. Transcription of Syriac script not rendered.]

Colossians IV 6ᵇ—17ᵃ.

6ᵇ πῶς δεῖ ὑμᾶς ἑνὶ ἑκάστῳ ἀποκρίνεσθαι.

7 Τὰ κατ' ἐμὲ πάντα γνωρίσει ὑμῖν Τυχικὸς ὁ ἀγαπητὸς ἀδελφὸς [1] καὶ πιστὸς διάκονος καὶ σύνδουλος [2] ἐν Κυρίῳ, 8 ὃν ἔπεμψα πρὸς ὑμᾶς εἰς αὐτὸ τοῦτο, ἵνα γνῶτε τὰ περὶ ἡμῶν καὶ παρακαλέσῃ τὰς καρδίας ὑμῶν, 9 σὺν Ὀνησίμῳ τῷ πιστῷ καὶ ἀγαπητῷ ἀδελφῷ [1], ὅς ἐστιν ἐξ ὑμῶν· πάντα ὑμῖν γνωρίσουσιν τὰ ὧδε.

10 Ἀσπάζεται ὑμᾶς Ἀρίσταρχος ὁ συναιχμάλωτός μου, καὶ Μάρκος ὁ ἀνεψιὸς Βαρνάβα, (περὶ οὗ ἐλάβετε [1]ἐντολάς[1], ἐὰν ἔλθῃ πρὸς ὑμᾶς, δέξασθε αὐτόν,) 11 καὶ Ἰησοῦς ὁ λεγόμενος Ἰοῦστος, οἱ ὄντες ἐκ περιτομῆς, οὗτοι μόνοι συνεργοὶ εἰς τὴν βασιλείαν τοῦ Θεοῦ, οἵτινες ἐγενήθησάν μοι παρηγορία. 12 ἀσπάζεται ὑμᾶς Ἐπαφρᾶς ὁ ἐξ ὑμῶν, δοῦλος [1]Χριστοῦ Ἰησοῦ[1], πάντοτε ἀγωνιζόμενος ὑπὲρ ὑμῶν ἐν ταῖς προσευχαῖς, ἵνα σταθῆτε τέλειοι καὶ πεπληροφορημένοι ἐν παντὶ θελήματι τοῦ Θεοῦ. 13 μαρτυρῶ γὰρ αὐτῷ ὅτι ἔχει πολὺν πόνον ὑπὲρ ὑμῶν καὶ τῶν ἐν Λαοδικίᾳ [1] καὶ [2] τῶν ἐν Ἱεραπόλει. 14 ἀσπάζεται ὑμᾶς Λουκᾶς ὁ ἰατρὸς ὁ ἀγαπητὸς καὶ Δημᾶς. 15 Ἀσπάσασθε τοὺς ἐν Λαοδικίᾳ ἀδελφοὺς καὶ Νύμφαν καὶ τὴν κατ' οἶκον αὐτῆς[1] ἐκκλησίαν. 16 καὶ ὅταν ἀναγνωσθῇ παρ' ὑμῖν ἡ ἐπιστολή, ποιήσατε ἵνα καὶ ἐν τῇ Λαοδικέων[1] ἐκκλησίᾳ ἀναγνωσθῇ, καὶ τὴν ἐκ Λαοδικίας ἵνα[2] καὶ ὑμεῖς ἀναγνῶτε. 17 καὶ εἴπατε Ἀρχίππῳ

7[1] Cod. + ἡμῶν.🕮 7[2] + ἡμῶν (cum Pesh.). 9[1] + ἡμῶν.🕮 10[1⁻1] τὰς ἐντολάς μου.🕮
12[1⁻1] Ἰησοῦ Χριστοῦ (cum plur.). 13[1] + ἀδελφῶν.🕮 13[2] + ὑπέρ.🕮 15[1] αὐτῶν (cum ℵ A al.).
16[1] Λαοδικίας (cum Pesh.). 16[2] om. ἵνα (cum f).

Climacus II.

COLOSSIANS IV. 17ᵇ—I THESSALONIANS I. 9ᵃ.

f. 57 a

f. 57 b

[Four columns of Syriac text]

I Thessalonians.

— Cf. *Anecdota Oxoniensia* Vol. I. Part V. pp. 9, 10.

COLOSSIANS IV. 17ᵇ—18.

17ᵇ Βλέπε τὴν διακονίαν ἣν παρέλαβες ἐν Κυρίῳ, ¹ἵνα αὐτὴν πληροῖς¹.

18 Ὁ ἀσπασμὸς τῇ ἐμῇ χειρὶ Παύλου¹. μνημονεύετέ μου τῶν δεσμῶν. ἡ χάρις μεθ᾽ ὑμῶν. ²

Ἐτελέσθη ἡ Ἐπιστολὴ ἡ πρὸς τοὺς Κολασσαεῖς. Ἐγράφη δὲ ἀπὸ Ῥώμης καὶ ἐστάλη σὺν Τυχικῷ καὶ Ὀνησίμῳ.

I THESSALONIANS I. 1—9ᵃ.

Ἡ πρώτη τῶν Θεσσαλονικέων.

1 Παῦλος καὶ Σιλουανὸς καὶ Τιμόθεος τῇ ἐκκλησίᾳ Θεσσαλονικέων ἐν Θεῷ Πατρὶ ¹ καὶ Κυρίῳ ² Ἰησοῦ Χριστῷ· χάρις ὑμῖν καὶ εἰρήνη.

2 Εὐχαριστοῦμεν τῷ Θεῷ πάντοτε περὶ πάντων¹ ὑμῶν, μνείαν² ποιούμενοι ἐπὶ ³τῶν προσευχῶν ἡμῶν, 3 ἀδιαλείπτως¹ μνημονεύοντες ὑμῶν τοῦ ἔργου τῆς πίστεως ² καὶ τοῦ κόπου τῆς ἀγάπης ³ καὶ τῆς ὑπομονῆς τῆς ἐλπίδος τοῦ Κυρίου ἡμῶν Ἰησοῦ Χριστοῦ ἔμπροσθεν τοῦ Θεοῦ καὶ⁴ Πατρὸς ἡμῶν, 4 εἰδότες, ἀδελφοὶ ἠγαπημένοι ὑπὸ τοῦ Θεοῦ, τὴν ἐκλογὴν ὑμῶν, 5 ὅτι τὸ εὐαγγέλιον ἡμῶν οὐκ ἐγενήθη εἰς ὑμᾶς ἐν λόγῳ μόνον, ἀλλὰ καὶ ἐν δυνάμει καὶ ἐν Πνεύματι Ἁγίῳ καὶ πληροφορίᾳ πολλῇ, καθὼς οἴδατε οἷοι ἐγενήθημεν ἐν ὑμῖν δι᾽ ὑμᾶς. 6 καὶ ὑμεῖς μιμηταὶ ἡμῶν ἐγενήθητε καὶ τοῦ Κυρίου, δεξάμενοι τὸν λόγον ἐν θλίψει πολλῇ μετὰ χαρᾶς Πνεύματος Ἁγίου, 7 ὥστε γενέσθαι ὑμᾶς τύπον πᾶσιν τοῖς πιστεύουσιν ἐν τῇ Μακεδονίᾳ καὶ ἐν τῇ Ἀχαΐᾳ. 8 ἀφ᾽ ὑμῶν γὰρ ἐξήχηται ὁ λόγος τοῦ Κυρίου οὐ μόνον ἐν τῇ Μακεδονίᾳ καὶ Ἀχαΐᾳ, ἀλλ᾽ ἐν παντὶ τόπῳ ἡ πίστις ὑμῶν ἡ πρὸς τὸν Θεὸν ἐξελήλυθεν, ὥστε μὴ χρείαν ἔχειν ἡμᾶς λαλεῖν ¹ τι· 9 αὐτοὶ γὰρ περὶ ἡμῶν ἀπαγγέλλουσιν

17¹⁻¹ Cod. πληροῦ αὐτήν.☙ 18¹ Παῦλος.☙ 18² + Ἀμήν (cum D₂ Pesh.).

I Thess. I. 1¹ + ἡμῶν (cum A al.) 1² + ἡμῶν (cum Pesh. al.). 2¹ om. πάντων (cum K).

2² + ὑμῶν (cum D₂ F₂ Pesh. al.). 2³⁻3¹ τῶν προσευχῶν ἡμῶν ἀδιαλείπτως (cum Pesh.).

3² + ὑμῶν (cum D₂ F₂ Pesh. al.). 3³ + ὑμῶν (cum Pesh.). 3⁴ om. καί (cum Pesh.).

8¹ + αὐτοῖς.☙

Climacus II.

I Thessalonians V. 15ᵇ—II Thessalonians I. 3.

f. 24 b f. 24 a

II Thessalonians.

i. 1

I Thessalonians V. 15ᵇ—28.

15ᵇ τὸ ἀγαθὸν διώκετε εἰς ἀλλήλους καὶ εἰς πάντας. 16 Πάντοτε χαίρετε, 17 ἀδιαλείπτως προσεύχεσθε, 18 ἐν παντὶ εὐχαριστεῖτε· τοῦτο γὰρ θέλημα Θεοῦ ἐν Χριστῷ Ἰησοῦ εἰς ὑμᾶς. 19 τὸ Πνεῦμα μὴ σβέννυτε, 20 προφητείας μὴ ἐξουθενεῖτε· 21 πάντα δὲ¹ δοκιμάζετε, τὸ καλὸν κατέχετε· 22 ἀπὸ παντὸς εἴδους πονηροῦ ἀπέχεσθε. 23 Αὐτὸς δὲ ὁ Θεὸς τῆς εἰρήνης ἁγιάσαι ὑμᾶς ὁλοτελεῖς, καὶ ὁλόκληρον ὑμῶν τὸ πνεῦμα καὶ ἡ ψυχὴ καὶ τὸ σῶμα ἀμέμπτως ἐν τῇ παρουσίᾳ τοῦ Κυρίου ἡμῶν Ἰησοῦ Χριστοῦ τηρηθείη. 24 πιστὸς ὁ καλῶν ὑμᾶς, ὃς καὶ ποιήσει.

25 Ἀδελφοί, προσεύχεσθε ¹ περὶ ἡμῶν.

26 Ἀσπάσασθε τοὺς ἀδελφοὺς πάντας ἐν φιλήματι ἁγίῳ. 27 Ἐνορκίζω ὑμᾶς τὸν Κύριον ἀναγνωσθῆναι τὴν ἐπιστολὴν πᾶσιν τοῖς ¹ ἀδελφοῖς.

28 Ἡ χάρις τοῦ Κυρίου ἡμῶν Ἰησοῦ Χριστοῦ μεθ᾽ ὑμῶν.

Ἐτελέσθη ἡ Ἐπιστολὴ ἡ πρώτη Θεσσαλονικέων......

II Thessalonians I. 1—3.

Ἡ Δευτέρα Θεσσαλονικέωι.

1 Παῦλος καὶ Σιλουανὸς καὶ Τιμόθεος τῇ ἐκκλησίᾳ Θεσσαλονικέων ἐν Θεῷ Πατρὶ ἡμῶν καὶ Κυρίῳ ¹ Ἰησοῦ Χριστῷ· 2 χάρις ὑμῖν καὶ εἰρήνη ἀπὸ Θεοῦ Πατρὸς καὶ Κυρίου ¹ Ἰησοῦ Χριστοῦ.

3 Εὐχαριστεῖν ὀφείλομεν τῷ Θεῷ πάντοτε περὶ ὑμῶν, ἀδελφοί, καθὼς ἄξιόν ἐστιν, ὅτι ὑπεραυξάνει ἡ πίστις ὑμῶν καὶ πλεονάζει ἡ ἀγάπη ἑνὸς ἑκάστου πάντων ὑμῶν

21¹ Cod. om. δὲ (cum ℵ A Pesh. al.). 25¹ + καὶ (cum B D₂ al.). 27¹ + ἁγίοις (cum A Pesh. al.). II Thess. I. 1¹ + ἡμῶν (cum Pesh.). 2¹ + ἡμῶν (cum Pesh.).

Climacus II.

II Thessalonians I. 3ᵇ—II. 2.

f. 29b f. 29a

ܕܟܬܒܝܬ ܠܗܕܐ 12	ܠܚܠܡܕ ܥܣܡ ܗܘ	ܡܗ ܗܕܗ 6	ܠܐܠܗ ܘܟܠܗ
ܐܢܗ ܗܚܕ	ܟܦܘܟ ܗܘܩܗ ܕܥ	ܠܗܕ ܐܠܟܐ	ܝܘܡ : ܠܗ 4
ܗܕܗ ܘܗܡܣ	ܡܗ : ܟܢܕܗܕ	ܠܡܠܐ ܐܟܝܕ	ܟܡ ܘܟܐ̈ܗ
: ܗܘ ܐܟܘܐܘ	ܟܕܬܒܟ	ܘܚܘܠܡ ܠܣܕܘ	ܡܙܕܚܐܩܝܡ
ܗܘܗܕܠܟ ܗܝܡ	ܚܕ10 : ܡܣܠܗ.10	ܐܢܟ ܘܣܠ	ܗܟܚܣܟܬ
ܠܐܠܟܕ	ܕܟܒܥܐ ܟܬܗ	7 ܠܡܠܗ ܘܚܠܗ	ܐܠܟܐܕ
ܗܘܡܣ ܗܙܢܕܗ	: ܘܒܥܣܒܡܣ	ܡܣܠܗܬܘܕ	ܠܝܕ ܠܚ
ܡܚܗ 1 : ܐܟܣܥܕ ii. 1	ܠܘܗܕܚ ܡܗܕܒܘܟܘ	ܒܠܟܝܚܟ ܡܚ ܣܕ	ܘܚܘܕܢܕܗܘܩܗ
ܗܚܕܠ ܗܕ ܡܠܟ	: ܡܠܠܗܕ ܡܠܗ	ܡܗܘ ܗܙܢܕ	ܩܗܘܕܚܣܘܒܡ
ܠܒ ܠܚ ܟܢܟ	ܕܟܒܘܗܕܟ	: ܟܢܕܘܥ ܟܗ ܝܡ	ܗܠܘܚܕܚ
ܕܚܗܘܟܗ	ܡܣܩܘܬܗ	ܟܟܐܟܠܚ ܝܡܚ	ܗܘܚܕܪܩܘ
ܗܘܡܣ ܗܙܢܕ	ܗܘܚ ܗܚܠܚ	ܟܢܕܘܚܕ 8 : ܡܠܣܗ 8	ܟܢܘ ܠܣܝܠܚܘ
ܟܣܥܟܬ :	11 ܟܬܐܟ 11 : ܟܬܐܘܕ ܡܗ	ܗܕܟܚܕܚ ܡܣ ܗܒܚ	ܗܘܟܐܕ ܡܠܗ
ܡܠܗ ܟܥܒܚܘܚܕ	ܡܠܚ ܗܩܘܗܟ	ܡܠܥܠ .ܟܕܣܣ	: ܡܙܕܚܣܟ
ܠܚܕܒܠ : ܝܘܠܚܗ 2	ܠܚܕܚ ܡܠܘܝܡ	ܡܙܚܚ ܟܠܗ	ܠܐܟܗܘܕܟܐ 5
ܒܙܘܦܘܚ ܟܠܗ	ܘܚܒܠܗܕ ܠܚ ܚܕ	: ܟܠܟܐܠ	ܟܢܟܐ ܝܕ ܗܕܗܗ
ܡܙܚܕܚܘܗܕܘܟ ܗܘܡܗ	ܡܗܒܠܚܕ ܟܒܒܚܘܕ	ܟܠܗ ܡܠܠܘܠ	: ܟܠܐܟܕ
: ܗܒܚܘܒܥܣ ܡܚ	ܡܣ ܟܢܐ ܡܥܣ	ܡܙܕܚܚܕܚܡ	ܩܘܗܣ ܥܣ ܘܗܩ
ܗܘܩ ܐܠܘ	: ܗܘܕܝܗ	ܡܗܘܕܚܒܠ	ܗܘܟܠܚܗܒܕ
ܡܚܦܘܗܕܟ	ܠܚܕ ܟܠܚܒܘ	ܗܘܡܣ ܗܙܢܕ	ܟܢܕܗ ܟܐܠܟܕ
ܘܗܝ ܟܢܕܚ ܟܠ	ܗܒܠܚܕ ܡܚܕ̈ܝܕ	9 ܟܢܥܩܠ ܟܢܥܣ 9	ܡܥܣ ܦܘܗܕܟ
ܟܢܕܚ ܟܠܘ	ܘܥܚܒܣܡܘܗܒܒܚ	ܡܣܩܘܬܕܘ	ܟܢܟ ܘܟܐܘ ܠܚ ܕܒܠܗܕ
	: ܠܣܚܒ		

II Thessalonians I. 3ᵇ—II. 2.

3ᵇ εἰς ἀλλήλους, 4 ὥστε ¹ αὐτοὺς ἡμᾶς ²ἐν ὑμῖν² ἐνκαυχᾶσθαι ἐν ταῖς ἐκκλησίαις τοῦ Θεοῦ ὑπὲρ τῆς ὑπομονῆς ὑμῶν καὶ πίστεως ³ ἐν πᾶσιν τοῖς διωγμοῖς ὑμῶν καὶ ταῖς θλίψεσιν αἷς ἀνέχεσθε, 5 ἔνδειγμα τῆς δικαίας κρίσεως τοῦ Θεοῦ, εἰς τὸ καταξιωθῆναι ὑμᾶς τῆς βασιλείας τοῦ Θεοῦ, ὑπὲρ ἧς καὶ πάσχετε, 6 εἴπερ¹ δίκαιον παρὰ Θεῷ ἀνταποδοῦναι τοῖς θλίβουσιν ὑμᾶς θλίψιν 7 καὶ ὑμῖν τοῖς θλιβομένοις ἄνεσιν μεθ' ἡμῶν, ἐν τῇ ἀποκαλύψει τοῦ Κυρίου ¹ Ἰησοῦ ἀπ' οὐρανοῦ μετ' ἀγγέλων δυνάμεως αὐτοῦ 8 ἐν πυρὶ φλογός, διδόντος ἐκδίκησιν τοῖς μὴ εἰδόσιν Θεὸν καὶ τοῖς μὴ ὑπακούουσιν τῷ εὐαγγελίῳ τοῦ Κυρίου ἡμῶν Ἰησοῦ¹, 9 οἵτινες ¹δίκην τίσουσιν¹ ² ὄλεθρον αἰώνιον ἀπὸ προσώπου τοῦ Κυρίου καὶ ἀπὸ τῆς δόξης τῆς ἰσχύος αὐτοῦ, 10 ὅταν ἔλθῃ ἐνδοξασθῆναι ἐν τοῖς ἁγίοις αὐτοῦ καὶ θαυμασθῆναι ἐν πᾶσιν τοῖς πιστεύσασιν¹, ὅτι ἐπιστεύθη τὸ μαρτύριον ἡμῶν ἐφ' ὑμᾶς, ἐν τῇ ἡμέρᾳ ἐκείνῃ. 11 Εἰς ὃ καὶ προσευχόμεθα πάντοτε περὶ ὑμῶν, ἵνα ὑμᾶς ἀξιώσῃ τῆς κλήσεως ¹ ὁ Θεὸς ἡμῶν² καὶ πληρώσῃ πᾶσαν εὐδοκίαν ἀγαθωσύνης καὶ ἔργον πίστεως ἐν δυνάμει, 12 ὅπως ἐνδοξασθῇ τὸ ὄνομα τοῦ Κυρίου ἡμῶν Ἰησοῦ ἐν ὑμῖν, καὶ ὑμεῖς ἐν αὐτῷ, κατὰ τὴν χάριν τοῦ Θεοῦ ἡμῶν¹ καὶ Κυρίου ² Ἰησοῦ Χριστοῦ.

II. 1 Ἐρωτῶμεν δὲ ὑμᾶς, ἀδελφοί, ὑπὲρ τῆς παρουσίας τοῦ Κυρίου ἡμῶν Ἰησοῦ Χριστοῦ καὶ ἡμῶν ἐπισυναγωγῆς ἐπ' αὐτόν, 2 εἰς τὸ μὴ ταχέως σαλευθῆναι ὑμᾶς ἀπὸ τοῦ νοὸς ¹ μηδὲ θροεῖσθαι, μήτε διὰ πνεύματος μήτε διὰ

4¹ Cod. + καὶ (cum Pesh.). 4²⁻² om. ἐν ὑμῖν.🖎 4³ + ὑμῶν (cf. Pesh.). 6¹ ἐπεί.🖎
7¹ + ἡμῶν (cum Pesh. al.). 8¹ + Χριστοῦ (cum ℵ A D₂ latine F₂ Pesh. al.). 9¹⁻¹ δαρήσονται.🖎
9² + δέ.🖎 10¹ αἰνοῦσιν.🖎 11¹ + αὐτοῦ (cum F₂ latine al.). 11² om. ἡμῶν (cum D₂ Pesh.).
12¹ om. ἡμῶν (cum tol.). 12² + ἡμῶν (cum Pesh. al.). II. 2¹ + ὑμῶν (cum D₂ F₂ latine Pesh. al.).

Climacus II.

II Timothy I. 9[b]—II. 4.

f. 58 a

f. 58 b

†—† Cf. *Anecdota Oxoniensia* I. part 5, pp. 16, 17. *—* Cf. *Studia Sinaitica* VI. p. 21.

¹ sic.

II Timothy I. 9ᵇ—II. 4.

9ᵇ πρὸ χρόνων αἰωνίων, 10 φανερωθεῖσαν δὲ νῦν διὰ τῆς ἐπιφανείας τοῦ Σωτῆρος ἡμῶν [1]Χριστοῦ Ἰησοῦ[1], καταργήσαντος μὲν τὸν θάνατον φωτίσαντος δὲ ζωὴν καὶ ἀφθαρσίαν διὰ τοῦ εὐαγγελίου, 11 εἰς ὃ ἐτέθην ἐγὼ κήρυξ καὶ ἀπόστολος καὶ διδάσκαλος [1]· 12 δι᾿ ἣν αἰτίαν καὶ[1] ταῦτα πάσχω, ἀλλ᾿ οὐκ ἐπαισχύνομαι, οἶδα γὰρ ᾧ πεπίστευκα, καὶ πέπεισμαι ὅτι δυνατός ἐστιν τὴν παραθήκην μου φυλάξαι εἰς ἐκείνην τὴν ἡμέραν. 13 ὑποτύπωσιν ἔχε ὑγιαινόντων λόγων ὧν παρ᾿ ἐμοῦ ἤκουσας ἐν πίστει καὶ ἀγάπῃ τῇ ἐν [1]Χριστῷ Ἰησοῦ[1]· 14 τὴν καλὴν παραθήκην φύλαξον διὰ Πνεύματος Ἁγίου τοῦ ἐνοικοῦντος ἐν ἡμῖν[1]. 15 Οἶδας τοῦτο, ὅτι ἀπεστράφησάν με πάντες οἱ ἐν τῇ Ἀσίᾳ, ὧν ἐστιν Φύγελος καὶ Ἑρμογένης. 16 δῴη ἔλεος ὁ Κύριος[1] τῷ Ὀνησιφόρου οἴκῳ, ὅτι πολλάκις με ἀνέψυξεν καὶ τὴν ἅλυσίν μου οὐκ ἐπαισχύνθη, 17 ἀλλὰ γενόμενος ἐν Ῥώμῃ σπουδαίως ἐζήτησέν με καὶ εὗρεν·—18 δῴη αὐτῷ ὁ Κύριος εὑρεῖν ἔλεος παρὰ Κυρίου ἐν ἐκείνῃ τῇ ἡμέρᾳ·—καὶ ὅσα ἐν Ἐφέσῳ[1] διηκόνησεν, βέλτιον σὺ γινώσκεις.

II. 1 Σὺ οὖν, τέκνον μου, ἐνδυναμοῦ ἐν τῇ χάριτι τῇ ἐν [1]Χριστῷ Ἰησοῦ[1], 2 καὶ ἃ ἤκουσας παρ᾿ ἐμοῦ διὰ πολλῶν μαρτύρων, ταῦτα παράθου πιστοῖς ἀνθρώποις, οἵτινες ἱκανοὶ ἔσονται καὶ ἑτέρους διδάξαι. 3 συνκακοπάθησον ὡς καλὸς στρατιώτης [1]Χριστοῦ Ἰησοῦ[1]. 4 οὐδεὶς στρατευόμενος ἐμπλέκεται ταῖς τοῦ βίου[1] πραγματίαις,

10[1—1] Cod. Ἰησοῦ Χριστοῦ (cum F₂ Pesh. al.). 11[1] + τοῖς ἔθνεσιν (cf. D₂ F₂ Pesh. al.). 12[1] om. καὶ (cum ℵ 73, Pesh.). 13[1—1] Ἰησοῦ Χριστῷ (cum Pesh.). 14[1] σοί. 16[1] Θεὸς (cum arm.). 18[1] + μοι (cum F₂ latine Pesh. al.). II. 1[1—1] Ἰησοῦ Χριστῷ (cum Pesh.). 3[1—1] Ἰησοῦ Χριστοῦ (cum Pesh. al.). 4[1] κόσμου (cum Pesh.).

II Timothy III. 2^b—14.

f. 61 a

f. 61 b

ܟܣܘܡܠܟܐ ܀

ܡܘܣܟܬܘܐ ܀

ܡܠܕܘܡ ܢܬܠܕܡ

ܡܬܥܢ ܟܠܕ ܀

ܟܐܦܡܠܚ ܀

9 ܟܐܟ ܠܟ

ܡܬܥܡ ܀ ܟܬܬܠ

3 ܡܚܣܕ ܠܟܕ ܀

ܟܗܘܕܙ ... ܡ

ܠܚ ܡܢܬܕܕܟܡ

ܬܟܝܟܕ ܝܢܥܠ

ܟܕܬܟܝܕ ܠܕ

ܡܕ ܀ ܟܕܬܥܡܡ

ܟܝܡ ܀ ܟܕܘܬܕܕ

ܡܠܩܡܣ

ܡܗܕܕܟܕܡ ܠܕ

ܡܢܕ ܣܡܠܘܚ

ܠܟܒܝܥܕ

ܡܕܬܚܡ ܣܗܘܡܠܚ

12 ܟܕܕܚ ܀ 12 ܟܕܟܘܐ

ܟܝܗܕ ܟܬܟܕ

ܕܡܣܘܕܚ

ܡܣܕܕ ܠܟܕ

ܡܠܕ ܠܕܚ

ܩܥܡ ܀ ܟܠܚܠ

ܡܗܡܣܕܡ

4 ܟܠܕ ܀ ܟܠܬܟܠ 4

ܗܢܫܕ ܡܚܝܗ

ܣܐܘܟܕ ܣܘܡ ܗ

7 ܬܚܕܘܕ 7 ܀ ܡܚܡ

ܡܬܥܣܚ

ܡܗܠܣܘܕܟ

܀ ܟܕܕܚܕܟ

ܡܠܚܠܘ ܀ ܡܠܚ ܝܚܕ

܀ ܡܗܘܬܣܡܠܟܟ

ܟܠܐܟܕ

10 ܟܕܗܕ ܕܗ ܟܐ

ܟܬܘܕܚܠ

ܡܠܚܢܠܟܣ

ܟܣܥܡ ܣܗܘܣܚ

܀ ܣܕܠܘܟܠ

ܟ ܟܥܡܕ ܟܐ

ܡܣܘܥܕܚ

܀ ܡܗܗܕܝܡ

܀ ܗܕܘܚܕܠ

܀ ܟܬܟܕܣܕ ܝܠܚܕ

܀ ܡܣܚܥܢ ܡܠܩܥܕ

13 ܡܥܚ ܗܕ ܟܣܢܚ 13

܀ ܗܕܘܣܚܠܟ

8 ܡܝܡ ܟܟ ܗܕ

ܝܠܚܕ ܚܣܕܕ

ܡܣܚܠܚܘ

܀ ܗܣܕܣܚܣܡܠ

ܡܣܡܚ ܣܕܢܚܕ

܀ ܟܕܕܣܘܣܕ

ܠܚ ܢܕܟܝܗܕ

܀ ܡܥ ܣܕ ܗܟܬܗܟܠ

ܠܕܘܡܠ ܚܕܡ

܀ ܟܬܠܡܟܠ ܠܟ ܟܟܟ

ܬܗܕܕ

܀ ܬܚܠܘܣ

ܡܚܕ ܀ ܟܠܥܕܕܚ

5 ܟܗܘܕܕ ܢܗܘܚܕܕ

ܡܚܠܟ ܟܬܚܚܕܚ

܀ ܗܗܘܣܗܘܕܟܠ

ܡܠܚ ܡܩܘܟ

ܡܠܣܚ ܀ ܟܕܡܕ

14 ܡܝܚܠܥܕ 14

11 ܡܗܗܕܠ ܀

ܠܘܡܠ ܡܣܕܚܣܡ

܀ ܡܗܘܚ ܕܗ

ܕܘܕ ܗܕ

܀ ܥܣܚܠܕ

ܟܬܘܥܡ ܀ ܟܢܬܚ

ܡܠܚ ܩܡܟ

ܟܠܡܠܕ ܡܠܥܕ

ܟܠ ܠܕܗ

ܡܚܬܕܗܕ

ܣܘܕܚܚ ܡܣܝ

ܗܘܡܠܘܕ ܟܒܘܠܚܘ

ܠܚ ܕܗܕܚܗܕܟܕ

ܡܗܬܟܕܚܣܚ

6 ܡܠܚ ܡܕ ܀ ܡܠܚ 6

ܕܡ ܢܚ ܢܚ ܡܚ ܣܕܕ

܀ ܟܠܢܣܡܠܟ

ܡܠܩܡܣܚ ܕܡ

ܡܠܚ ܣܕܘܡ ܕܚ

II Timothy III. 2ᵇ—14.

2ᵇ ἀνόσιοι, 3 ἄστοργοι, ¹ἄσπονδοι, διάβολοι¹, ἀκρατεῖς, ἀνήμεροι, ἀφι-
λάγαθοι, 4 προδόται, ¹ προπετεῖς, τετυφωμένοι, φιλήδονοι μᾶλλον ² ἢ φιλόθεοι,
5 ἔχοντες μόρφωσιν εὐσεβείας¹ τὴν δὲ δύναμιν αὐτῆς ἠρνημένοι· καὶ τούτους
ἀποτρέπου. 6 ἐκ τούτων γάρ εἰσιν οἱ ἐνδύνοντες εἰς τὰς οἰκίας καὶ αἰχμαλωτίζοντες
γυναικάρια σεσωρευμένα ἁμαρτίαις, ἀγόμενα ἐπιθυμίαις ποικίλαις, 7 ¹ πάντοτε
μανθάνοντα καὶ μηδέποτε εἰς ἐπίγνωσιν ἀληθείας ἐλθεῖν δυνάμενα. 8 ὃν τρόπον δὲ
Ἰαννῆς καὶ Ἰαμβρῆς ἀντέστησαν Μωϋσεῖ, οὕτως καὶ οὗτοι ἀνθίστανται τῇ
ἀληθείᾳ, ἄνθρωποι κατεφθαρμένοι τὸν νοῦν ¹, ² ἀδόκιμοι περὶ τὴν πίστιν. 9 ἀλλ'
οὐ προκόψουσιν ἐπὶ πλεῖον· ἡ γὰρ ἄνοια αὐτῶν ἔκδηλος ἔσται πᾶσιν, ὡς
καὶ ἡ ἐκείνων ἐγένετο. 10 Σὺ δὲ παρηκολούθησάς μου τῇ διδασκαλίᾳ, τῇ
ἀγωγῇ, τῇ προθέσει, τῇ πίστει, τῇ μακροθυμίᾳ, τῇ ἀγάπῃ, τῇ ὑπομονῇ,
11 τοῖς διωγμοῖς, τοῖς παθήμασιν, οἷά μοι ἐγένετο ἐν Ἀντιοχείᾳ, ἐν Ἰκονίῳ,
ἐν Λύστροις· οἵους διωγμοὺς ὑπήνεγκα, καὶ ἐκ πάντων ¹ ²με ἐρύσατο ὁ Κύριος².
12 καὶ πάντες δὲ οἱ θέλοντες ζῆν εὐσεβῶς ἐν ¹Χριστῷ Ἰησοῦ¹ διωχθήσονται.
13 πονηροὶ δὲ ἄνθρωποι καὶ γόητες προκόψουσιν ἐπὶ τὸ χεῖρον, ¹πλανῶντες καὶ
πλανώμενοι¹. 14 σὺ δὲ μένε ἐν οἷς ἔμαθες καὶ ἐπιστώθης, εἰδὼς παρὰ τίνων
ἔμαθες,

3¹⁻¹ Cod. om. ἄσπονδοι, διάβολοι.🕮 4¹ + κατήγοροι.🕮 4² + γάρ.🕮 5¹ δικαιοσύνης.🕮
7¹ + καί.🕮 8¹ + αὐτῶν (cum Pesh.). 8² + καί.🕮 11¹ + αὐτῶν (cum Pesh.). 11²⁻² Lit. ὁ
ῥυόμενός μου ὁ Κύριος.🕮 12¹⁻¹ Ἰησοῦ Χριστῷ (cum Pesh.). 13¹⁻¹ πλανώμενοι καὶ πλανῶντες
(cum Pesh. cf. F₂ *latine*).

Climacus II.

Titus II. 7—III. 3.

f. 23 b f. 23 a

ܘܗܘ ܡܗܝܪ iii. 1	ܐܠܣܘܕܚܘ ܗܘܩܘ	ܠܚܡܐ ܟܠܟ	ܪܡܘܪ ܝܘܚܠ 7
ܢܘܗܝ ܡܗܢ	ܟܣܐ ܐܡܠܟܕ	ܟܠܟ ܡܚܘܣܡ	ܪܡܚܕ ܡܚܕܐܠ
ܡܕܚܚܟܡ	ܟܕܠܚ ܪܡܘܚ :	ܡܚܚܘܩ ܥܘܗ ܪܒܡ	ܐܘܗܕ ܚܒܡ
ܟܐܙܥܠܐ	ܪܙܕܚܡܠ ܡܚܘܚܕ 13	ܐܠܚܡܠ	ܚܠܒ ܡܚܘܚܕܐ :
ܟܕܠܐܠܒܠܐܘ	ܟܕܠܚܐܡ ܟܠܒ	ܟܠܐܘܠܐܟ
ܡܥܘܚܡܣ	ܡܚܘܚܕܗ	ܟܘܪܕܚ ܟܠܒ :
ܚܒܚ ܠܚܡܠ	ܟܪܕ ܟܠܟܕ :		ܟܪܘܡܚ : ܐܚܚܚ 8
ܡܗܘ ܒ ܚܠ	ܡܡܣܡܚܘ		ܟܠܘܕ ܟܠܚܕ :
ܡܗܕܚܚ : 2 ܠܚ	14 ܟܣܚܡ : ܡܗܢ 14	ܟܪܘܕ ܢܘܠܘܩܘ	ܪܡܚܘܚ ܟܠܕ :
ܡܗ ܟܠ ܪܝܐ ܡܘ	ܡܚܕܗܚ ܒܚܗܘ	ܟܣܘܕܚܘ ܟܢܣܚ	ܡܗܢ ܠܚܡܠ
ܡܚܕܚ : ܟܠܘ	ܠܚܡܠ ܡܠܗ ܠܚ	ܟܚܘܣܚܕܗ :	ܟܣܚܡܠ ܪܡܣܕ
ܡܘܣܝ ܢܡܘܚܡ	ܠܡ ܟܘܪܕܚܕ		ܟܠܚ ܕܚ ܚܟܠܟ
ܡܚܡܣܚ ܟܠܟ :	ܚܡܚ ܠܚܡܕ ܚܒ	ܚܠ ܟܠܚܠܚܐ ܟܐ *11	. . ܡܚ ܡܠܡܚ
ܟܣܘܕ ܚܒܡܘ	ܠܗ ܡܚܘܚܕܡ	ܡܚܘܚܠܒ	ܪܚܘܡܕ ܟܣܚܚ
ܡܚܘܚܕ ܢܡܘ ܡܗ	ܟܢܣܠ ܠܚܡܚ :	ܟܣܚܚ ܟܠܡܐܕ	ܟܚܚܚ : ܘܚܠܚ 9
ܡܗܠܘܕ ܠܘܕ ܢܘ	ܡܚܘܚܕܕܟ ܟܢܚܚ	ܟܣܚܚ ܠܚܡܠ	ܢܚܚܠ
3 ܟܣܚܚ : ܡܗܝ	15 ܠܚܡ : ܢܠܡ 15	ܟܠܚ ܝܠܟ ܕܪܐ 12	ܡܚܘܚܚ :
ܟܘ ܪܡܟ ܟܠܚ ܙܐ	ܠܠܚܡ ܝܘܗ	ܕܚܚܕ ܠܚܡܠ	ܪܡܚܚ ܠܚܡܚ :
ܟܡ ܟܠܚ ܡܚܗ ܟܠܟ	ܪܣܚܡܚ	ܟܠܚܪܘܚ	ܡܚܥ ܡܗܢ ܪܚܒܗ
ܟܚܚܚ ܚܒ :	ܠܚܡܠ ܡܚܚܡܘ	ܡܚܘܣܚܡ ܡܚܘܚ	ܡܗ ܡܠܟܘ
ܟܘ ܟܡܚܣܚܘ ܡܚܘܗ	ܟܠ ܙܐܪܥ : ܡܚܚܕܥ	ܟܠܚܕ :	. . . ܡ . .
ܡܒܣܚܚܡܘ ܚܠܚ †	ܝܠܥ ܡܚܚܚܚ ܟܚ *:	ܟܚܕܘܩܘ ܡ . .

Titus II. 7—III. 3.

7 περὶ πάντα, σεαυτὸν παρεχόμενος τύπον καλῶν ἔργων, ἐν τῇ διδασκαλίᾳ ἀφθορίαν, σεμνότητα, 8 ¹λόγον ὑγιῆ¹ ἀκατάγνωστον, ἵνα ὁ ἐξ ἐναντίας ἐντραπῇ μηδὲν ἔχων λέγειν περὶ ἡμῶν² φαῦλον. 9 δούλους ἰδίοις δεσπόταις ¹ὑποτάσ-σεσθαι, ἐν πᾶσιν¹ εὐαρέστους εἶναι, μὴ ἀντιλέγοντας, 10 μὴ νοσφιζομένους, ἀλλὰ πᾶσαν πίστιν ἐνδεικνυμένους ἀγαθήν, ἵνα τὴν διδασκαλίαν τὴν τοῦ Σωτῆρος ἡμῶν Θεοῦ κοσμῶσιν ἐν πᾶσιν.

Κεφάλαιον τῆς πρώτης καὶ δευτέρας τῆς θεοφανείας ἡμέρας.

11 Ἐπεφάνη γὰρ ἡ χάρις τοῦ Θεοῦ σωτήριος πᾶσιν ἀνθρώποις, 12 παι-δεύουσα ἡμᾶς, ἵνα ἀρνησάμενοι τὴν ἀσέβειαν καὶ τὰς κοσμικὰς ἐπιθυμίας σωφρόνως καὶ δικαίως καὶ εὐσεβῶς ζήσωμεν ἐν τῷ νῦν αἰῶνι, 13 προσδεχόμενοι τὴν μακαρίαν ἐλπίδα καὶ ἐπιφάνειαν τῆς δόξης τοῦ μεγάλου Θεοῦ καὶ Σωτῆρος ἡμῶν ¹Χριστοῦ Ἰησοῦ¹, 14 ὃς ἔδωκεν ἑαυτὸν ὑπὲρ ἡμῶν ἵνα λυτρώσηται ἡμᾶς ἀπὸ πάσης ἀνομίας καὶ καθαρίσῃ ἑαυτῷ λαὸν περιούσιον, ζηλωτὴν καλῶν ἔργων. 15 Ταῦτα λάλει καὶ παρακάλει καὶ ἔλεγχε μετὰ πάσης ἐπιταγῆς¹· μηδείς σου περιφρονείτω.

Τέλος.

III. 1 Ὑπομίμνησκε αὐτοὺς ἀρχαῖς ¹ ἐξουσίαις ὑποτάσσεσθαι, πειθαρχεῖν, πρὸς πᾶν ἔργον ἀγαθὸν ἑτοίμους εἶναι, 2 μηδένα βλασφημεῖν, ἀμάχους εἶναι, ¹ ἐπιεικεῖς, πᾶσαν ἐνδεικνυμένους πραΰτητα πρὸς πάντας ἀνθρώπους. 3 ⁸Ἦμεν γάρ ποτε καὶ ἡμεῖς ἀνόητοι, ἀπειθεῖς, πλανώμενοι, ¹ δουλεύοντες

8¹⁻¹ Cod. lit. εὐαγγελιστὴν λόγων ὑγιῶν.🐱 8² ὑμῶν (cum A al.). 9¹⁻¹ ὑποτάσσεσθαι, ἐν πᾶσιν (cum Pesh.). 13¹⁻¹ Ἰησοῦ Χριστοῦ (cum A D₂ F₂ latine Pesh. al.). 15¹ ὑποταγῆς (cum 73 118). III. 1¹ + καὶ (cum D₂ latine F₂ latine Pesh.). 2¹ + ἀλλὰ (cum F₂ latine Pesh.). 3¹ + καὶ (cum Pesh.).

Climacus II.

PHILEMON 11—25.

ܡܛܠ ܐܢܫ ܐܝܟ 23	ܐܠܐ ܐܝܟ ܕܠܐ	ܠܒܕܠ ܚܕ ܐܠܦܟ 15	ܡܠܐ ܕܝܢ ܠܟ 11

(Syriac manuscript text — columns 11–25 of Philemon, folios 30a and 30b)

PHILEMON 11—25.

11 τόν ποτέ σοι ἄχρηστον νυνὶ δὲ καὶ[1] σοὶ καὶ ἐμοὶ εὔχρηστον, 12 ὃν ἀνέπεμψά σοι[1], [2] αὐτόν, τοῦτ᾽ ἔστιν τὰ ἐμὰ σπλάγχνα· 13 ὃν ἐγὼ ἐβουλόμην πρὸς ἐμαυτὸν κατέχειν, ἵνα ὑπὲρ σοῦ μοι διακονῇ ἐν τοῖς δεσμοῖς τοῦ εὐαγγελίου, 14 χωρὶς δὲ τῆς σῆς γνώμης οὐδὲν ἠθέλησα ποιῆσαι, ἵνα μὴ ὡς κατὰ ἀνάγκην τὸ ἀγαθόν σου ᾖ ἀλλὰ κατὰ ἑκούσιον. 15 τάχα γὰρ διὰ τοῦτο ἐχωρίσθη[1] πρὸς ὥραν, ἵνα αἰώνιον αὐτὸν ἀπέχῃς, 16 οὐκέτι ὡς δοῦλον ἀλλὰ ὑπὲρ δοῦλον, ἀδελφὸν ἀγαπητόν, μάλιστα ἐμοί, πόσῳ δὲ μᾶλλον[1] σοὶ καὶ ἐν σαρκὶ καὶ ἐν Κυρίῳ. 17 εἰ οὖν με ἔχεις κοινωνόν, προσλαβοῦ αὐτὸν ὡς ἐμέ. 18 εἰ δέ τι ἠδίκησέν σε ἢ ὀφείλει, τοῦτο ἐμοὶ ἐλλόγα· 19 ἐγὼ Παῦλος ἔγραψα τῇ ἐμῇ χειρί, ἐγὼ ἀποτίσω· ἵνα μὴ λέγω σοι ὅτι καὶ σεαυτόν μοι προσοφείλεις. 20 ναί, ἀδελφέ[1], ἐγώ σου ὀναίμην ἐν Κυρίῳ· ἀνάπαυσόν μου τὰ σπλάγχνα ἐν Χριστῷ.

21 Πεποιθὼς τῇ ὑπακοῇ σου ἔγραψά σοι, εἰδὼς ὅτι καὶ ὑπὲρ ἃ λέγω ποιήσεις. 22 ἅμα δὲ καὶ ἑτοίμαζέ μοι ξενίαν· ἐλπίζω γὰρ ὅτι διὰ τῶν προσευχῶν ὑμῶν χαρισθήσομαι ὑμῖν.

23 Ἀσπάζεταί σε Ἐπαφρᾶς ὁ συναιχμάλωτός μου ἐν [2]Χριστῷ Ἰησοῦ[2], 24 Μάρκος, Ἀρίσταρχος, Δημᾶς, Λουκᾶς, οἱ συνεργοί μου.

25 Ἡ χάρις τοῦ Κυρίου Ἰησοῦ Χριστοῦ μετὰ τοῦ πνεύματος ὑμῶν. [1]

Ἐτελέσθη ἡ Ἐπιστολὴ ἡ πρὸς Φιλήμονα καὶ Ἀππίαν

11[1] Cod. om. καὶ (cum A D₂ F₂ *latine*) 12[1] om. σοι (cum plur.). 12[2] + σὺ δὲ προσλαβοῦ (cum D₂ F₂; cf. א[c] Pesh.). 15[1] + σου (cum P vg.). 16[1] om. μᾶλλον.◉ 20[1] + μου.◉ 23[2-2] Ἰησοῦ Χριστῷ (cum Pesh.). 25[1] + Ἀμήν (cum א F₂ *latine* Pesh. *al.*).

Climacus III.

HEBREWS II. 9—III. 1.

f. 25a

f. 25b

HEBREWS II. 9—III 1.

9 τὸν δὲ **βραχύ** τι παρ' ἀγγέλους ἠλαττωμένον βλέπομεν Ἰησοῦν διὰ τὸ πάθημα τοῦ θανάτου δόξῃ καὶ τιμῇ ἐστεφανωμένον, ὅπως χάριτι Θεοῦ ὑπὲρ παντὸς γεύσηται θανάτου. 10 Ἔπρεπεν γὰρ αὐτῷ, δι' ὃν τὰ πάντα [1]καὶ δι' οὗ τὰ πάντα[1], πολλοὺς υἱοὺς εἰς δόξαν ἀγαγόντα τὸν ἀρχηγὸν τῆς σωτηρίας αὐτῶν διὰ παθημάτων τελειῶσαι.

Κεφάλαιον τῆς τῆς ἁγίας ἑβδομάδος παρασκευῆς.

11 ὅ τε γὰρ ἁγιάζων καὶ οἱ ἁγιαζόμενοι ἐξ ἑνὸς πάντες· δι' ἣν αἰτίαν[1] οὐκ ἐπαισχύνεται ἀδελφοὺς αὐτοὺς καλεῖν, 12 λέγων[1]

Ἀπαγγελῶ τὸ ὄνομά σου τοῖς ἀδελφοῖς μου,

ἐν μέσῳ ἐκκλησίας ὑμνήσω σε·

13 καὶ πάλιν

Ἐγὼ ἔσομαι πεποιθὼς ἐπ' αὐτῷ·

καὶ πάλιν

Ἰδοὺ ἐγὼ καὶ τὰ παιδία ἅ μοι ἔδωκεν[1] ὁ Θεός. 14 ἐπεὶ οὖν τὰ παιδία κεκοινώνηκεν αἵματος καὶ σαρκός, καὶ αὐτὸς παραπλησίως μετέσχεν τῶν αὐτῶν[1], ἵνα διὰ τοῦ θανάτου καταργήσῃ τὸν τὸ κράτος ἔχοντα τοῦ θανάτου, τοῦτ' ἔστιν τὸν διάβολον, 15 καὶ ἀπαλλάξῃ τούτους, ὅσοι φόβῳ θανάτου διὰ παντὸς τοῦ ζῆν ἔνοχοι ἦσαν δουλείας. 16 οὐ γὰρ δήπου[1] ἀγγέλων ἐπιλαμβάνεται,[2] ἀλλὰ σπέρματος Ἀβραὰμ ἐπιλαμβάνεται. 17 ὅθεν ὤφειλεν κατὰ πάντα τοῖς ἀδελφοῖς[1] ὁμοιωθῆναι, ἵνα ἐλεήμων γένηται καὶ πιστὸς ἀρχιερεὺς τὰ πρὸς τὸν Θεόν, εἰς τὸ ἱλάσκεσθαι τὰς ἁμαρτίας τοῦ λαοῦ. 18 ἐν ᾧ γὰρ πέπονθεν αὐτὸς πειρασθείς, δύναται[1] τοῖς πειραζομένοις βοηθῆσαι.

Ἀρχὴ κεφαλαίου.

III. 1 Ὅθεν, ἀδελφοὶ ἅγιοι, κλήσεως ἐπουρανίου μέτοχοι, κατανοήσατε τὸν Ἀπόστολον καὶ Ἀρχι[

10[1-1] Cod. om. καὶ δι' οὗ τὰ πάντα (homœoteleuton?) 11[1] om. αἰτίαν (cum Pesh.).
12[1] λέγει γὰρ.✥ 13[1] ἔδωκας.✥ 14[1] + παθημάτων (cum D₂ al.). 16[1] om. δήπου (cum Pesh.).
16[2] + ὁ Θεός.✥ 17[1] + αὐτοῦ (cum Pesh.). 18[1] + καὶ (cum F₂).

Climacus III.

Hebrews VII. 12b—27.

f. 28a f. 28b

ܡܗ ܡܚܐ ܠܚܠܡ ܡܠܡ ܠܚܐ ܠܚܐ ܪܚܡܬܟ ܠܝܣܚܩܡܟ
ܠܡܠܡ ܪܚܘܪܚܡ ܐܡܣܟ ܪܚܡܣܟ *ܟܠܟ ܟܐܬܚܚܕܚܪ: ܡܚܚܚܕܬܪ
ܡܚܪܡܘܟܚ ܡܚܚܚܕܚܡ ܡܡ ܟܣܢܬ ܪܣܠܟ ܣܘܠܟ ـܡܗ¹³ : ܚܐ_ ¹³

— Cf. Cod. Dam. pp. 84, 85.

HEBREWS VII. 12^b—27.

12^b νόμου μετάθεσις γίνεται. 13 ἐφ' ὃν γὰρ λέγεται ταῦτα, φυλῆς ἑτέρας μετέσχηκεν, ἀφ' ἧς οὐδεὶς προσέσχηκεν τῷ θυσιαστηρίῳ· 14 πρόδηλον γὰρ ὅτι ἐξ Ἰούδα ἀνατέταλκεν ὁ Κύριος ἡμῶν, εἰς ἣν φυλὴν περὶ ἱερέων[1] οὐδὲν Μωϋσῆς ἐλάλησεν. 15 Καὶ περισσότερον ἔτι κατάδηλόν ἐστιν, εἰ κατὰ τὴν ὁμοιότητα Μελχισεδὲκ ἀνίσταται ἱερεὺς ἕτερος, 16 ὃς οὐ κατὰ νόμον ἐντολῆς σαρκίνης γέγονεν ἀλλὰ κατὰ δύναμιν ζωῆς ἀκαταλύτου. 17 μαρτυρεῖται γὰρ[1] ὅτι Σὺ ἱερεὺς εἰς τὸν αἰῶνα κατὰ τὴν τάξιν Μελχισεδέκ. 18 ἀθέτησις μὲν γὰρ γίνεται προαγούσης ἐντολῆς διὰ τὸ αὐτῆς ἀσθενὲς καὶ ἀνωφελές, 19 οὐδὲν γὰρ ἐτελείωσεν ὁ νόμος, ἐπεισαγωγὴ δὲ[1] κρείττονος ἐλπίδος, δι' ἧς ἐγγίζομεν τῷ Θεῷ. 20 Καὶ καθ' ὅσον οὐ χωρὶς ὁρκωμοσίας,—οἱ μὲν γὰρ χωρὶς ὁρκω-μοσίας εἰσὶν ἱερεῖς γεγονότες, 21 ὁ δὲ μετὰ ὁρκωμοσίας διὰ τοῦ λέγοντος πρὸς αὐτόν Ὤμοσεν Κύριος, καὶ οὐ μεταμεληθήσεται Σὺ ἱερεὺς εἰς τὸν αἰῶνα·—22 κατὰ τοσοῦτο καὶ[1] κρείττονος διαθήκης γέγονεν ἔγγυος Ἰησοῦς. 23 Καὶ οἱ μὲν πλείονές εἰσιν γεγονότες ἱερεῖς διὰ τὸ θανάτῳ κωλύεσθαι παραμένειν· 24 ὁ δὲ διὰ τὸ μένειν αὐτὸν εἰς τὸν αἰῶνα ἀπαράβατον ἔχει τὴν ἱερωσύνην· 25 ὅθεν καὶ σώζειν εἰς τὸ παντελὲς δύναται τοὺς προσερχομένους δι' αὐτοῦ τῷ Θεῷ, πάντοτε ζῶν εἰς τὸ ἐντυγχάνειν ὑπὲρ αὐτῶν. 26 Τοιοῦτος γὰρ ἡμῖν καὶ ἔπρεπεν ἀρχιερεύς, ὅσιος, ἄκακος, ἀμίαντος, κεχωρισμένος ἀπὸ τῶν ἁμαρτωλῶν, καὶ ὑψηλότερος τῶν οὐρανῶν γενόμενος· 27 ὃς οὐκ ἔχει καθ' ἡμέραν ἀνάγκην, ὥσπερ οἱ ἀρχιερεῖς, πρότερον ὑπὲρ τῶν ἰδίων ἁμαρτιῶν θυσίας ἀναφέρειν, ἔπειτα τῶν τοῦ λαοῦ·

14[1] Cod. ἱερατείας (cum Pesh. al.). 17[1] + περὶ αὐτοῦ (cum Pesh.). 19[1] + ἦν (cf. Pesh.). 22[1] om. καὶ (cum A D₂ F₂ Pesh. al.).

Climacus III.

ISAIAH LXIII. 9^b—11^a HEBREWS IX. 11—19.

f. 38 b

f. 38 a

Isaiah lxiii. 9^b—11^a.

Heb. ix. 11—19.

— Cf. *Studia Sinaitica* VI. pp. 14, 15, 120, 121.

Isaiah LXIII 9^b—11^a.

9^b αὐτούς, καὶ ὕψωσεν αὐτοὺς πάσας τὰς ἡμέρας τοῦ αἰῶνος· 10 αὐτοὶ δὲ ἠπείθησαν καὶ παρώξυναν τὸ πνεῦμα τὸ ἅγιον αὐτοῦ· καὶ ἐστράφη [1] αὐτοῖς εἰς ἔχθραν, [2] αὐτὸς ἐπολέμησεν αὐτούς. 11 καὶ ἐμνήσθη ἡμερῶν αἰωνίων·

Hebrews IX. 11—19.

11 Χριστὸς δὲ παραγενόμενος ἀρχιερεὺς τῶν γενομένων ἀγαθῶν, διὰ τῆς μείζονος καὶ τελειοτέρας σκηνῆς οὐ χειροποιήτου, τοῦτ᾽ ἔστιν οὐ ταύτης τῆς κτίσεως, 12 οὐδὲ δι᾽ αἵματος τράγων καὶ μόσχων, διὰ δὲ τοῦ ἰδίου αἵματος εἰσῆλθεν ἐφάπαξ εἰς τὰ ἅγια, αἰωνίαν λύτρωσιν εὑράμενος. 13 εἰ γὰρ τὸ αἷμα τράγων καὶ ταύρων καὶ σποδὸς δαμάλεως ῥαντίζουσα τοὺς κεκοινωμένους ἁγιάζει πρὸς τὴν τῆς σαρκὸς καθαρότητα, 14 πόσῳ μᾶλλον τὸ αἷμα τοῦ Χριστοῦ, ὃς διὰ Πνεύματος αἰωνίου ἑαυτὸν προσήνεγκεν ἄμωμον τῷ Θεῷ, καθαριεῖ τὴν συνείδησιν ἡμῶν[1] ἀπὸ νεκρῶν ἔργων εἰς τὸ λατρεύειν Θεῷ ζῶντι. 15 Καὶ[1] διὰ τοῦτο διαθήκης καινῆς μεσίτης ἐστίν, ὅπως θανάτου γενομένου εἰς ἀπολύτρωσιν τῶν ἐπὶ τῇ πρώτῃ διαθήκῃ παραβάσεων τὴν ἐπαγγελίαν λάβωσιν οἱ κεκλημένοι τῆς αἰωνίου κληρονομίας. 16 ὅπου γὰρ διαθήκη, θάνατον ἀνάγκη φέρεσθαι τοῦ διαθεμένου· 17 διαθήκη γὰρ ἐπὶ νεκροῖς βεβαία, ἐπεὶ μή ποτε ἰσχύει ὅτε ζῇ ὁ διαθέμενος. 18 Ὅθεν οὐδὲ ἡ πρώτη χωρὶς αἵματος ἐνκεκαίνισται. 19 λαληθείσης γὰρ πάσης ἐντολῆς κατὰ τὸν νόμον ὑπὸ Μωϋσέως παντὶ τῷ λαῷ, λαβὼν τὸ αἷμα τῶν μόσχων [1]καὶ τῶν τράγων[1] μετὰ ὕδατος καὶ ἐρίου κοκκίνου καὶ ὑσσώπου, αὐτό τε τὸ βιβλίον καὶ πάντα

Isaiah LXIII. 10¹ Cod. + Κύριος (cum 49^c 87 91 97 etc.). 10² + καὶ (cum ℵ* 49 86 87 etc.). Hebrews IX. 14¹ ὑμῶν (cum ℵ F₂ al.). 15¹ om. Καὶ (cum Pesh.). 19^{1—1} om. καὶ τῶν τράγων (cum Pesh.).

Climacus II.

II PETER I. 1—12ᵃ.

<table>
<tr><td colspan="2" align="center">f. 133 b</td><td colspan="2" align="right">f. 133 a</td></tr>
<tr><td>ܗܘ ܕܢܘܗܪ ܡܠܐ</td><td>ܠܐܝܬܘܬܐ</td><td>ܘܠܐܝܠܝܢ ܕܐܠܐ:</td><td>ܦܛܪܘܣ ܡܬܒܝܐ</td></tr>
<tr><td>ܐܠܗܐ ܘܐܒܐܗ</td><td>6 ܐܝܬܘܬܐ ܗܝ</td><td>ܐܝܬܝܘܗܝ</td><td colspan="2" align="center">~~~~~~~~~~~~</td></tr>
<tr><td>ܘܡܦܩܬܐ ܕܦܘܩܕ</td><td>ܠܥܠܠܬܐ</td><td>ܐܢܬ ܗܘ ܕܗܝ</td><td align="right">2 Peter i. 1—12ᵃ.</td></tr>
<tr><td>10 ܐܢܬܩ: ܠܐܝܕ 10</td><td>ܠܠܥܠܬܐ ܗܝ</td><td>ܐܝܟܒܪܬܐܗ</td><td>ܦܛܪܘܣ ܥܒܕܐ ܘܫܠܝܚܐ</td></tr>
<tr><td>ܐܢܟܠ ܚܠܝ ܕܝܢ</td><td>ܠܡܡܪܝܘܬܐ</td><td>ܘܕܝܬܘܗܝ:</td><td>1 ܕܝܫܘܥ ܡܫܝܚܐ</td></tr>
<tr><td>ܐܝܟܒܚܘܕܒܩ ܘܘܡ</td><td>ܠܡܡܪܝܘܬܐ</td><td>4 ܡܛܠ ܗܠܝܢ</td><td>ܠܐܝܠܝܢ ܕܒܚܕܐ</td></tr>
<tr><td>ܘܐܢܬܒܘܪ ܐܝܟܠܬ</td><td>ܘܠܡܫܝܒܬܐ ܗܝ</td><td>ܐܝ ܕܝܢ</td><td>ܐܝܩܪܐ ܐܟܘܬܢ</td></tr>
<tr><td>ܐܟܘܣܩ ܘܐܢܩܝ</td><td>ܠܐܠܐܬ</td><td>ܐܬܐܚܕܬ</td><td>ܗܘܬ ܠܗܘܢ ܕܐܠܗ</td></tr>
<tr><td>ܚܣܘܡ ܝܗܘܘ:</td><td>7 ܗܝ ܕܝܢ ܠܡܫܝܒ</td><td>ܘܠܡܘܣܬܐ</td><td>ܗܝܡܢܘܬܐ</td></tr>
<tr><td>ܕܝܢ ܕܥܠ ܡܠܡ</td><td>ܠܡܫܝܒܬܐ ܗܝ</td><td>ܐܝ ܕܝܢ ܠܐܝܕ</td><td>ܡܥܡ ܐܠܐܝܩܪܢ: ܗܝ</td></tr>
<tr><td>ܘܡܛܘܡ ܝܗܘܘ</td><td>ܠܐܢܫܟܐ: ܐܟܣܠܬܐ</td><td>ܘܕܟܬܐܬܬܡܠܚܘܘ</td><td>ܐܝܠܐܬ ܕܡܪܢ ܚܝ ܠܡ</td></tr>
<tr><td>ܚܢܥܙ ܗܠܩܘ ܠܘܒ</td><td>ܐܢܫܟܐ ܗܝ ܕܝܢ</td><td>ܠܚܒܝ ܘܘ ܟܠܝ</td><td>ܘܒܡܣܩܘ</td></tr>
<tr><td>11 ܘܗܢ: ܠܚܠܝ 11</td><td>8 ܐܟܣܠܬܐ: ܚܕܟܐ ܕ8</td><td>ܐܟܠܝܬܘܗ</td><td>ܘܘܡ ܐܢܫܟܐ:</td></tr>
<tr><td>ܕܟܝܪܐܝܬ</td><td>ܠܚܘܟ ܘܕܡܘܩ</td><td>ܡܢ ܕܣܘܗܢܘ</td><td>2 ܠܟܘܢ ܡܫܡܐ</td></tr>
<tr><td>ܠܚܘܟ ܘܦܣܡܘܗ</td><td>ܕܟܐܝܬ ܘܡܠܡ:</td><td>ܘܐܝܩܪܬܐ</td><td>ܐܠܐܬ ܘܡܫܝܚܐ</td></tr>
<tr><td>ܠܚܠܒܐ ܠܘܐܝܟܬܐ</td><td>ܟܠܘ ܡܠܝܠ ܠܐ</td><td>ܘܕܐܦܫܘܬܐ</td><td>ܘܐܝܩܪܐ ܒܝܕ</td></tr>
<tr><td>ܕܢܗܝܠ ܠܛܠܝܕ</td><td>ܡܢܬ ܚܝ ܗܘ</td><td>5 ܠܟܐܟܠܒܚܕ: ܘܐܟܠܐ5</td><td>ܐܠܐܬ ܘܟܠܒܘܣܗ</td></tr>
<tr><td>ܘܡܣܝ ܝܗܘܘ</td><td>ܠܚܘܒ ܡܬܚܣܬ</td><td>ܘܗܘܒ ܠܡܢ ܕܝ</td><td>ܚܝ ܐܠܐܬ :</td></tr>
<tr><td>12 ܠܐܝܟ: ܚܣܟܐ 12</td><td>ܠܐܝܬܘܬܐ</td><td>ܘܡܩܘܘ ܘܠܚܩ</td><td>3 ܐܝܟ ܕܟܠ ܡܕܡ</td></tr>
<tr><td>ܐܢܟ ܘܣܩ ܕܚܒܘ</td><td>ܘܘܘ ܚܣܝ ܕ</td><td>ܘܕܢܡܬܒܚܘܡ</td><td>ܐܠܐ ܣܠܟ</td></tr>
<tr><td>ܚܒ ܘܗ ܐܟܐ</td><td>9 ܚܣܟܐ: ܠܐ ܘ9</td><td>ܠܛܒܬܚܘܬܐ:</td><td>ܘܐܟܬܠܘܗ</td></tr>
<tr><td>ܘܕܚܒܘ ܠܘܒ</td><td>ܠܘ ܗܠܐ ܚܙ ܘܠ</td><td>ܘܠܛܒܬܚܘܬܐ ܗܝ</td><td>ܐܝܟܒܘܘ ܠܡ ܠܢܬܡ</td></tr>
</table>

Τοῦ Πέτρου πρώτη·

II Peter I. 1—12.

Δευτέρα τοῦ Πέτρου Ἐπιστολή.

1 Συμεὼν[1] Πέτρος δοῦλος καὶ ἀπόστολος Ἰησοῦ Χριστοῦ τοῖς ἰσότιμον ἡμῖν λαχοῦσιν πίστιν ἐν δικαιοσύνῃ τοῦ Θεοῦ ἡμῶν καὶ Σωτῆρος Ἰησοῦ Χριστοῦ· 2 χάρις ὑμῖν καὶ εἰρήνη πληθυνθείη ἐν ἐπιγνώσει τοῦ Θεοῦ καὶ Ἰησοῦ[1] τοῦ Κυρίου ἡμῶν.

3 Ὡς τὰ πάντα ἡμῖν τῆς θείας δυνάμεως αὐτοῦ τὰ πρὸς ζωὴν καὶ εὐσέβειαν δεδωρημένης διὰ τῆς ἐπιγνώσεως τοῦ καλέσαντος ἡμᾶς ἰδίᾳ δόξῃ καὶ ἀρετῇ, 4 δι᾿ ὧν τὰ τίμια καὶ μέγιστα ἡμῖν ἐπαγγέλματα δεδώρηται, ἵνα διὰ τούτων γένησθε θείας κοινωνοὶ φύσεως, ἀποφυγόντες [1]τῆς ἐν τῷ κόσμῳ ἐν ἐπιθυμίᾳ φθορᾶς[1]. 5 καὶ αὐτὸ τοῦτο δὲ σπουδὴν πᾶσαν παρεισενέγκαντες ἐπιχορηγήσατε ἐν τῇ πίστει ὑμῶν τὴν ἀρετήν, ἐν δὲ τῇ ἀρετῇ τὴν γνῶσιν, 6 ἐν δὲ τῇ γνώσει τὴν ἐγκράτειαν, ἐν δὲ τῇ ἐγκρατείᾳ τὴν ὑπομονήν, ἐν δὲ τῇ ὑπομονῇ τὴν εὐσέβειαν, 7 ἐν δὲ τῇ εὐσεβείᾳ τὴν φιλαδελφίαν, ἐν δὲ τῇ φιλαδελφίᾳ τὴν ἀγάπην. 8 ταῦτα γὰρ ὑμῖν ὑπάρχοντα καὶ πλεονάζοντα οὐκ ἀργοὺς οὐδὲ ἀκάρπους καθίστησιν εἰς τὴν τοῦ Κυρίου ἡμῶν Ἰησοῦ Χριστοῦ ἐπί-γνωσιν· 9 ᾧ γὰρ μὴ πάρεστιν ταῦτα, τυφλός ἐστιν [1] μυωπάζων, [2] λήθην λαβὼν τοῦ καθαρισμοῦ τῶν πάλαι αὐτοῦ ἁμαρτιῶν. 10 διὸ μᾶλλον, ἀδελφοί, σπου-δάσατε[1] βεβαίαν ὑμῶν τὴν κλῆσιν καὶ ἐκλογὴν ποιεῖσθαι· ταῦτα γὰρ ποιοῦντες οὐ μὴ πταίσητέ ποτε. 11 οὕτως γὰρ πλουσίως ἐπιχορηγηθήσεται ὑμῖν ἡ εἴσοδος εἰς τὴν αἰώνιον βασιλείαν τοῦ Κυρίου ἡμῶν καὶ Σωτῆρος Ἰησοῦ Χριστοῦ.

12 Διὸ μελλήσω ἀεὶ ὑμᾶς ὑπομιμνήσκειν

1[1] Cod. Σίμων (cum B 5 13 etc.). 2[1] + Χριστοῦ (cum ℵ A Pesh.). 4[1–1] τῆς ἐν τῷ κόσμῳ ἐπιθυμίας καὶ φθορᾶς.☜ 9[1] + καὶ.☜ 9[2] + καὶ (cum Pesh.). 10[1] + διὰ τῶν καλῶν ἔργων (cum ℵ A h, cf. Pesh.).

Climacus II.

II PETER III. 16ᵇ—18. I JOHN I. 1—9.

f. 136 b			f. 136 a

(Syriac text in four columns)

ܢܕܚܕ ܕܚܘܬܐ ܕܚܘܬܐ	ܣܘܟ ܢܝܫܛ܍	ܐܠܕܝܢ ܕܟܐܬܝ̈	ܐܠܟ ܗܠ ܕܝ̈ܠܡܗ ܕܟܐ
ܕܚܕ ܠܡ ܠܕܝ̈	ܠܕܗ̈ ܠܕܕ̈	ܕܗܘܒܝ̈ܩܢ ܐܬܘܕ̈	ܣܥܘܙܚ ܟܠܗ ܩܠܬܡ
ܗܠܕ̈ܝܐ ܕܘ	ܐܣܘ̈ ܐܕܗ		ܢܝܡ : ܣܘܒܘ̈

I John i. 1—9

* Cod. ܩܣܠܟ

II PETER III. 16ᵇ—18.

16ᵇ ἃ οἱ ἀμαθεῖς καὶ ἀστήρικτοι στρεβλοῦσιν ὡς καὶ τὰς λοιπὰς γραφὰς πρὸς τὴν ἰδίαν[1] αὐτῶν ἀπώλειαν. 17 Ὑμεῖς οὖν[1], ἀγαπητοί, προγινώσκοντες φυλάσσεσθε ἵνα μὴ τῇ τῶν ἀθέσμων πλάνῃ συναπαχθέντες ἐκπέσητε τοῦ ἰδίου στηριγμοῦ, 18 αὐξάνετε δὲ ἐν χάριτι καὶ γνώσει τοῦ Κυρίου ἡμῶν καὶ Σωτῆρος Ἰησοῦ Χριστοῦ. αὐτῷ ἡ δόξα καὶ νῦν καὶ εἰς ἡμέραν αἰῶνος.[1]

Ἐτελέσθη ἡ Ἐπιστολὴ τοῦ Πέτρου ἡ δευτέρα.

I JOHN I. 1—9ª.

Ἡ πρώτη τοῦ Ἰωάννου Ἐπιστολή.

1 Ὃ ἦν ἀπ᾽ ἀρχῆς, ὃ ἀκηκόαμεν, [1] ὃ ἑωράκαμεν τοῖς ὀφθαλμοῖς ἡμῶν, ὃ ἐθεασάμεθα καὶ αἱ χεῖρες ἡμῶν ἐψηλάφησαν, περὶ τοῦ Λόγου τῆς ζωῆς,— 2 καὶ ἡ ζωὴ ἐφανερώθη, καὶ ἑωράκαμεν καὶ μαρτυροῦμεν καὶ ἀπαγγέλλομεν ὑμῖν τὴν ζωὴν τὴν αἰώνιον, ἥτις ἦν πρὸς τὸν Πατέρα καὶ ἐφανερώθη ἡμῖν,— 3 ὃ ἑωράκαμεν καὶ ἀκηκόαμεν, ἀπαγγέλλομεν καὶ ὑμῖν, ἵνα καὶ ὑμεῖς κοινωνίαν ἔχητε μεθ᾽ ἡμῶν. καὶ ἡ κοινωνία δὲ ἡ ἡμετέρα μετὰ τοῦ Πατρὸς καὶ μετὰ τοῦ Υἱοῦ αὐτοῦ Ἰησοῦ Χριστοῦ. 4 καὶ ταῦτα γράφομεν ἡμεῖς[1] ἵνα ἡ χαρὰ ἡμῶν[2] ᾖ πεπληρωμένη.

5 Καὶ ἔστιν αὕτη ἡ ἀγγελία[1] ἣν ἀκηκόαμεν ἀπ᾽ αὐτοῦ καὶ ἀναγγέλλομεν ὑμῖν, ὅτι ὁ Θεὸς φῶς ἐστιν καὶ σκοτία ἐν αὐτῷ οὐκ ἔστιν οὐδεμία. 6 Ἐὰν εἴπωμεν ὅτι κοινωνίαν ἔχομεν μετ᾽ αὐτοῦ καὶ ἐν τῷ σκότει περιπατῶμεν, ψευδόμεθα καὶ οὐ ποιοῦμεν τὴν ἀλήθειαν· 7 ἐὰν δὲ ἐν τῷ φωτὶ περιπατῶμεν ὡς αὐτός ἐστιν ἐν τῷ φωτί, κοινωνίαν ἔχομεν [1]μετ᾽ ἀλλήλων[1] καὶ τὸ αἷμα [2]Ἰησοῦ τοῦ Υἱοῦ αὐτοῦ[2] καθαρίζει ἡμᾶς ἀπὸ πάσης ἁμαρτίας. 8 ἐὰν εἴπωμεν ὅτι ἁμαρτίαν οὐκ ἔχομεν, ἑαυτοὺς πλανῶμεν καὶ ἡ ἀλήθεια οὐκ ἔστιν ἐν ἡμῖν. 9 ἐὰν ὁμολογῶμεν

II Peter III. 16¹ Cod. om. ἰδίαν. 𝔛 17¹ δέ. 𝔛 18¹ + ἀμήν (cum ℵ A P₂ Pesh.). I John I. 1¹ + καὶ (cum Pesh.). 4¹ + ὑμῖν (cum A C K L Pesh.). 4² ὑμῶν (cum A C K P Pesh. etc.). 5¹ ἐπαγγελία (C P 13 etc.). 7¹⁻¹ μετὰ τοῦ Θεοῦ (cum harl. cf. tol. aeth. pl.). 7²⁻² τοῦ Υἱοῦ αὐτοῦ Ἰησοῦ Χριστοῦ (cum 34).

Climacus IV.

FRAGMENT OF AN APOSTOLIC MYTH.

f. 9 a

f. 9 b

ܩܘܠܘܣ ܠܚܠܩܘܣ	ܚܦܠܬܢܐ ܘܢܐܠܘܣ	ܡܘܗܢ ...	ܡܗܘܢ ܘܩܘܗܢ
ܐܠܩ ܩܘܠܐ	ܣܘܬܢܗ ܘܐܦܢ	ܘܩܘܬܐ ܠܗܬܐ	ܠܝܐ ܠܡܠܘܗܝܐ ܠܢܐ
ܢܩܘܡ ܘܢܪܢ	ܟܠܚܡ ܘܬܘܩܚܢ	ܠܡ ܘܚܕܕ ܟܡ :	ܗܢܐ : ܝܢܬܩܡ ܘܠܡ
: ܠܢܪܚ ܠܩܢܝ	ܣܘܣܘܡܘܡ	ܗܢܝܢ : ܣܘܩܦܗܡ ܡܢ	ܐܩܪܐ : ܐܟܪܐܩ
: ܠܩܢܐܚܘܣܐ	ܘܢܗܝܢ ܘܐܦܢ	ܐܠܚܠܘܣ ܘܠܘܣ	ܣܠܗܐ ܟܪ ܐܚ ܣܠܩܐ
ܘܩܐ : ܟܠܗܐ	ܠܚܕܘܐܪܐ ܚܠ	ܠܩܦܡ ܣܩܘܗܚܣ	ܩܝܗ ܘܩܘܗܣܠ
ܐܪܩܠ ܐܢܝܢ ܐܩܠ ܠܢܐ	ܠܢܐܚܐ ܘܦܗܩܠܐ	ܚܕ ܩܘܗ : ܗܢܝܢ	ܩܠܩܘܗܣ
ܗܢ ܣܠܩܚ ܗܘ	ܐܦܢ ܘܠܠܡ ܠܠܦܠܡ	ܢܩܣܗܢܪܘܐܩܪܐ	ܩܘܠܘܣ
ܩܐܪܗܢܐ ܣܘܢܣܘ	ܚܚܩ ܘܐܫܣ	: ܠܡܠܝܗ ܣܘܗܩܠ	ܘܐܩܪܐ ܗ ܗܪ
ܪܚܟܘ ܘܠܚܕܠ	ܡܝܩ ܗܘܩܣ	: ܠܚܚܕܩ ܗܘ ܟܗܠܘܗ	ܣܠܘܩ ܘܐܦܢ
ܟܟܐ ܘܠܘܣ ܣܘܠܣ	: ܐܟܪ ܝܐܩܪܐ	ܡܢ ܠܟ ܩܘܗܚܕܗܪܐ	ܠܘܗܩܠ ܐܩܪܘܗܠ
ܩܘܐܠ ܩܘܗ : ܚܩܪ ܩܠܩܐ	ܘܚܟܪ ܐܟܘܡܘܘܡ	ܢܩܗܚܕܗܪܗܢܡ	ܩܘܗ ܚܠ ܐܩܣܘ
ܡܢ ܘܩܣܢ	ܠܘܠܘܗ ܘܢܚܛܚܚ	ܣܘܗܐܪܐܩ	ܐܩܠܟܪܐ : ܣܘܩܗܟ ܠܢܐܟܗ
ܘܠܝ ܐܩܬܚܪܪ	ܐܟܟܐ ܗܟܗܠܣ	: ܝܠܗ ܘܩܘܗܕ	ܘܩܪܘܣ ܠܗ
ܘܚܩܗ ܐܩܪܗܢܘܣ	: ܣܘܟܪܢܚܣ	ܘܚܕܕ ܩܐܟ ܟܢ ܗܢ	: ܝܠܗ ܩܗܣ
: ܠܘܣܐ ܟܚܠ ܚܠ ܘ		ܣܬ ܟ ܟ ܢܣܐ : ܣܘܗܚܠ	ܠܢܐܣܘܚܣܡܐܩܪܐ
ܩܘܐ ܩܠ ܐܪ ܢܚܥܕ :	ܘܚܕ ܥܝܠܛ	ܥܘܗܠܐ ܐܟܪܠ ܠܗܠܛ	ܠܚܠܚܡ ܗܘܡ
ܠܩܡܗ ܗܘܡ ܝܩܠ	ܩܦܠܗܣ ܣܘܢܩܚ ܐܪܘܚܩ	ܘܚܪܩ ܐܟܪ ܠܛܟ	ܚܪܣܚ ܠܚܝ
ܡܚܕܠ ܚܟܚܣ	ܐܦܢ ܘܩܘܗܡ ܘܪܗܐ	ܣܠ ܘܩܗܒ :	ܐܟܠܚ ܚܚܟܣ ܪܚܗܘ
ܚܕ ܐܣܟܚܗ	ܐܦܢ ܘܩܘܗܣܘܢܐܩ	ܘܚܪܐ ܡܚܚ ܠܡܠܘܛ	: ܘܠܠܠܚܡ : ܟܡܐ ܡܠܗ
ܠܩܐܢܐ ܠܩܡܐܛ ܝ	ܠܚܕܗܬܐ	ܠܟܠܚ ܘܐܪܬܗܐܢ	ܚܣܟܐܣܘ ...

Cf. *Horae Semiticae* IV. pp. 186, 187.

FRAGMENT OF AN APOSTOLIC MYTH.

(f. 9 b) them, for these are not for thy good, these must perish. For we also serve Jesus, like Peter and Paul. When they said (this,) they threw off their own arms, and flung them down in the face of the king; and said unto him: "Take thine own, for we have found our King, better than thou." And when the king heard these things, he was sad.

And in the night, in a vision.........and they said unto him: "What will he do unto us? In truth those words of the King of the Cushites are true. For what he said was that they have bewitched thine own soldiers; and he did not deceive [thee]. For I have been repudiated by two thousand[1] of my own soldiers. What then shall I do for you? If he goes down I will slay you. I know that there is no strength in them."

Then the king said that they should be thrown (f. 9 a) into the prison, and that other two thousand soldiers should go with horses, and throw down the city to the ground, and that they should bring these two wizards, and "I will do with them as I will."

And when they were ready to go, they changed the weapons of their warfare.

And when Peter was troubled in spirit that those (men) were coming to destroy the city, he said unto Paul: "Brother Paul, let us rise and go and make our- selves known unto Berghamus, the king, for if we do not go, he will send and lay waste the city because of us." And he said: "Let us go, father Peter." And while they were going out of the city they prayed. And they both rode upon a cloud which came down, for it hearkened unto them as a servant hearkeneth unto his master. For the Saviour protecteth those

[1] Lit. "twenty hundred."

Climacus IV.

FRAGMENT OF AN APOSTOLIC MYTH.

f. 12 a			f. 12 b

¹ Cod. ܚܕܘܬܐ ² Cod. ܪܚܝܠܬܐ

Fragment of an Apostolic Myth.

(f. 12 b) rest, and his kingdom shall be destroyed, for it was he who made my heart doubt about you. Let the man be accursed who saith an evil word against you."

Then he besought them, saying: "Cause me to come down. I will serve you like a slave."

Peter said unto him: "As God liveth, thou shalt not be released unless thou first dost send to the prison, and bring these two thousand[1] soldiers."

And Berghamus, king of Rome, said: "He who hath restored you is not he who put you into the prison house, but Jesus it is Who hath restored you." And the king turned unto his daughter, and spake these words and said: "My daughter, go in haste, and bring them out, and say what thou hast heard, but linger not, lest I die in my false faith, (f. 12 a) for I know, my daughter, that many (virgins?) have died in these days." Peter said unto him: "If thou wert to spend ten years thou wouldst not die, because thou art not in the commandment of God, for thou wert at (thy) end in the day that thou wert born a man on the earth; and they did not die, because they are of God." But she, Luhith, opened the door of the prison, and brought them as he had commanded her, because she alone remained, (and) had not come. And when they came, the king said unto Peter: "My Lord Peter, turn thyself unto me, speak, that I also may be converted."

And Peter said: "As God liveth, against Whom thy mouth hath blasphemed, and against His Apostles, if thou dost not take a pen and ink and write and say that there is no other god

Cf. *Horae Semiticae* IV. pp. 188, 189.

[1] Lit. "twenty hundred."

Climacus IV.

FRAGMENT OF A HOMILY.

	f. 14 b		f. 14 a
ܠܚܡ ܐ ܢܢ : ܠܚܡ	ܐܫܘܒܠ	ܟܝܘܐܘܟ	ܘܡܚܘܕܐ ܕܚܘܢܓ
ܘܥܘܠܒܐܣ	ܒܚܪܒܐܘ	ܐܠܚܠܐ ܐܟܘܕ	ܢܐ : ܘܠܘܐܘܟ
ܚܒܐ ܐܪܝ	ܐܠܡܐ ܚܠܐ	ܚܠܘܐ ܚܕܐ : ܘܚܒܕܘܡ	ܐܟܚܒܕ ܗܕ ܗܘ
ܕܪܝܚ ܪܝܚܒܕ	ܘܣܘܒܚ	ܝ ܐܚ ܚܠܐ	ܚܒܐܢ ܠܡܗ ܘܡ
ܐܠܐܒܘܕ ܒܚܠ ܡܢ	ܗܘܡ ܐܒܐܕܗ	ܗܘ ܗ	ܐܠܒ ܘܚܠ ܢܚܐ
ܗܐܪܝ ܠܐ ܐܟܕ	ܘܪܝܚܒܐܘ ܐܪܝܚܐ	ܡܚ ܐܪܝܟܐ ܐ :	ܗܘ : ܐܠܐܟ
ܘܚܚܐ ܚܐܬ ܚܠ	ܐܡܠܚ ܡܕܚܒܕ :	ܪܝܚ ܐܒܐܕ ܚܘܒܘ	ܐܠܟܚܒ
	ܐܪܝܚܐ ܢܚܒܐܚܕ	ܐܘܕܚ ܪܝܚ: ܗܕ ܝ	ܘܐܠܒܘܟܗ :
Cant. v. 2. ܠ ܘܕܘܒܚ	ܐܪܕܚܒܗ	ܐܩܐܘܒ ܗܘ ܐܢܘܪܝܚܒ	ܗܘ ܚܡܟ ܐܡ
: ܐܠܚܠܐ ܒܝܣ	: ܘܒܚܒܚ	ܝܒܠܚܡ ܐܟܗ :	ܐܠܝܟ ܡܢ ܚܟܐ
ܐ ܐܠܚܠܐ ܚܒܐ	ܐܒܐܥܒܘ	: ܐܟܚܒܣܚ ܡܚ	ܘܩܘܕܘܢܕ ܕܠܒ ܠܗ
ܗܠ ܚܒܚܒܚ ܪܝ	ܐܕܗܐܟܕܐ	ܐܝܚܠ ܘܘܕܘܒܚܘ	ܪܝܚ ܡ ܗ
ܐ : ܪܝܚܒܐ ܐܟ	:²ܐܚܡܒܚܒ	ܚܒܐ ܗܒܐܠ ܚܒܕܡ¹	: ܟܐ ܢܚܠܚ ܡܗܕ
Cant. v. 3. ܣܘܠܣ ܚܒܝܠ ܣܠܣ	: ܐܗܒܚܠܗܕ :	ܐܠܚܠܐܕ ܢܝܣܡܕ ܗܣܐܒܐܪ	: ܐܪܝܗܘܪܕ
ܪܝܐ ܐ ܐܒܠ	ܚܒ ܐܠܚ ܠܚܕ	ܘܣܘܡܚܘܝ	: ܐܟܚܠܐܟ ܘܒܣܚܕ
ܡܠ ܐܪܟ ܚܒܠ	ܐܘܕܚܒ ܐܠܐ ܚܒܕܘܒ	ܘܐܒܚܒܪܐ	: ܒܚܚܡ ܪܚ ܡܗܘ
ܪܝܚܠܐܟܪܝ ܐܟܝܠܐܕ	: ܐܟܒܐܕ	: ܐܪܝܚܚܠ	: ܐܡܚܟ ܐܟܚܠܚܠ
Cant. v. 3. ܐܠܘܠܚ ܚܒܐ ܠܒܠ ܐܟܚܒܐ	ܐܒܐܥܘ	ܚܡܡܘܚܘ	‿‿‿‿
ܘܚܘܡ ܢܐܡܠ ܘܚܡܘ	ܐܟܒܚܘܕ	ܠܗ ܐܒܐܥܕܝ	ܕܝ ܠܕܚܒܠ
ܡܠ ܐܠܟܥܠܚܒܕ ܢ	³ܚܒܚܚܕܟ ܠܟ	ܐܟܚܠܚܠܚ ܚܣܕ : ܐܟܚܠܚܠܚ	ܡܘܚܡ ܐ ܐܕܒܕܕ

¹ Cod. ܚܒܕܚܡ ² Cod. ܚܒܚܒܚܚ ³ Arabice رکع

FRAGMENT OF A HOMILY.

(f. 14 a) and we shall be blessed by thy prayer. But if he should requite from
thence we shall say: Let him rest, and therefore he will seek from God; for he
in the world of perfection. If he will seek from God that he may be delivered from
the evil of this world of defectiveness; and we will praise God, for He is to be
praised to the ages. Amen.

And because the honoured likeness of our Father belongs to the Bride, she
is well like him. For the Bride boldly goeth about the street, and all the people
see her. And the righteous doth also boldly walk about among men. And his
good deeds are known unto all the people. The adornment of the Bride increase
the praise of her beauty. The deeds of the righteous add to his rest in the
kingdom.

(f. 14 b) Clapping (of hands) and rejoicings delight the people of the Bride, and
the joy of the righteous are the songs and the psalms that gladden his heart.

We shall recite the song of her husband, and of her marriage. And the
righteous is joyful in the Christ and His kingdom. The Bride doth not open the
door to a strange man. And the righteous doth not bow his heart to the obedience
of strangers.

If (when) Solomon sees the husband,—what does he say in the Song of Songs
Cant. v. 2. on behalf of the Bride, He was grieved knocking at the door, and said: "Open
Cant. v. 3. unto me, my sister, O Bride!" What doth the Bride answer him? She saith
"I have taken off my tunic, I will not put it on. I have washed my feet; I will
not soil them." And who is he that (quieted?) her,

Climacus IV.

FRAGMENT OF A HOMILY.

f. 129a f. 129 b

ܣ ܝܪܬܐܕܬ	ܟܬܐ ܡ ܠܬܘܪܕ	¹ܡܠܬ ܡܠܘܬ	ܚܠ ܥܘܕܝܚܕ
ܘܬܫܘܬܠ	ܡ ܟܬܘܬܠܟ	ܠܬܢܐ ܟܢܐܟ	ܟܬܚܟ : ܟܟܐ
ܠܚܕܠ : ܟܠܚܐ	ܠܬܩܩܛ ܬܚܩܩ	ܗܘ ܟ : ܟܢܚܠܝ	ܟܠܢܡ ܗܡ ܟܚܕ
ܟܠܚܠܬ ܗܘܩܬ	ܟܕܚܬܚ ܟܢܐ	ܟܢܙ ܝܢܚܕܟ	ܠܚܩܚ ܡܗܘ
: ܡܠ ܗܠܗ ܡܗܘ	ܟܢ ܗܘ ܟܬܢܐ	ܝܚܕܟܬ ܬܗܢܚܕܬ	ܠܩܘܚܪ ܡܘܣ
ܟܢܬܚܕܗ ܘܠ	: ܟܬܘܬܠܐ	ܟܪܢܢܚ ܬܕܒܠܘܩܥ	ܟܠܥ ܟܠ ܥܠܠ
ܟܠ ܟܬܢܚܕ	ܡܚܬ ܟܬܢܚܘ	ܘ... ܝܢܟ	ܠܚ ܥܘܕܝܚܕ ܡܟ
ܟܢܐ ܡܠ ܠܥܒ	: ܟܩܩܩܚܟ	ܚܬܢܚܟ ܗܡ	ܠܚܩܩܡ ܗ̈ܡܩܩܠ
ܟܪܢܪܝܚܘ ܪܚܩܩ	ܟܢܚܕܝܢ ܪܚܘ	ܟܪܢܚ	ܬܢܫܢܟ ܬܕܒܢܚ
ܠܚܕܠ : ܟܠܚܐ	: ܟܢܚܢܫ ܚܩܩܡܘ	ܘܟܠܟ ܚܟܠܟܘ	ܟܠ ܟܪܚ
ܟܬܠܟܐ ܗܘܩܬ	: ܟܬܚܘܪ ܪܚ	ܠܡ ܬܘܩܩܕܬ	ܪܚܘ ܟܗܡ ܕܚ
ܟܪܢܚܩ ܗܡܗ ܡܪ	ܟܢܚܝܢ ܪܚܡܘ ܡܚܬܠ	ܟܬܢܫܚܕ	ܬܚܢ ܥܘܕܝܚܕ
ܠܚ : ܠܥܒ ܡܠ ܠ	ܟܢܘܙ ܗܠܘܝ	ܡܗ ܡܫܢܚ ܡܗ :	ܟܪܩܚܒܚܟ
ܟܢܚܪ ܟܚܕܠ	ܟܢܙ ܟܢܚܟ ܪܚ	ܟܢ ܥܩܩ ܟ	ܠܡ ܝܚܕܟ
ܟܠܚܠܕ ܪܚܕܢ	ܟܬܚܩܩܘ ܟܢܚܘܪ	ܡܩܩ ܪ̈ܢܚܕܟ Jer. vii.4.	ܥܝܚܠܘܟܐ ܬܢܝܠܝܥ
ܘܠܘܩ ܬܚܕܟܐ	ܟܢܚܝܢ ܪܚܘ	ܟܠܚܝܚ	ܠܟܠ ܟܟܐ ܠܚܩ
ܪܚܟܪ : ܟܢܠܥ IITim. ii. 4.	: ܟܬܠܟܕ ܟܬܠܚܕ	ܡܗܡ ܩܩܘܩܘ	ܠܝܐ ܟܢܐ ܪܝܚ
ܟܠܚ ܡܗܠ ܠܚ	ܡܟ ܟܫܢܚܕ	ܠܚܘܟܐ ܟܬܠܟܕ	: ܠܡ ܝܚܚܒܥܐ
ܘܬܫܚܘ	ܩܩܩܥ ܟܪܚܕ ܪܚܩܩ	ܡܟ : ܟ ܠܚܚܕܚܕ ܪ̈ܚܡ	ܟܪܢܠܚܝ ܪܚܚܡ
ܠܩܩܫܩܘܬ	: ܗܩܩܚܩܚ	: ܟܪܚܩܩܝ	ܟܬܚܚܚ ܢܝܪܕ :
ܠܚܕܠ : ܟܠܚܐ ܠ	ܠ ܟܢܚܘܪ	ܡܗܘܩܩܩܘ	ܠܝܐ ܟܟܐ

¹ Cod. ܠܩܩܘܠ

FRAGMENT OF A HOMILY.

(f. 129 b) knocking on the door? But as he, Satan, ceases not day nor night t knock on the hearts of all men, for he devises evil things. But while he himse is knocking, the believer answers, saying unto him, I have stripped off thy teachin I will not be clothed with it, I have washed my feet with the water of baptisr I will not soil them going to the house of idols. But if a man like him, saith Solomon says, "Let them sing songs." And the Church is honoured. And if h seeks to say unto him that the Church is the people, as Jeremiah prophesieth, tha

cf.
Jer. vii. 4. "ye also are the temple of God if ye do His will." And he may grant u (f. 129 a) that a soldier may fear the Lord. Truly in every thing a just man re sembles a soldier. The soldier has a shield; and the just man has true faith. Th soldier has arrows; and the just has prayers soaring through the air. The soldie has a sword; and the just has the Word of God, which is sharper than a two edged sword.

The soldier is not entangled in the affairs of the world, that he may pleas the king whom he serves. And the ruler of the Church ought not to be entangle with the affairs of the world; in order that he may please God Whom he serve

II Tim. ii.
4. For the ruler ought to remember the word which Paul the Apostle spoke that *man does not war and entangle himself with the concerns of the world, in order*

198

Climacus IV.

FRAGMENT OF A HOMILY.

f. 124 a

f. 124 b

Eph.
vi. 12.

II Tim.
ii. 5.

¹ Cod. ܐܡܪ

FRAGMENT OF A HOMILY.

(f. 124 b) that he may please Him whom he serveth. Paul doth not say, that a man is not to use and be served by the affairs of the world. For the righteous make use of the world; and are not entangled in the affairs of the world. And that he may make known to thee, that truly the likeness of the leader of the Church is the likeness of a soldier.

A soldier if he is victorious gladdens many. And if he is beaten, he grieves many. If the soldier is victorious he establishes the land for which he is fighting. And if the soldier is beaten, he leaves those barbarians free to enter. And they lay waste all; and destroy the palm trees (?). Likewise he also the Leader of the Church, when he had vanquished Satan, made all the people glad; if the faith of the leader is firm he profiteth all the people. And if he had spoken of his faith, (f. 124 a) he would have persuaded all the people. But about the athlete Paul the Apostle says, that "*he is not crowned unless he strive lawfully.*" And who is that athlete but the monk? The athlete is stripped of his clothes when he goes down to wrestle. Ye also, O monks! strip from yourselves the concerns of this world, that ye may vanquish in the conflict of the Christ. *For ye wrestle not against flesh and blood* but against the spirits who fly beneath the heavens. As Paul the Apostle testifies and says, in all things monks should be like athletes.

The athlete of the world goes down stripped to the conflict. Ye also, O monks strip

II Tim. ii. 5.

Eph. vi. 12.

Climacus IV.

FRAGMENT OF A HOMILY.

	f. 7 b		f. 7 a
ܐܘܟ : ܐܟܕܟ	ܐܠܘܗܣܘ	ܡܠܩܘܚܣܘ ܡܢ	ܡܛܘܚ ܗܘܣܘ
ܐܟܘܣ ܟܕ ܟܐ	ܐܟܗܘܕ ܡܗܘ	ܟܝܐ ܡܘܣܕܗ	ܟܠܗܟ ܗܗ :
ܠܘܠܩ ܟܠܗ	⁴ܟܗܘܕܗܗ	ܗܣܘܕ ܟܐܒ ܗܗ :	ܟܠܗܡ ܗܘܣܘ
ܟܗܘܣܒ ܒܣܟܠ :	ܗܗܘ ܗܡܠܗ	ܡܢ ²ܟܘܣܘ	ܟܐ ܗܘܟܐ
ܐܗܘ ܟܘܣܟܐ	⁵ܟܠܗܟ ܡܘܗܣ	ܟܗܘܣܟ ܟܠܗ	: ܟܗܣܘܘܒ
ܐܕܘܗ ܟܠܗܕ	ܟܐ ܗܠܗܠܗܟ	ܘܗܣ ܡܘܗ ܘܠܗ	ܗܘܟ ܟܠܗ
: ܟܣܠܗ ܣܘܗ	ܟܠܗܒ ܝܠܗܠ	ܗܣܘܗ ܗܗ	ܟܣܗܘܘܗ ܟܐ
ܗ ܗܗܣܘܕ	: ܟܣܘܗ	ܗܗܣܗ	ܟܠܘ ܟܠܗܠ
ܟܠܗܕ ܒܘܣܟ	ܡܘܗܣܘ	ܗܘܗܡ ܟܐ ܠܠܗܠ	ܝܣ : ¹ܟܘܣܗ
: ܗܘܗܣܘ	ܟܠܗ ܟܘܣܗ	ܟܗܣܘ ܟܐܘܡ	ܐܘܟ ܘܣܘܠܩ
ܗܡ ܟܠܗܠܗܟ	ܝܣܠ ܠܗܠܗܣ	ܗܡܣܣܒ	ܗܗܣܕ ܗܡ
ܒܘܣܗ ܗܗܣܒܣ	ܗܗܕ : ܣܘܠܗ	ܝܗܘܕܗܘ	ܟܠ ܗܣܘܠܘܗ
: ܟܕܗܘ ܟܠܗܣ	ܗܘܗܕ ܟܠܗܠ	: ܟܣܘܣܒ ܗܘܠ	ܟܗܘܠܠ ܡܠܗܟ
ܪܠܗ ܟܕܐ	: ܟܣܘܘܣ ܐܗܗ	ܗܘܗ ܒܣܗܠ	ܟܠܗܘܣܘܗ
ܟܘܣܗ ܟܐ	ܟܠܗܣ ܒܘܣ ܒܣܗ	: ܗܠ ܡܕܣܣܒܣܗ	ܡܠܒ ܘܣܘ ܟܐ
ܗܒܣ ܗܗ ܒܣ	ܡܗܗܗܕ ܟܠܠܒ	ܡܣܘ ܗܘܠܗܣܠ	: ܗܣܘ ܒܣܘܗ
ܝܣ ܗܣܘܣܒ	ܝܠܘܗܗܣ ܗܡ	ܟܘܣܘܗ ܗܘܣܟ	ܗܘܣܒ ܐܗ
ܗܗܘܘܘܣܘ :	ܟܘܣܘܗ ܒܣܝ ܡܠܗ	ܗܘܟ ܘܣܘ³ ܡܣܗ	ܗܘܠܗܒܗ
ܒ ܡܠܗ ܗܗ	: ܟܣܣܗ ܗܣܟܗ	ܗܘܠܣܘ ܟܘܣܕ	ܗܗܠܗܘܟܐܗܠ
ܠܗܘܠ ܗܒܣ ܗܗ	ܟܘܣܕ ܠܠܗ ܟܠ	ܗܘܘܣܘܗ	ܒܠܗ ܟܠܗ
ܟܗܘܣܘ ܟܘܣܘ	ܟܣܘܒܣ	ܟܘܗ ܡܣ	ܟܠܗܗܘܟܐ : ܗܣܗ

FRAGMENT OF A HOMILY.

<div>

Matt. vi. 24.

I Tim. vi. 7.

Job i. 21.

Matt. xii. 36.

</div>

(f. 7 a) from you the wealth of this world, remembering the word which the Lor spake in the Gospel: that " *Ye cannot serve God and mammon.*" Paul also saith " *We have brought nothing into the world, and we can take nothing out of it* And Job saith: "*Naked came I into the world, and naked shall I go out of it* An athlete guards his body from food that might relax it; and an anchorit from words that relax his mind. And it is right for them to take care of thei bodies. An athlete doth not smear his limbs in wax, but softeneth them with oi in order that they may be obedient to him in presence of the man who comet. down to wrestle with him, Ye also, anchorites, prepare your limbs by fastin; (f. 7 b) and by prayer, for they are snares of the household which destroy Satan.

The law of the athlete (is) that he is not allowed to strike with the sworc The law of the anchorite (is) that he may not kill by whispering with his tongue remembering the word which the Lord hath said in the Gospel: " *That for ever idle word that cometh out of your mouth, ye shall give an account of it in th day of judgement.*" The athlete is not allowed to strike with a staff below the belt. And thou also, O anchorite! [1]mayest not slay thy brother with thy tongue in sleep, remembering the word which John the Apostle hath spoken: " *He wh hateth his brother his inheritance shall be in darkness.*" Let the athlete keep himself from the sight of women; and for whatsoever cometh, let him not linge: when he is passing to go down and to wrestle. He doeth all these things because of the expectation of his liberty.

[1]–[1] lit. who shall not slay his brother with his tongue

PLATE I

PLATE II

PLATE III

ܣܘܚ

PLATE IV

PLATE V

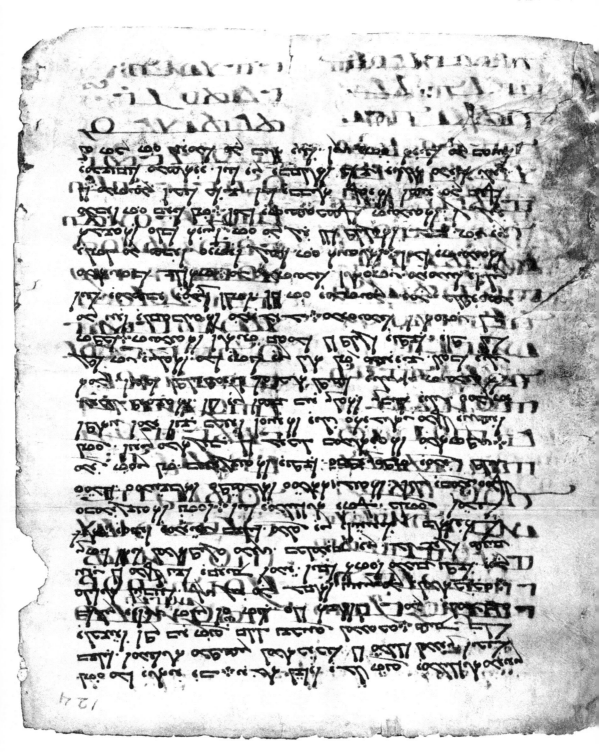

PLATE VI

CLIMACUS IV. f. 124ᵃ. Fragment of a Homily

PLATE VII

For EU product safety concerns, contact us at Calle de José Abascal, 56–1°, 28003 Madrid, Spain or eugpsr@cambridge.org.

www.ingramcontent.com/pod-product-compliance
Ingram Content Group UK Ltd.
Pitfield, Milton Keynes, MK11 3LW, UK
UKHW030901150625
459647UK00021B/2696